LA VIE QUOTIDIENNE

DE LA MAFIA DE 1950 À NOS JOURS

DU MÊME AUTEUR

Italie 77, document, Éditions du Seuil, 1977.
Camarade P. 38, non-fiction, Grasset, 1982.

LA VIE QUOTIDIENNE

DE LA MAFIA DE 1950 À NOS JOURS

FABRIZIO CALVI

PRÉFACE DE LEONARDO SCIASCIA

HACHETTE

A la mémoire du consigliere *Rocco Chinnici.*

Document de couverture :

Le mafioso Luciano Liggio au tribunal.
Palerme, janvier 1983.
© Informazione fotografica/Ernesto Battaglia-Gamma.

PRÉFACE

de

Leonardo Sciascia *

Traduction de Mario Fusco

* Interview accordée à *Libération* (30 décembre 1976).

Le premier dictionnaire du dialecte sicilien qui enregistre le mot de « mafia » est celui de Traina, publié en 1868, et il le présente comme un terme nouveau, importé en Sicile par les Piémontais, c'est-à-dire par les fonctionnaires et les soldats venus en Sicile, à la suite de Garibaldi, bien que le terme provienne peut-être de Toscane, où maffia *(avec deux* f*) signifie misère et* smàferi *désigne les sbires. Traina considère que ces deux mots et ces deux sens convergent dans le type humain qu'en Sicile on appelle mafieux. Le mafieux a l'assurance et l'arrogance d'un sbire, mais c'est aussi un misérable, puisque « c'est une vraie misère que de se considérer comme un grand homme en raison de sa force brute, ce qui révèle en réalité une grande brutalité, c'est-à-dire le fait d'être une grande bête ». La mafia est donc « apparence de hardiesse, et sûreté d'esprit ». Et rien de plus. C'est aussi ce que pensait le plus grand spécialiste des traditions populaires siciliennes, le Palermitain Giuseppe Pitré (1841-1916) : « La mafia n'est ni une secte ni une association, elle n'a pas de règlements ni de statuts. Le mafieux n'est pas un voleur, ce n'est pas un malandrin, et si, dans la fortune nouvelle dont a joui ce terme, il a été appliqué aux voleurs et aux malandrins, c'est parce que le public, qui n'est pas toujours cultivé, n'a pas eu le temps de* *raisonner sur la valeur du mot, et ne s'est pas soucié de savoir que, dans la façon de sentir du voleur ou du malandrin, le mafieux est uniquement un homme courageux et solide, un homme qui ne s'en laisse pas conter, et, en ce sens, le fait d'être mafieux est nécessaire, et même indispensable. La mafia est la conscience de son être propre, la conception exagérée de la force individuelle, seul et unique arbitre de tout contraste, de tout conflit d'intérêts ou d'idées; d'où l'intolérance à l'égard de la supériorité et plus encore de l'arrogance d'autrui. Le mafieux veut être respecté et il respecte presque toujours. S'il est offensé, il ne s'en remet pas à la loi, à la justice, mais il sait personnellement se rendre justice; et quand il n'en a pas la force, il agit par le moyen d'autres gens qui ont le même sentiment que lui. » Pitré, par rapport à Traina, retire au mafieux la brutalité et l'arrogance, et il les attribue « aux autres », à ceux contre lesquels se rebelle le mafieux; ainsi la mafia ne serait rien d'autre qu'un sentiment de liberté, une attitude de fierté, contre les avanies des puissants, contre la faiblesse de la loi et des pouvoirs publics.*

En conclusion, Traina, autant que Pitré, et de même qu'un grand nombre de spécialistes, de juges et d'hommes politiques siciliens, tend à nier la mafia en tant qu'association, et à l'admettre en tant qu'« hypertrophie du soi » (selon la définition du juriste sicilien Giuseppe Maggiore), du moi des Siciliens pris un à un. L'invention de la mafia comme association de malfaiteurs a même un responsable, selon un magistrat sicilien, il s'agit de Giuseppe Rizzotto qui, en 1862, écrivit la comédie I mafiusi della Vicaria *(la Vicaria était une prison palermitaine). « L'artiste, en exagérant par le moyen de son art tragique, à base de spéculation, les mœurs supposées des condamnés dans les prisons de Palerme, a réussi fatalement à accréditer et à répandre la stupide croyance que la mafia était une association de malfaiteurs », écrit ce magistrat. Et il conclut : « Que Dieu pardonne à Rizzotto, qui a disparu depuis des années de la scène de la vie, le tort énorme qu'il a causé à notre Sicile. Et j'ai mesuré les conséquences catastrophiques de ce tort alors que, dans le cours de ma carrière, j'ai eu la chance d'être affecté à la charge de procureur général de Turin. » On peut être d'accord sur le fait que sa nomination à Turin plutôt qu'à Palerme a été également une chance pour la Sicile où, à peu près vers la même époque, il y eut un procureur dont les réquisitoires pénétrants et implacables au cours des procès contre la Mafia peuvent se lire comme l'une des contributions les plus sérieuses à l'étude du phénomène : c'était l'Agrigentin Alessandro Mirabile.*

Le procureur général Mirabile pensait exactement le contraire de Pitré : c'est-à-dire que la Mafia, pour lui, était une secte, une association; et avec une constitution précise (non écrite, comme il est évident) comportant des règles rigoureuses, avec des signes de reconnaissance entre les affiliés. Il fondait cette affirmation non seulement sur sa propre expérience, mais aussi sur un mémoire (qu'il faudrait rechercher dans les archives de la justice), rédigé par Bernardino Verro, qui, au cours de sa jeunesse, semble avoir fait partie de la Mafia; devenu par la suite socialiste – ce fut l'une des plus belles figures du socialisme sicilien, de ce mouvement des Fasci *qui fut durement réprimé par le gouvernement du Sicilien Francesco Crispi –, Verro fut un adversaire acharné de la Mafia jusqu'à sa mort. Né à Corleone (un bourg bien connu encore aujourd'hui pour des affaires ayant trait à la Mafia), il fut tué, à quarante-huit ans, en plein jour, dans une rue de la petite ville dont il était devenu le maire en 1915. Ces noms, Verro, Mirabile, et surtout celui du Sicilien Napoleone Colajanni (1847-1921), spécialiste de questions sociales et député du parti républicain, prouvent que tous les Siciliens ne niaient pas l'existence de la Mafia en tant qu'associa-*

tion criminelle, et qu'ils ne considéraient pas que ce fût une offense pour la Sicile que d'en parler. Au contraire, ils la dénonçaient et la combattaient publiquement, considérant comme stupide et dangereux le principe selon lequel il faut dissimuler ou minimiser les maux dont une population est affligée. Les maux de la société sont, ni plus ni moins, comme les maladies individuelles : les cacher, les nier, les minimiser, cela signifie ne pas vouloir les soigner, ne pas vouloir s'en débarrasser.

Les Siciliens qui (comme jadis Giuseppe Pitré ou le romancier catanais Luigi Capuana – 1839-1915) considèrent encore aujourd'hui que la Mafia est seulement une attitude de crânerie individuelle, d'amour-propre, de sens de l'honneur, de soif de justice et comme une manière de se rendre justice dans un pays affligé par une carence séculaire de l'administration de l'État affirment naturellement que tous les faits de délinquance résultant d'associations ne sont pas différents en Sicile de ceux qui se produisent dans d'autres régions d'Italie ou dans d'autres pays européens, ni plus graves, ni plus nombreux. Pour eux, le mot de Mafia ne doit pas être appliqué aux faits délictueux. Certains, qui sont même de bonne foi, croient qu'en appliquant le mot à la chose – le mot Mafia, ou l'expression de Cosa Nostra, *qui est passée dans l'usage au cours de ces dernières années –, on tend à créer une distinction raciste, un préjugé à l'égard de toute la population sicilienne, d'où découlent le dénigrement, la défiance, la dérision à l'égard des Siciliens isolés qui se trouvent amenés à vivre hors de leur propre pays. Il est injuste, disent-ils, qu'une bande de voleurs soit considérée comme une simple bande de voleurs à Milan, à Marseille ou à Londres, et à Palerme comme une* cosca *de mafieux (on appelle* cosca *la couronne de feuilles de l'artichaut); qu'à Milan, à Marseille ou à Londres soient considérés comme coupables d'un acte délictueux ceux-là seuls qui l'ont effectivement préparé et exécuté, alors qu'un acte identique, s'il se produit à Palerme, est considéré comme reflétant un enchaînement de responsabilités et de complicités plus vastes, fuyantes, indéfinissables – comme si toute la population de la ville et de l'île avait obscurément participé à cet acte et en protégeait les coupables. Il faut donc, disent les défenseurs du bon renom de la Sicile, séparer le mot de la chose, regarder la chose selon la façon dont elle se présente dans les limites de l'exécution, regarder le fait criminel en lui-même.*

Mais le mot « mafia » (qui, à l'origine, a dû avoir le sens que lui attribue Pitré; et le plus ancien document où nous le trouvons, qui date de 1658, le donne comme surnom d'une magara, *c'est-à-dire d'une femme qui se livrait à des pratiques de magie), ce mot a été appliqué à la chose, ou encore, la chose a pris ce nom grâce à une distinction qualitative assumée par les faits criminels en Sicile par rapport à ceux d'autres régions, d'autres pays. Pas tous les pays, cela se conçoit; et non pas dans toute la Sicile. Cette distinction émerge déjà en 1838, alors que le mot n'existait pas encore dans le sens qui a cours aujourd'hui, d'un rapport de Don Pietro Ulloa (celui-là même qui écrivit par la suite des ouvrages historiques sur le royaume des Bourbons, dont il était un fidèle par* excellence*), qui était alors procureur général à Trapani : « Il n'y a pas d'employé en Sicile qui ne se prosterne au simple signe d'un homme autoritaire, et qui n'ait pensé tirer profit de sa charge. Cette corruption générale a conduit le peuple à recourir à des remèdes tout à fait étranges et dangereux. Il y a dans beaucoup de localités des fraternités, des sortes de sectes qui se disent des partis, sans réunions, sans autre lien que celui de la dépendance par rapport à un chef, qui est ici un propriétaire terrien, là un archiprêtre. Une caisse commune subvient aux besoins, tantôt de faire un fonctionnaire, tantôt de le gagner, tantôt* *de le protéger, tantôt d'inculper un innocent. Le peuple en est venu à s'entendre avec les coupables. Lorsqu'il se produit des vols, on voit apparaître des médiateurs qui offrent des transactions pour la récupération des objets volés. Beaucoup de magistrats de rang élevé couvrent cette fraternité d'une protection impénétrable, ainsi Scarlata, juge de la Haute Cour civile de Palerme, ainsi Siracusa, important magistrat... Il n'est pas possible d'obtenir des sergents de ville qu'ils surveillent les rues, ni de trouver de témoins pour les délits commis en plein jour. Au centre de cet état de dissolution, il y a une capitale, avec son luxe et ses prétentions féodales en plein* XIXe *siècle, une ville où vivent quarante mille prolétaires, dont la subsistance dépend du luxe et du caprice des grands. Dans ce nombril de la Sicile, on vend les charges publiques, on corrompt la justice, on fomente l'ignorance...* »

Les éléments qui distingueront la Mafia de toute autre forme de délinquance organisée, Ulloa les avait identifiés et soumis à l'attention du gouvernement de Naples (qui, naturellement, n'en tint aucun compte, de même que, par la suite, les gouvernements de l'Italie unifiée ne tinrent aucun compte des rapports de Franchetti et Sonnino, de l'enquête parlementaire de 1875-1876, des discours de Colajanni à la Chambre des députés, des rapports des préfets honnêtes et des carabiniers). Ces éléments peuvent se résumer en un seul : la corruption des pouvoirs publics, l'infiltration du pouvoir occulte d'une association qui favorise les avantages de ses propres associés contre le bien du corps social tout entier, à l'intérieur du pouvoir de l'État. La cause première d'une telle situation n'échappa pas à Ulloa : c'est la condition sociale et économique de la Sicile qui est encore féodale en plein XIXe siècle. Précisément, la Mafia, qui naissait de la féodalité et qui en assumait la forme (le chef de la Mafia tient la place du seigneur féodal, qui exerce le privilège dit *du « pouvoir pur et mêlé » qui était celui du seigneur féodal, c'est-à-dire le droit de vie et de mort sur les habitants des villes et des campagnes, le droit de lever des impôts, même arbitraires), la Mafia devait opérer un mouvement que l'on peut comparer au passage d'une société féodale à une société bourgeoise; ce passage qui s'effectua en France par la révolution de 1789, et, dans d'autres pays, par l'intermédiaire de ce que l'on a appelé l'« absolutisme éclairé », c'est-à-dire ces transformations que les souverains (l'empereur Joseph II d'Autriche, le grand-duc Léopold Ier de Toscane) surent apporter dans leurs États, en décidant d'en haut, et souvent contre la classe aristocratique elle-même qui avait été leur soutien. La Sicile n'avait pas eu de révolution ni connu d'absolutisme éclairé : la terre passa des barons aux « bourgeois » (bourgeois entre guillemets, car, en Sicile, on ne peut pas dire qu'il existe une bourgeoisie proprement dite) à travers des opérations de type mafieux. Les paysans promus au titre de* campieri *(sortes de carabiniers du fief, qui dépendaient du baron), et de* campieri *à celui de* gabellotti *(c'est-à-dire de fermiers des terres), intimidant les barons, leur accordant des prêts à des intérêts usuraires, leur volant leurs revenus, réussirent à s'emparer de la terre. Mais, serfs devenus maîtres, leurs vices furent ceux de leurs anciens maîtres : ils voulaient uniquement la terre, une terre qui fût la plus vaste possible; et ils se contentaient du revenu que la terre avait toujours donné. Ils ne voulaient pas la transformer, l'améliorer, la bonifier. Le revenu de la terre était investi dans d'autres terres.* Terra quanto vedi e casa quanto stai, *dit un proverbe sicilien, c'est-à-dire contente-toi d'une maison, même petite, mais, si tu le peux, achète toute la terre que tu vois. Déjà, un vice-roi « éclairé », le Napolitain Domenico Caracciolo, qui fut en Sicile de 1781 à 1784, avait remarqué que c'était la seule région d'Europe où l'argent gagné avec la terre devenait encore de la terre, et donc n'était pas employé pour améliorer cette terre, ou pour faire naître des industries ou développer le commerce. Et c'est ce qui s'est produit, presque jusqu'à nos jours.*

Le sociologue anglais Eric J. Hobsbawn a parlé de la Mafia comme « forme primitive de révolte sociale », comme la seule forme possible de révolution bourgeoise que pouvait avoir la Sicile (son livre est intitulé Primitive Rebels*); et l'on peut trouver un écho de l'analyse de Hobsbawn dans le roman* Le Guépard *de Giuseppe Tomasi di Lampedusa, et précisément dans le personnage de Calogero Sedara. A un certain moment du roman, le prince écrivain fait dire au prince protagoniste : « Nous avons été les guépards, les lions; ceux qui nous remplaceront, ce seront les petits chacals, les hyènes. » Ces hyènes, ces chacals ont su agir uniquement dans la dissolution de la classe aristocratique, et ils en ont profité. Et, quand ils se sont trouvés à la place des aristocrates, c'est-à-dire quand ils ont dominé la chose publique, et sont devenus la classe dirigeante, ils ont continué à se comporter comme des chacals, comme des hyènes, en déchirant, en dévorant les biens publics comme ils l'avaient fait avec les biens de leurs anciens maîtres. En résumé : la classe bourgeoise-mafieuse, dont Calogero Sedara est le représentant, ne sait pas construire, elle ne sait que dévorer. De cela dérive le fait qu'à l'intérieur de cette classe il y a un conflit continuel, un incessant processus de substitution.*

Se fondant sur la violence et sur la fraude, le pouvoir d'un groupe mafieux est facilement vulnérable au moment où il est sur le point de s'établir, de se vouer à l'ordre établi : il suffit d'une nouvelle vague de violence, de fraude. C'est pourquoi, d'habitude, les crimes de la Mafia sont « internes » : conflits entre une nouvelle génération et l'ancienne, entre des groupes qui ont déjà accédé au pouvoir, à la richesse, à la respectabilité, et des groupes qui veulent y parvenir. Le fait d'« arriver » coïncide donc souvent avec l'anéantissement (même physique), avec la fin.

Nous croyons que la définition la plus complète et la plus essentielle qu'on puisse donner de la Mafia est la suivante : la Mafia est une association de malfaiteurs, avec des fins d'enrichissement illicite pour ses associés et qui se pose en intermédiaire parasitaire, imposé par les moyens de la violence, entre la propriété et le travail, entre la production et la consommation, entre le citoyen et l'État.

Ce phénomène est né incontestablement dans les propriétés féodales, à la campagne, comme médiation entre le propriétaire et le paysan, c'est-à-dire en jouant un rôle policier et vexatoire sur le paysan pour le compte du propriétaire, tout en volant en même temps une réalité urbaine; et ceci dans des centres tels que Palerme ou Trapani.

Pour avoir une idée de ce qu'était à l'origine la Mafia, il suffit de penser aux considérations de Manzoni, dans Les Fiancés, *à propos des* bravi *(hommes de main, au service des seigneurs et des propriétaires terriens). Des sbires tels que ces* bravi, *au service des intérêts et des caprices des nobles, furent, en Sicile, les prototypes des mafieux. En Lombardie, lorsque la domination autrichienne remplaça celle des Espagnols, l'existence des* bravi *fut naturellement éliminée du corps social, grâce à des réformes sociales et à des transformations économiques, grâce surtout à la correction des fonctionnaires et donc de tout l'appareil administratif de l'État. En Sicile, comme les conditions de la domination espagnole se prolongèrent même alors que les Espagnols n'étaient plus là, et comme les structures sociales de la féodalité résistaient (féodalité qui, de plus, était pleine de susceptibilité, avide de privilèges, querelleuse, anarchique), ce qui à l'origine était lié à l'existence des* bravi *devint avec le temps ce que nous connaissons aujourd'hui comme Mafia.*

Le pouvoir des seigneurs féodaux s'étant écroulé, l'administration d'État qui venait le remplacer se révéla faible, inefficace, corruptible – faite comme elle était de fonctionnaires incapables et mal payés, qui devaient leur emploi à quelqu'un (devant lequel, comme dit Ulloa, ils restaient prosternés), ou même l'avaient acheté, et qui, pour cette raison, se considéraient, et étaient en fait, autorisés à se rattraper sur la partie la plus faible, la moins redoutable, de leurs administrés. Un État, quel qu'il soit, quels que soient les principes ou la classe qu'il représente effectivement, fonctionne toujours (ou ne fonctionne pas) par l'intermédiaire de ses fonctionnaires. En Sicile, un fonctionnaire qui se montrait intelligent et honnête, résistant à la corruption et à la pression des puissants, était soit isolé, soit expulsé comme un corps étranger. La mutation a été, et elle est peut-être encore, l'arme du pouvoir mafieux contre le fonctionnaire qui ne jouait pas le jeu.

Une histoire de la Mafia ne serait donc rien d'autre qu'une histoire de la complicité de l'État, des Bourbons aux Savoies et à la république, dans la formation et l'affirmation d'une classe de pouvoir improductive et parasitaire. Cette classe, que, dans la première moitié du XIXe *siècle, Ulloa a définie et dénoncée, trouve au cours de la seconde moitié du siècle un terrain favorable à un développement plus vigoureux avec l'unité de l'Italie et le système démocratique. Lorsque, dans les récits de l'expédition de Garibaldi, on parle des* picciotti *(les petits gars), ce mot ne doit pas être entendu dans le sens d'une jeunesse qui, spontanément, accourt pour combattre sous les drapeaux garibaldiens contre la tyrannie des Bourbons, mais bien dans le sens d'une conscription, d'un recrutement opéré par la classe bourgeoise-mafieuse et par les derniers barons parmi les paysans de la propriété féodale. Et du reste, aujourd'hui encore, dans le jargon de la Mafia c'est par le terme de* picciotti *que l'on désigne ceux qui exécutent les actions criminelles, les tueurs. C'étaient des* picciotti *qui combattirent à Milazzo en juillet 1860; et ce sont des* picciotti *qui, déguisés en infirmiers, sont entrés dans un hôpital de Palerme pour achever à coups de mitraillette un blessé dont la survie constituait un danger pour l'association de la Mafia.*

Il est bien évident que la grande entreprise de Garibaldi en Sicile ne manqua pas de volontaires véritables et conscients; mais les bandes qui venaient de la campagne obéissaient seulement à la volonté de leurs chefs dans la totale ignorance de la cause pour laquelle on se battait et des aspirations que l'on voulait réaliser. Et ces aspirations, en ce qui concerne ce que Hobsbawn appelle « la nouvelle classe dominante de l'économie agricole sicilienne, les gabellotti *et leurs collaborateurs des villes », se réduisaient au fond à une seule : que la Sicile devienne une colonie agricole du Nord commercial et industriel. Ce qui, évidemment, n'était pas une perspective susceptible de déplaire à la classe commerciale et industrielle du Nord : d'où une complicité plus accentuée de l'État italien dans l'affirmation et dans la consolidation de la classe bourgeoise-mafieuse sicilienne.*

Le « système », l'instauration de la machine électorale, fit le reste. La Mafia s'y associa de manière indissoluble. Et c'est seulement avec l'apparition des partis de gauche que la lutte électorale dans la Sicile occidentale assume un caractère politique, à partir de rivalités d'intérêts particuliers et de groupes (cosche)*. La Mafia fut tout de suite opposée au parti socialiste naissant, et elle s'opposa également au Parti populaire des catholiques, qui par la suite, après 1945, devint la Démocratie chrétienne. A l'égard du fascisme, la Mafia resta dans une expectative* *méfiante pendant les premières années. Lorsqu'elle commença à bouger pour s'inscrire au parti, il était trop tard. Mussolini, qui avait le culte de l'État, était arrivé à découvrir que la Mafia était comme un autre État. On raconte qu'il en eut la révélation à la suite de sa visite dans une petite ville dans la province de Palerme, dont le podestat (maire désigné par le régime) était un mafieux. Et ce podestat eut l'ingénuité de lui dire qu'il n'y avait pas besoin de tant de carabiniers, de tant de gardes, et que, pour protéger le chef du gouvernement, le Duce de l'Italie fasciste, il suffisait de lui, tout seul, avec son autorité et son prestige. Mussolini se renseigna, il sut qui était ce podestat et ce qu'était la Mafia; et il ordonna une répression radicale, en envoyant en Sicile, avec les pleins pouvoirs, le préfet Cesare Mori. Fonctionnaire incontestablement capable, et disposant d'une autorité pratiquement illimitée, Mori attaqua la Mafia à tous les niveaux, celui des exécutants comme celui des chefs. Les méthodes dont il se servit répugnent à la conscience civile; mais, si l'on considère qu'aujourd'hui encore les seules actions qui sont accomplies contre la Mafia sont de type répressif et ne répondent pas aux principes de la Constitution républicaine, il faut reconnaître que l'opération de Mori fut plus radicale et qu'elle ne s'arrêta pas devant des mafieux d'un rang social élevé.*

Frappés par le fascisme, les mafieux passèrent à l'antifascisme. Si, après la chute de Mussolini et pendant l'occupation allemande, la lutte armée contre le nazi-fascisme, la constitution de brigades de partisans et, en somme, le mouvement de résistance qui s'est produit en Italie du Nord avait eu lieu en Sicile, les mafieux en auraient été assurément les chefs les plus écoutés et les plus valeureux. Mais en Sicile, le 10 juillet 1943, quinze jours avant que Mussolini n'eût été destitué par le vote contraire du Grand Conseil fasciste lui-même, ce furent au contraire les troupes anglo-américaines qui débarquèrent. Dans la Sicile occidentale, occupée principalement par les troupes américaines, les mafieux furent tout de suite appelés à participer à l'administration civile. Il semble établi que les services secrets de l'armée américaine, par l'intermédiaire des mafieux siciliens d'Amérique, avaient déjà préalablement établi avec eux des contacts, et reçu des renseignements. De fameux gangsters sicilo-américains tels que Salvatore Lucania, dit Lucky Luciano, originaire de Lercara dans la province d'Agrigente, avaient créé des rapports de collaboration entre Mafia sicilienne et services secrets américains et, en effet, Luciano, qui se trouvait en prison aux États-Unis, fut ensuite libéré et rendu à l'Italie (où, fort aisé et respecté, il passa les dernières années de sa vie).

Les rapports entre la Mafia sicilienne et celle des États-Unis, fondée et principalement dirigée par des Siciliens, ont toujours été continuels et intenses. Pour en savoir davantage, il faut lire le livre du journaliste américain Ed Reid, intitulé La Mafia. *Selon Reid, la Mafia fut exportée de Sicile aux États-Unis en 1915 par les frères Vito et Giovanni Giannola et leur ami Alfonso Panizzola; et la première ville américaine où fut appliqué le système d'exploitation de la Mafia fut Saint Louis, Missouri. Nous estimons qu'il faudrait remonter plus loin dans le temps, à la fin du* XIX*e* *siècle et au début de celui-ci. Quoi qu'il en soit, la Mafia, que l'on considérait comme le produit d'une société paysanne et arriérée, telle que la société sicilienne, en s'enracinant et en proliférant dans la société américaine parvenue à un stade élevé d'industrialisation et au niveau de vie le plus élevé du monde, se révéla un phénomène complexe et vivace : un système analogue au système capitaliste. Le capitalisme est une mafia qui produit. La Mafia est un capitalisme improductif, sauf pour la production de la drogue.*

Pour donner une idée de la façon dont un État peut savoir se rendre inefficace, voire complice en face de la Mafia, il vaut la peine de citer un épisode qui concerne Vito Genovese, mafieux sicilien d'Amérique, qui, sous le nom de Vito Corleone, est le protagoniste du best-seller de Mario Puzo, écrivain italo-américain, qui s'intitule Le Parrain. *Vito Genovese, recherché en Amérique pour meurtre, se trouvait en Sicile en 1943-1944, avec un emploi d'interprète auprès du gouvernement militaire allié. Un policier du nom de Dickey, qui était à sa recherche, réussit à le retrouver. Se faisant aider de deux soldats anglais (anglais, notons-le bien, et non américains), il l'arrête; il trouve sur lui des lettres de créance, signées par des officiers américains qui définissent Genovese comme « un homme profondément honnête, digne de confiance, loyal et présentant toute assurance pour le service ». Après son arrestation, les difficultés commencent, non pas pour Genovese, mais pour Dickey. Ni les autorités américaines, ni les italiennes ne veulent rien savoir de l'arrestation. Le malheureux agent traîne son prisonnier avec lui pendant six mois; et il ne réussit à l'emmener à New York que lorsque le témoin qui accusait Genovese de meurtre est mort empoisonné dans une prison américaine (comme le lieutenant du bandit Giuliano, Gaspare Pisciotta, à la prison de Palerme). Ce n'est qu'à ce moment, c'est-à-dire lorsque Genovese pouvait être relâché, que Dickey put accomplir sa mission, et c'est une histoire qui est, véritablement, exemplaire.*

Leonardo Sciascia.

AVERTISSEMENT DE L'AUTEUR

Parce que la Mafia est une organisation clandestine qui, tel un cancer, prospère et se développe à l'intérieur même d'un État moderne, en l'occurrence l'Italie et dans une moindre mesure à l'heure actuelle les États-Unis, il était impossible d'envisager de décrire la vie quotidienne de ses membres comme s'il s'était agi de celle d'une société aujourd'hui disparue.

La difficulté résidait principalement dans la perception que l'on peut avoir du phénomène. Il n'est qu'à faire le voyage jusqu'à la capitale de la Mafia, Palerme, pour se rendre compte que le quotidien de la ville n'a rien de bien original n'étaient-ce les morts violentes qui secouent à un rythme hallucinant les ruines d'une splendeur révolue. Au-delà du bruit et de la fureur des règlements de compte, signes de temps de crise, la Mafia, c'est avant tout le monde du silence.

Il fallait donc fouiller derrière les apparences si l'on voulait éviter que l'exposé des scènes de la vie mafieuse ne soit qu'une longue succession de cadavres ou l'énumération sans fin de peurs plus ou moins tues. Pour ce faire, le seul parti qui s'imposait était celui qui consistait à suivre la carrière de quelques mafieux parmi les plus représentatifs. C'est pourquoi ce livre n'est pas une histoire de la Mafia. Bien des personnages clefs de la Cosa Nostra passée ou présente ne figurent pas dans les différentes scènes qui tissent la trame du récit.

Le triomphe de la Mafia commence vraiment après la Seconde Guerre mondiale. C'est à Palerme qu'il est le plus visible dans la durée, alors qu'aux États-Unis les gangs italo-américains voient aujourd'hui leurs territoires rongés de jour en jour par leurs cousins latino-américains ou asiatiques. L'exemple palermitain présentait en outre l'avantage de montrer en un laps de temps relativement court – un peu plus de trente ans – l'évolution des différentes formes de la Mafia, de la Mafia des champs, celle au service des propriétaires terriens, à la Mafia de la drogue et des trafiquants internationaux, en passant par la Mafia des villes et de toutes les spéculations immobilières.

En concentrant le récit sur les « familles » palermitaines, on trouvait également l'avantage de pouvoir épuiser tout ou partie des spécificités de l'existence au sein de l' « Honorable Société ». La trame du livre se compose de différentes séquences, où sont reconstitués des moments de la vie de quelques mafieux, et qui ont été sélectionnés en fonction de ce qu'elles permettaient de révéler des us et coutumes en vigueur dans l'organisation criminelle. Afin de ne pas perdre le lecteur dans le dédale d'une histoire abominablement compliquée, les différents protagonistes de l'ouvrage ont été également choisis en fonction de critères purement narratifs : tous les épisodes de leur vie mis bout à bout permettent de tisser la trame très étroite d'un récit où seraient exposées plus de trente années de guerre et de paix mafieuses. C'est pourquoi le lecteur découvrira que certains personnages secondaires du début de l'action deviennent ultérieurement les protagonistes des chapitres suivants.

La reconstitution de la vie quoditienne des

mafieux jusque dans les moindres détails aurait été impossible si depuis quelques années une trentaine d'entre eux n'avaient accepté de briser la loi du silence en livrant aux enquêteurs tous les secrets de leur organisation. Le récit qui suit doit beaucoup à leurs dépositions mais aussi à l'aide qu'ont bien voulu nous fournir policiers, avocats, journalistes et juges. Ceci explique sans doute que cette histoire soit avant tout une histoire d'hommes, l'étude des rapports complexes et passionnants que les femmes entretiennent avec la Mafia reste encore à faire. Il y aurait beaucoup à dire non seulement sur la figure de la mère, la *mamma,* pivot central de la famille sicilienne, mais aussi sur le fait que les premières personnes qui aient osé se révolter ouvertement contre le pouvoir de l'Honorable Société soient précisément des veuves de mafieux ou de victimes des tueurs de la Mafia. (De même on notera avec intérêt qu'on ne connaît, semble-t-il, qu'un seul cas de femme mafieuse.) Par contre, chaque fois que cela était possible, l'accent a été mis sur l'importance des liens consanguins, sur la moralité des mafieux (rigide seulement dans les apparences), et sur le code de déontologie qui dicte chacun de leurs mouvements, la moindre de leur parole.

C'est volontairement que le cadre du récit se limite à la Mafia au sens strict. Les autres formes de criminalité, italiennes (la Camorra napolitaine et la 'Ndranghetta calabraise pour ne parler que d'elles) ou internationales (les mafias chinoise, turque ou encore les réseaux transnationaux de contrebandiers d'armes et de drogue) présentent chacune de telles caractéristiques qu'elles pourraient faire l'objet d'études similaires à celle-ci. Chaque fois que cela était possible, les liens internationaux entre les diverses organisations de malfaiteurs ont été explicités. Le point commun entre ces différentes mafias réside bien sûr dans les fantastiques intérêts que chacune d'elles brasse d'un bout à l'autre de la planète, de l'Amérique latine à Hong Kong en passant par le Bassın méditerranéen, sans oublier le continent nord-américain. Bien souvent, ces intérêts sont liés et dans tous les cas ils n'ont d'équivalent que la somme des bilans de plusieurs multinationales de l'industrie.

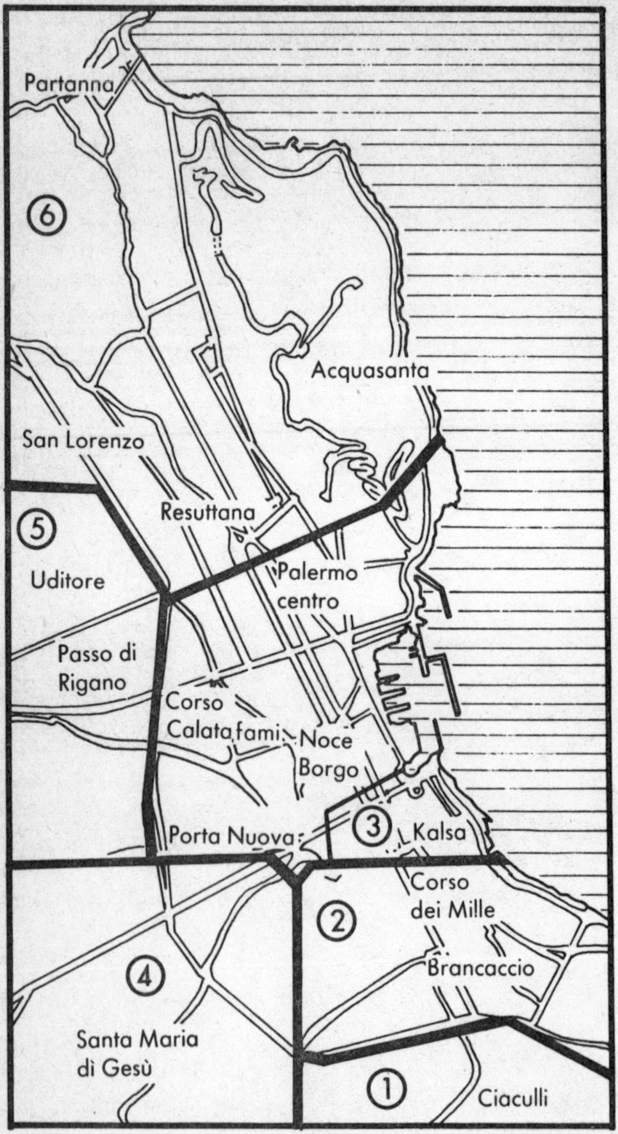
Partanna
6
Acquasanta
San Lorenzo
Resuttana
5
Uditore
Palermo
centro
Passo di
Rigano
Corso
Calatafami
Noce
Borgo
3
Kalsa
Porta Nuova
Corso
dei Mille
2
Brancaccio
4
Santa Maria
dì Gesù
1
Ciaculli

A. – *Palerme*

◀ A. – Palerme. Zones d'influence des différentes « familles »

1. Ciaculli. La « famille » est dirigée par le clan des Greco. Michele Greco, dit le Pape, occupa de longues années durant la fonction de chef de « famille » avant d'être élu en 1978 secrétaire de la Coupole. Il cédera sa place à un de ses lointains parents, Pino Greco, dit Scarpuzzedda, Petite Chaussure, un jeune tueur sanguinaire. Salvatore Greco, dit l'Ingénieur, le frère de Michele, est un des membres les plus influents de la « famille » de Ciaculli.

2. Corso dei Mille. Le chef incontesté du Corso dei Mille est Filippo Marchese. Au début de la guerre des « familles », il fera régner une véritable terreur le long de son territoire qui va de la zone d'Acqua dei Corsari à l'extrémité du Brancaccio.

3. Centre ville. La ville de Palerme est contrôlée par un nombre de « familles » supérieur ou égal à cinq. Suivant les péripéties historiques, il est arrivé que certaines de ces « familles » soient dissoutes. Auquel cas, leur territoire est réparti entre les « familles » voisines. Outre les « familles » de Noce, du Borgo et du Corso Calatafami, les plus importantes bandes mafieuses sont celles de :

Palermo Centro. Après l'assassinat d'Ignazio Gnoffo au début des années 1960, c'est un ancien commis dénommé Giovanni Corallo qui a pris la tête de cette « famille ».

Porta Nuova. Depuis 1963, c'est Giuseppe Calò, dit Pippo Calò, qui occupe la charge de chef de « famille » à la place de feu Gaetano Filippone. Les membres les plus illustres de cette « famille » sont Tommaso Buscetta et Gerlando Alberti.

4. Santa Maria di Gesù. Le chef de la « famille » était Stefano Bontate, dit le Faucon ; après son assassinat, deux régents ont été désignés, Pietro Lo Jacomo et un des frères Pullarà, afin de gouverner cette « famille » qui était une des plus importantes de la Cosa Nostra.

5. Passo di Rigano. Le chef en était Salvatore Inzerillo, fidèle allié de Stefano Bontate. Il fut assassiné un mois après lui par les Corléonais. Les membres les plus influents de cette « famille » étaient les frères Di Maggio.

Uditore. Le chef de la « famille » était le père de Salvatore Inzerillo.

6. San Lorenzo. Dans les années 1960, c'est Filippo Giacolone qui occupait la fonction de chef de « famille ». Aujourd'hui, selon Tommaso Buscetta, c'est les Pedone père et fils qui contrôlent la bande. Un de leurs gendres est le puissant promoteur immobilier Giovanni Pilo, homme d'honneur présumé.

Partanna. Le chef de la « famille » était le terrible Rosario Riccobono. Allié des Corléonais au début de la « guerre », on dit qu'il a été empoisonné avec vingt de ses hommes lors d'un repas dit de réconciliation après un malentendu.

Resuttana. Le chef de la « famille » s'appelle Francesco Madonia. La « famille » de Resuttana comprend aujourd'hui le territoire et les soldats de sa voisine, la « famille » de Giardino Inglese.

Acquasanta. Le chef de la « famille » s'appelait Gaetano Galatolo. On ignore si cette « famille » existe encore ou si elle a été englobée par d'autres bandes du centre ville.

B. – *La Sicile de toutes les mafias*

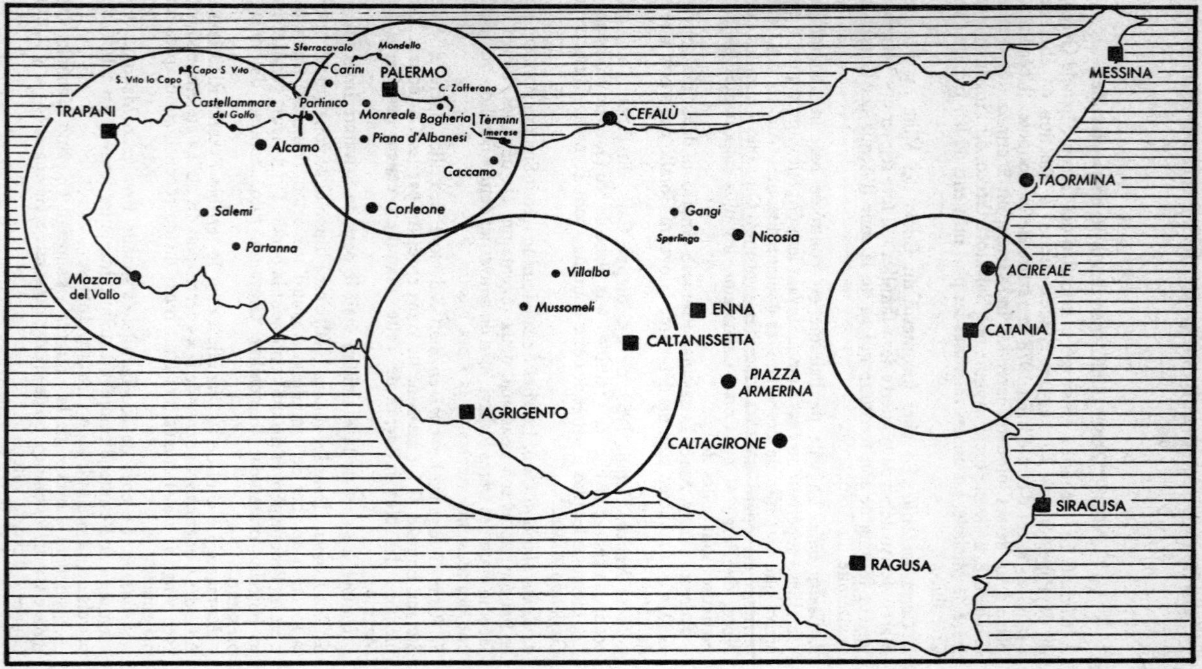

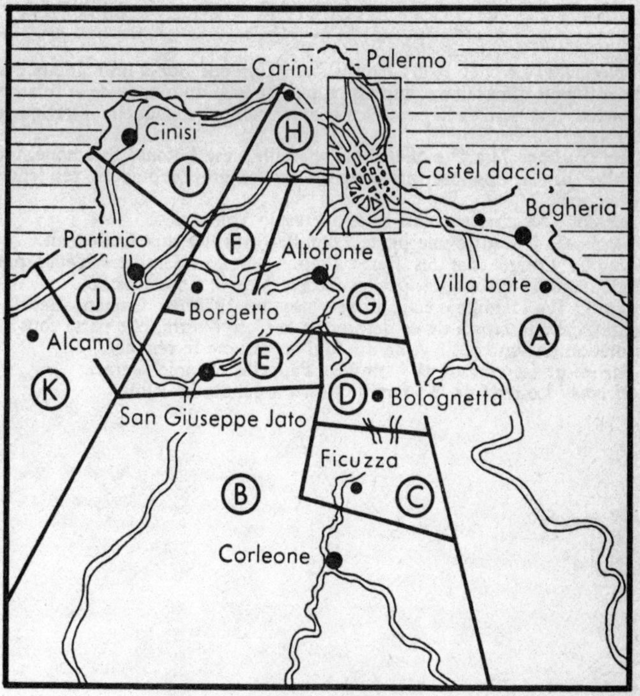

C. – *Zones d'influence dans la province de Palerme et alentour*

◀ B. – La Sicile de toutes les mafias.

Les zones d'influences ont été sommairement définies. On remarque que les familles mafieuses sont principalement implantées dans la partie occidentale de l'île, ce qui ne les empêche pas d'avoir des possessions ou des têtes de pont dans tout le reste de la Sicile.

▲ C. – Zones d'influence dans la province de Palerme et alentour

Bagheria-Villabate-Casteldaccia : Le « triangle de la mort ». Les trois « familles » qui règnent sur cette portion du littoral palermitain sont dirigées soit par des parents de Michele Greco de Ciaculli, soit par certains de leurs alliés les plus fidèles. C'est là qu'étaient installés bon nombre des laboratoires de production d'héroïne.

Corleone : Le chef indiscuté de la « famille » est le terrible Luciano Leggio, dit Luciano Liggio, qui continue de donner ses ordres depuis la prison où il est détenu. En son absence, Bernardo Provenzano et Salvatore Riina sont chargés de faire exécuter ses ordres. Ces deux derniers hommes d'honneur représentent Leggio lors des réunions de la Coupole.

Ficuzza : Ici règne une petite « famille » totalement inféodée aux Corléonais.

Bolognetta : Le chef de la « famille » est Giuseppe Bono, un mafieux des plus influents qui avait de puissants appuis au sein du monde de la finance milanaise et au sein de la Cosa Nostra américaine avec laquelle il trafiquait l'héroïne.

San Giuseppe Jato : Le chef de la « famille » est Àntonio Salamone, un membre de la Coupole qui dirigeait ses affaires depuis sa résidence brésilienne.

Borgetto : Le chef était un certain Erasmo Valenza.

Altofonte : Il s'agit d'une petite « famille » très liée aux Corléonais.

Carini : Dirigée par les frères Pipitone, cette « famille » n'était pas officiellement « reconnue » par les instances de la Cosa Nostra.

Cinisi : La « famille » était dirigée jusqu'en 1978 par Gaetano Badalamenti. Après le renvoi de ce dernier de la Cosa Nostra, elle passa sous la juridiction de son cousin Antonino qui en assume la régence.

Partinico : Le chef de la « famille » s'appelle Antonio Geraci.

Alcamo : Le chef de la « famille » est un dénommé Rimi.

CHAPITRE PREMIER

LES « HOMMES D'HONNEUR »

COSA NOSTRA

COINCÉE entre une avenue qui se donne des airs de rocade et des rangées de HLM, face au port, les pavillons tendus vers le nord, la prison palermitaine de l'Ucciardone n'a rien perdu de sa misère. Ici, rien de changé depuis le temps des Bourbons. Derrière les hauts murs se dressent trois quartiers de détention aussi insalubres que possible; au milieu de la cour centrale, les ruines d'une statue de la Madone, encadrées par des figuiers négligés depuis des siècles, achèvent de conférer à l'ensemble une impression de désolation.

A l'époque, on pouvait diviser les mille vingt-cinq détenus de l'Ucciardone en deux catégories complémentaires : la majorité, des sous-hommes, des *quaraquaquà,* masse d'illettrés s'entassant à cinq ou six dans des cellules prévues pour deux, tandis qu'une petite poignée d'hommes semblaient avoir tous les droits : quand ils le souhaitaient, ils logeaient dans des cellules individuelles, leurs gardes du corps-secrétaires se chargeaient quotidiennement de faire leurs lits et de réceptionner leurs repas confectionnés par le meilleur restaurateur de la ville.

L'homme qui rejoignit la colonie pénitentiaire de l'Ucciardone le 12 décembre 1972 appartenait visiblement à la seconde catégorie de détenus. Tout en lui trahissait une sûreté de soi qui confinait parfois à la suffisance. L'âpreté de ses traits, son nez – refait maladroitement par un chirugien esthétique de Mexico – lui donnaient des airs d'Indio mexicain que venait confirmer une peau tannée par le soleil et la mer. La quarantaine arrogante, l'homme aimait à afficher une fulgurante réussite sociale qui se voyait d'abord dans le choix de ses vêtements. Si ses chemises bariolées n'étaient pas toujours d'un goût sûr, elles n'en étaient pas moins tissées de fils de soie; si ses blue-jeans ne tombaient pas toujours à merveille sur ses jambes, ils portaient toujours les griffes des tailleurs les plus en vue. Eau de toilette, after-shave, savonnette, dentifrice : l'homme avait le même souci de qualité quand il s'agissait de son hygiène personnelle. Ses codétenus s'en souviennent encore : il avait l'habitude de leur offrir royalement ses flacons et ses savons à moitié entamés et toujours renouvelés par des admirateurs anonymes ou des parents attentifs. Mais ce n'était pas en raison de ses largesses que les autres détenus respectaient, et redoutaient Tommaso Buscetta, qui venait d'être condamné à plus de dix ans de reclusion principalement à cause de son appartenance à la Mafia.

« Ma personnalité forte et orgueilleuse, explique Buscetta, a créé autour de moi un mythe de trafiquant international de stupéfiants et de boss mafioso violent et cruel qui ne correspond en rien à la réalité. Ce qu'il y a de plus incroyable c'est que ce mythe influençait non seulement la presse et les policiers, mais aussi le milieu. Dans les prisons, on me regardait avec un respect et une crainte augmentés du fait que l'on prenait ma réserve comme étant l'expression d'un pouvoir mafioso basé sur des crimes que je n'ai jamais commis. Il était parfaitement inutile que je tente de convaincre mes interlocuteurs du contraire : plus je protestais de mon innocence, plus ils riaient. »

Si pendant de longues années Tommaso Buscetta s'évertua à proclamer bien haut qu'il était innocent et que la Mafia n'existait pas, n'était qu'une invention des journalistes et des politiciens, c'est qu'il s'adressait aux non-initiés, à ceux qui ignoraient que l'organisation qu'il servit trente années durant s'appelait en réalité Cosa Nostra et qu'entre eux les vrais mafiosi s'appelaient les « hommes d'honneur ».

De tous les détenus présents à l'Ucciardone en cette fin d'année 1972, Tommaso Buscetta faisait partie de ceux qui pouvaient se vanter d'appartenir à la plus palermitaine de toutes les Mafias. Quoique né via Oretto, à deux pas de la Gare centrale de Palerme, Tommaso Buscetta fut adopté à l'âge de vingt-deux ans par la « famille » mafieuse de Porta Nuova qui règne à près d'un kilomètre de là sur cette partie ouest de la ville qui s'étend de l'antique palais des Normands jusqu'au pied du Monreale. Ses mauvaises fréquentations l'avaient en effet conduit à se distinguer (en sicilien, *annacarsi*) de ses parents naturels, honnêtes artisans vitriers de père en fils, qu'il avait très vite délaissés pour la compagnie plus animée et plus arrogante des malandrins de Porta Nuova. Ce qui au début semblait une bravade d'adolescent fou, élevé dans une ville en pleine décomposition, allait très vite se révéler être le choix d'une vie.

Tommaso Buscetta était aussi celui des détenus dont l'appartenance à la Cosa Nostra était la plus ancienne. N'avait-il pas été « arrangé » (*combinato,* dans le parler mafieux) de sorte à devenir, pour le pire plus que pour le meilleur, un homme d'honneur par un beau jour de l'an de grâce 1948 ? Un « arrangement » des plus purs et comme on savait encore les faire à l'époque.

LA CÉRÉMONIE D'INITIATION

Comme le veut la coutume, la cérémonie d'initiation de Tommaso Buscetta eut lieu dans un appartement situé dans le quartier contrôlé par sa « famille » d'adoption. Là, le néophyte quelque peu ému écouta le discours rituel prononcé par un homme d'honneur et d'expérience, tandis que, légèrement en retrait, deux autres membres de sa future « famille » attendaient avec le respect qui sied aux témoins de grands événements.

C'est alors que commença un cérémonial que l'on dit respecter en tous points les rites initiatiques établis par une secte de justiciers religieux ayant opéré à Palerme au Moyen Age, les Beati Paoli. L'officiant commença son discours par des généralités, dénonçant l'injustice sociale, prônant la défense de la veuve, de l'orphelin et de la « famille » réunis. Puis il fit allusion à une « chose » indéfinie qui serait, à elle seule, susceptible de mettre un terme aux maux de ce bas monde, se contentant d'affirmer pour toute précision :

« Cette “ chose ” a pour ambition de protéger les faibles et d'éliminer les injustices ».

Puis, l'officiant demanda au novice si, révolté par les injustices, il acceptait de rejoindre la « chose ».

Après que le jeune Tommaso Buscetta eut répondu par l'affirmative, l'officiant enjoignit aux témoins de taillader un doigt de la main gauche du néophyte à l'aide d'un objet tranchant (à l'époque, on se servait généralement d'une épine d'orange amère) afin d'en répandre le sang sur une image sainte. La vignette ainsi maculée fut enflammée sur la main de l'aspirant qui dut supporter la brûlure en faisant passer le brandon d'une main à l'autre jusqu'à l'extinction totale du feu tout en prononçant le serment de la Cosa Nostra :

« Que mes chairs brûlent comme cette image pieuse si je ne respecte pas mon serment », dit l'aspirant Buscetta après avoir juré de respecter les commandements de la Cosa Nostra, adaptation sicilienne des Tables de la Loi biblique incluant entre autres obligations celle de ne pas voler et celle de respecter la femme d'autrui.

Tommaso Buscetta eut la chance qu'à la fin de la cérémonie d'initiation l'officiant ne le gratifia pas d'un redoutable baiser sur la bouche comme cela est le cas dans d'autres « familles » plus possessives.

C'est alors, et alors seulement, que l'initiateur révéla au jeune Buscetta que la « chose » avait un nom, *Cosa Nostra*, et était aussi structurée que le plus totalitaire des États.

C'est ainsi que Tommaso Buscetta découvrit les méandres de cette organisation qui, bien que comptant des dizaines de milliers de membres dans le monde entier, est longtemps restée aux yeux des profanes aussi mystérieuse que le fut le continent africain pour les explorateurs du XIXe siècle.

Il lui fut dit qu'à Palerme il y avait des centaines d'hommes d'honneur, chacun affilié à une « famille » chargée de gouverner un territoire soigneusement délimité, appelé « bourgade », tandis que dans les petites agglomérations une seule famille de la Cosa

Nostra régnait sans partage et était désignée par le nom des lieux-dits.

Il y avait déjà des familles de la Cosa Nostra dans toutes les provinces siciliennes, à l'exception de Messine et de Syracuse, et l'organisation n'allait pas tarder à étendre ses ramifications à la région de Naples, pourtant déjà contrôlée par les bandits de la Camorra; à Milan, où régnait un milieu plus décentralisé mais non moins pittoresque; ainsi qu'à Turin et à Rome, jusqu'alors épargnées par la criminalité organisée.

Tommaso Buscetta apprit ensuite que chaque « famille » était commandée par un chef, régulièrement élu par les hommes d'honneur, secondé par un sous-chef (désigné par le *capofamiglia*), des *consiglieri* (pas plus de trois, élus si la famille est importante) et des *capidecina* chargés de commander les « soldats ».

Chaque chef de « famille » participe régulièrement à des élections afin de désigner son « chef de zone » (*capomandamento*), qui sera chargé de représenter ses intérêts au sein de ce qu'il faut bien nommer le gouvernement de la Mafia.

Au-dessus des familles, il y a en effet une structure collégiale dite de coordination, nommée « Commission » ou « Coupole » dans le jargon des hommes d'honneur. A l'origine, la Coupole était formée d'une dizaine de membres (surnommés les « secrétaires ») qui représentaient chacun trois familles territorialement contiguës. Chacun des élus de la Coupole était désigné par les chefs des familles qu'il représentait pour une durée de trois ans. La Coupole est dirigée par un chef, démocratiquement élu par tous ses membres.

LA « FAMILLE » DE PORTA NUOVA

Après lui avoir révélé les secrets de l'organisation, son initiateur l'emmena dans une autre demeure où l'attendait son nouveau parrain, Salvatore Filippone, le fils du chef de la famille de Porta Nuova, afin de procéder à la présentation du nouvel homme d'honneur. Trente ans plus tard, Tommaso Buscetta se souviendra encore de ses années d'apprentissage au sein de sa famille d'adoption avec un respect et une nostalgie qui seraient touchants s'il ne s'était agi d'une association de criminels. Ce n'est pas sans émotion que toute sa vie il pensera au chef de sa famille, l'imposant Gaetano Filippone, un « homme de panse » pour reprendre l'expression consacrée, qui refusa obstinément de s'enrichir et continuait à sillonner Palerme en se servant des autobus municipaux malgré son grand âge (soixante-dix ans), alors que sa fonction eût voulu qu'il possédât au moins une automobile, un chauffeur et quelques gardes du corps. De même n'était-il pas près d'oublier son comparse Gerlando Alberti, qui deviendra par la suite une des figures les plus connues de la Cosa Nostra, avant de se faire arrêter dans un laboratoire de production d'héroïne à l'aube des années quatre-vingt.

Et puis il y avait le sous-chef et le premier *consigliere* de la famille : des hommes si distingués, empreints d'une bonté d'âme que Buscetta qualifie d'innée, de vrais *galantuomini* à l'ancienne comme on n'en fait plus. Ces deux-là n'étaient pas taillés dans la même étoffe que les petits trafiquants que Tommaso Buscetta voyait à longueur de journée.

Le premier, le *dottore* Maggiore, dirigeait une clinique pour maladies mentales, baptisée *La Maison du Soleil* si les souvenirs de Buscetta sont exacts. Le second, *il signor* Giuseppe Trapani, était concessionnaire pour la Sicile de la bière italienne Mesina et fréquentait avec assiduité la mairie de Palerme où il exerçait en tant que haut fonctionnaire communal (*assessore*, un poste clef à Palerme puisqu'il commande une armée d'employés municipaux et décide de la politique économique de la ville dans un domaine donné).

Contrairement à ce qui se fera par la suite, les familles étaient encore relativement regardantes dès lors qu'il s'agissait d'admettre en leur sein de nouveaux membres. Le nombre des « soldats » d'une famille n'était pas fixe : si la *cosca* du Corso dei Mille était à l'époque la plus importante de Palerme, celle de Porta Nuova, avec une vingtaine de membres, faisait figure de parent pauvre au sein de la Cosa Nostra. Buscetta allait très vite découvrir qu'autour de sa famille gravitaient un nombre incroyable de personnes qui, bien que ne faisant pas partie de la caste des hommes d'honneur, collaboraient avec les mafiosi, facilitant leurs entreprises, même de manière inconsciente. Buscetta n'allait pas tarder à comprendre que c'était précisément cette « contiguïté » qui rendait les organisations mafieuses si puissantes.

LA PRÉSENTATION

Enfer et paradis des hommes d'honneur, la prison de l'Ucciardone était l'endroit où se scellaient les amitiés les plus profondes. Au départ de toute amitié mafieuse, il y a un rite, essentiel dans la vie quotidienne des hommes d'honneur : la présentation.

En prison comme partout ailleurs, un homme

d'honneur ne révèle jamais sa qualité à ses pairs. Il est toujours introduit par une tierce partie, connue des personnes qu'elle est chargée de présenter comme membre notoire de la Cosa Nostra. La présentation a toujours lieu selon le même rituel, à savoir une formule lapidaire donnant à entendre que tous les hommes présents sont « la même chose » (*la stessa cosa*). Sous entendu : nous faisons tous partie d'une seule et même Chose, la Cosa Nostra.

De tous les hommes d'honneur qu'il eut l'occasion de connaître durant son séjour à l'Ucciardone, c'est sans conteste le jeune Stefano Bontate qui fit le plus d'impression à Tommaso Buscetta. De leur présentation allait naître une amitié que rien ne démentirait et qui déciderait par la suite de la destinée de Buscetta.

Fils de Paolino Bontate, vieux boss mafioso qui se permettait de gifler en public les députés qui n'obéissaient pas à ses ordres, le jeune Stefano « hérita » à l'âge de vingt ans de la famille de son père, celle qui porte le nom d'une petite agglomération juchée à flanc de coteau à portée de tir de Palerme, Santa Maria di Gesù. Son père, rongé par le diabète, ayant dû renoncer au début des années soixante-dix à exercer la fonction de chef de famille, c'est sur Stefano Bontate que se porta spontanément le choix des hommes d'honneur de la famille quand ils eurent à élire un nouveau « parrain ». Le sage Stefano, qui, aux dires de Buscetta, s'occupera avec dévouement de son vieux père malade et du frère de ce dernier – pareillement atteint de diabète mais lui au point d'en avoir perdu la vue –, n'en était pas moins aux yeux de la loi un redoutable trafiquant international d'héroïne qui dirigeait une des plus puissantes familles de l'île.

Stefano Bontate ne pouvait rien refuser, ou presque, à Tommaso Buscetta. Lui faire une faveur était un honneur. Aussi quand, en 1975, Buscetta eut à se préoccuper de trouver un honnête commerçant afin de doter sa fille, Felicia, d'un trousseau nuptial, Stefano Bontate l'adressa sans hésitation à son homme de confiance, le sous-chef de la famille Santa Maria di Gesù qui s'occupait de tout en son absence, Pietro Lo Jacomo.

Outre le fait d'être le second de Stefano Bontate, Pietro Lo Jacomo présentait surtout l'intérêt de posséder plusieurs magasins de tissus, dont un, situé en face de la Gare centrale de Palerme, spécialisé dans une mode furieusement sicilienne. Felicia Buscetta se rendit donc dans l'échoppe de Lo Jacomo, mentionna le nom de son père, et il lui fut offert un trousseau, estimé à un million de lires (environ cinq mille francs), qu'elle ne put payer malgré toute sa bonne volonté.

LUCKY LUCIANO

L'adoration que Buscetta suscitait en Stefano Bontate, le respect qu'il forçait chez les autres hommes d'honneur de l'Ucciardone étaient autant dus à son charisme qu'à son passé glorieux. A l'âge de vingt-cinq ans, Tommaso Buscetta avait en effet rapidement gravi les échelons qui séparent le simple soldat du *capodecina* et s'était déjà acquis une solide réputation de boss dans le quartier de Porta Nuova. Réputation confirmée par le fait qu'en près de dix ans de pratiques illégales, la police ne réussira à l'impliquer que dans quelques trafics misérables (dont une affaire de contrebande de trois tonnes de cigarettes en 1956), et le soupçonnera d'avoir commis un double assassinat sans jamais pouvoir étayer ses accusations.

Pour se faire une idée de l'importance de Tommaso Buscetta au sein de la Cosa Nostra dès le début des années cinquante, il suffit de savoir que ce dernier, bien que n'étant qu'un simple « soldat », fréquentait déjà les hommes d'honneur les plus en vue. Son amitié avec Salvatore Greco, dit Cicchiteddu, chef de la famille de Ciaculli et secrétaire de la Coupole au début des années soixante, n'était un secret que pour les policiers. A peu près à la même époque, Tommaso Buscetta fit la connaissance d'un boss d'une importante famille new-yorkaise déporté en Italie, Salvatore Lucania, dit Lucky Luciano.

Ce fut un honneur pour Tommaso Buscetta d'avoir pu côtoyer pendant près de dix ans cet homme qui était déjà de son vivant une légende. Dirigeant de la Cosa Nostra américaine au moment des années folles et de la prohibition, Lucky Luciano avait été condamné à cinquante ans de prison à la veille de la Seconde Guerre mondiale. Il fut libéré en 1947 pour services rendus à la cause alliée : contacté en prison par les services secrets de la marine américaine, Lucky Luciano acceptera de les aider à démasquer un réseau de saboteurs nazis qui opérait dans le port de New York, et surtout à organiser le débarquement allié en Sicile le 10 juillet 1943. Au début des années cinquante, Lucky Luciano s'installa à Naples d'où il organisa pendant plus de dix ans la contrebande de cigarettes et de drogue.

Chaque fois que Lucky Luciano avait l'occasion de se rendre à Palerme, il ne manquait pas de rencontrer un Tommaso Buscetta que l'on devine ému. Lucky Luciano put ainsi expliquer à Tommaso Buscetta en quoi les structures de la Cosa Nostra sicilienne ressemblaient à celles de sa cousine américaine. Les différences étaient minimes : si à Palerme vingt familles se disputaient un territoire exigu, en revanche cinq bandes opéraient dans la ville de New York, tandis que dans le reste des États-Unis il n'y avait alors pas plus d'une branche de la Cosa Nostra par grande ville. A l'époque, il n'y avait qu'une différence de taille entre les deux organisations, la Mafia américaine avait un gouvernement, sa cousine sicilienne pas. Si les souvenirs de Tommaso Buscetta sont exacts, c'est à l'instigation de Lucky Luciano et d'un autre boss de la Mafia américaine, Joseph Bonanno, dit Joe Bananas, que la Cosa Nostra sicilienne se dotera d'un organe de gouvernement à l'aube des années soixante. Pour le reste, les deux Cosa Nostra semblaient jouir de la même impunité.

LES CAUSES DE LA « GRANDE GUERRE »

S'il n'avait presque rien à craindre des « sbires » (les carabiniers, dans le parler mafieux), Tommaso Buscetta avait en revanche tout à redouter de ses pareils. Au début des années soixante, les nuages les plus noirs s'amoncelaient à l'horizon de la Cosa Nostra, et Palerme, déjà massacrée par une spéculation immobilière débridée, s'apprêtait à vivre la première « grande guerre » des Mafias.

Longtemps, les enquêteurs se sont interrogés sur les causes de cette guerre qui ensanglanta les rues de Palerme et de ses environs pendant près de trois ans. On parla d'un chargement de drogue en partie détourné avant d'être livré dans le port de New York à des émissaires de la Cosa Nostra américaine. Concernés au premier chef par les hostilités, Buscetta et ses amis s'étaient fait, eux, une autre idée de la réalité.

La cause profonde de la grande guerre des années

soixante prend ses racines, selon Buscetta, à l'intérieur même de la Coupole dont les réunions devenaient de plus en plus houleuses. Les jeunes loups étaient entrés dans le gouvernement de la Cosa Nostra en la personne du représentant des trois familles de Palerme-Centre, Salvatore Labarbera, et gagnaient de jour en jour du terrain sur leurs aînés qu'ils étaient bien décidés à éliminer d'une manière ou d'une autre.

C'est dans ce contexte lourd de tensions qu'éclata l'incident qui, aux dires de Buscetta, allait tout déclencher : l'affaire Anselmo Rosario, ou, si l'on préfère, Roméo et Juliette au pays de la Cosa Nostra.

Anselmo Rosario était un jeune soldat de la famille de Porta Nuova qui était tombé amoureux de la sœur de Raffaele Spina, homme d'honneur de la famille de Noce. Ce dernier s'opposait vivement à l'union des deux jeunes gens en raison, semble-t-il, de la très basse extraction du prétendant.

Après que la famille de Porta Nuova se fut réunie au grand complet pour étudier la question, il fut conseillé au jeune Anselmo Rosario d'enlever l'élue de son cœur et de s'envoler loin de l'île afin de consommer en paix leur union. Tommaso Buscetta ne fut pas le dernier à appuyer cette proposition.

Et ce qui fut dit fut fait.

S'il avait accepté de mauvaise grâce cette « mésalliance », Raffaele Spina n'en n'avait pas pour autant dit son dernier mot. Dès qu'il s'agit d'honneur, les Siciliens savent être plus que bornés. Il lui était pourtant difficile de toucher à un soldat d'une autre famille sans provoquer sinon une guerre en tout cas de sanglantes représailles. La situation serait plus simple s'il pouvait avoir sous la main celui qui s'était imposé comme son beau-frère.

C'est ainsi que lors d'une des réunions de la

Coupole, dans l'hiver 1962, Calcedonio Di Pisa, le chef de la famille de Noce, demanda le passage d'Anselmo Rosario sous sa juridiction, prétextant la nouveauté des liens familiaux et arguant du fait que le jeune homme avait abandonné sa demeure de célibataire de Porta Nuova pour installer son nouveau foyer dans la bourgade de Noce.

C'était faire peu de cas du principe d'inamovibilité qui fixe une fois pour toutes les destinées des mafieux. Si la Cosa Nostra autorise ses membres à choisir leurs nouveaux parents, il en est des familles mafieuses comme des familles patriarcales ou cognatiques : quoi qu'il arrive, les liens du sang sont indélébiles.

Salvatore Labarbera, qui représentait toutes les familles de la ville, y compris celle de Porta Nuova, invoqua la tradition avant de s'opposer violemment à la requête de Calcedonio Di Pisa, suivi, semble-t-il, par bon nombre de secrétaires de la Coupole.

L'affaire en était là quand, le 26 décembre 1962, Calcedonio Di Pisa fut assassiné place Principe di Campo Reale à Palerme alors qu'il se dirigeait vers un bureau de tabac. Une décharge de fusil de chasse et un chargeur de P. 38 étaient venus à bout du parrain de Noce.

Si l'on en croit Tommaso Buscetta, ni la famille de Porta Nuova ni ses alliés n'ont pris part à l'assassinat de Calcedonio Di Pisa. Alors que tout les désignait comme les assassins présumés, les hommes d'honneur de Porta Nuova voyaient dans l'embuscade de la place Principe di Campo Reale une manœuvre de leurs adversaires à l'intérieur de la Coupole, afin de les écarter à tout jamais du gouvernement de la Cosa Nostra et de ses affaires. Coupables ou pas, Tommaso Buscetta et ses amis étaient en tout cas en fort mauvaise posture.

Tommaso Buscetta fut informé au début de l'année 1963 de la fâcheuse tournure que prenaient les événements. La Coupole s'était réunie et les secrétaires de la Cosa Nostra n'étaient pas contents du tout. Ils affirmaient que le commanditaire de l'attentat n'était autre que le chef de la famille de Palerme-Centre, Angelo Labarbera, un homme d'honneur qui, malgré son jeune âge, était redouté pour sa violence et son intransigeance. Labarbera étant un des alliés de la famille de Porta Nuova, on comprend l'inquiétude de Buscetta et de ses « frères » à l'annonce de la réaction de la majorité des membres de la Coupole.

Très vite les choses allaient se précipiter.

Début janvier 1963, les accusations se précisaient, les réunions de la Coupole tournaient au procès. C'est alors que Tommaso Buscetta apprit que Gaetano Filippone, fils de Salvatore et petit-fils homonyme du vénérable chef de la famille de Porta Nuova était accusé d'avoir participé à l'exécution de Calcedonio Di Pisa. Gaetano Filippone junior eut beau protester de son innocence, Gaetano Filippone senior eut beau jeter dans la balance toute son autorité et son poids moral afin de garantir la parole de son petit-fils, personne au sein de la Coupole ne les crut. Les sanctions contre la famille de Porta Nuova n'allaient pas tarder à suivre.

Parmi toutes les règles de la Cosa Nostra qui avaient été révélées à Tommaso Buscetta le jour de son initiation, il en est une qu'il savait être fondamentale : les décisions de la Coupole doivent être exécutées coûte que coûte. Voilà pourquoi, quand il apprit que la Commission avait décidé à titre de premières représailles de dissoudre la famille de Porta Nuova et de déposer *(posare)* tous ses hommes d'honneur, Tommaso Buscetta comprit qu'il était temps de battre précipitamment en retraite. Ce qui aurait pu s'avérer fort difficile sans l'intervention d'un ami haut placé, comme on va le voir.

LES AMIS DE LA FAMILLE

Pour inefficaces et abrutis qu'ils soient, les « sbires » de la police palermitaine étaient arrivés, on l'a vu, à impliquer Tommaso Buscetta dans une malheureuse affaire de contrebande. Ce n'était pas grand-chose mais, en attendant le jugement, cela suffisait amplement à empoisonner la vie de l'homme d'honneur de Porta Nuova. C'est ainsi que Tommaso Buscetta se vit retirer son passeport au début des années soixante.

L'histoire veut que Buscetta se soit alors rendu au commissariat central de la police palermitaine *(Questura)* pour faire part de son indignation.

« Tout le monde peut se tromper dans la vie, aurait dit Buscetta au fonctionnaire de service, ce n'est pas pour autant qu'il faut nous mépriser. J'en ai plus qu'assez de cette histoire de contrebande de cigarettes. Mon père m'a donné un métier. Je suis artisan vitrier. Je veux travailler honnêtement, mais je ne peux le faire parce qu'on m'a retiré mon passeport. »

Certains journalistes prétendent que le fonctionnaire, plus ému qu'il n'était nécessaire, aurait tout de même trouvé la présence d'esprit de demander pourquoi l'artisan vitrier avait besoin d'un passeport pour couper le verre. Imperturbable, Buscetta n'aurait pas manqué de mentionner la présence à l'étranger, en France et en Belgique, d'une qualité de verre qui lui était, semble-t-il, indispensable à l'exercice honnête de sa profession.

En vain. Mafioso présumé, Buscetta semblait privé

pour longtemps du droit de pouvoir voyager sous son vrai nom.

Heureusement pour notre homme d'honneur, la famille de Porta Nuova avait à l'époque des amis qui comptaient à Rome. C'est ainsi qu'un député démocrate-chrétien, l'*onorevole* Francesco Barbaccia, se fendra d'une missive, sur papier à en-tête du Parlement, s'il vous plaît, adressée au chef de la police palermitaine afin que soit renouvelé le passeport du *signor* Buscetta, « personne qui m'intéresse beaucoup », précise l'honorable Barbaccia.

C'est ainsi que le 23 mai 1961, Tommaso Buscetta toucha un passeport flambant neuf qui allait lui sauver la vie quelque deux ans plus tard.

Tommaso Buscetta se trouvait au Mexique depuis peu quand il apprit que la grande guerre avait commencé à ensanglanter Palerme et ses environs.

D'abord, on lui communiqua que Salvatore Labarbera, le représentant des familles palermitaines au sein de la Coupole avait disparu. On ne devait jamais retrouver son cadavre. Bien qu'il n'ait jamais réussi à savoir ce qui était arrivé à son ex-représentant, Buscetta a toujours été convaincu que l'assassinat de Salvatore Labarbera, car il ne pouvait s'agir que d'un assassinat, avait été décidé par tous les autres secrétaires de la Coupole. Salvatore Labarbera étant lui-même membre de la commission exécutive de la Cosa Nostra, nul autre organe de l'organisation n'aurait pu décréter sa fin sans s'attirer de terribles représailles.

Les faits donnèrent raison à Buscetta : dans les mois qui suivirent, la quasi-totalité des familles de la Cosa Nostra se mobilisèrent contre les survivants du clan Labarbera sur ordre de la Coupole.

C'est ainsi qu'Angelo Labarbera, chef de la famille de Palerme-Centre, fut grièvement blessé dans un attentat alors qu'il s'était réfugié à l'autre bout de la Péninsule, dans une lointaine banlieue milanaise. Ses hommes, restés à Palerme, tombèrent les uns après les autres, non sans avoir porté des coups redoutables à leurs adversaires, notamment aux survivants de la Coupole.

D'abord, il y eut Cesare Manzella, membre influent de la Coupole : le boss, qui avait fait fortune aux États-Unis et régnait désormais sur une partie de l'ouest de la côte palermitaine, fut déchiqueté par l'explosion d'un véhicule piégé dans son fief de Cinisi, un petit bourg maritime situé à une vingtaine de kilomètres de Palerme. Le secrétaire général de la Coupole, Salvatore Greco, un petit homme surnommé Cicchiteddu (Petit Oiseau) en raison de son aspect chétif, échappa de justesse au même sort, tandis qu'une troisième voiture piégée, destinée à un autre secrétaire de la Coupole, massacrait sept carabiniers qui croyaient avoir désamorcé l'engin infernal à Ciaculli, un petit bourg situé sur les hauteurs de Palerme et dont on aura l'occasion de reparler abondamment par la suite.

LE SALAIRE DE LA PEUR

Les hommes d'honneur de l'Ucciardone n'avaient pas de considération pour Tommaso Buscetta uniquement en raison de son statut d'ancien combattant. L'homme était déjà une légende vivante à son arrivée à la prison palermitaine.

En quittant la Sicile pour les Amériques – pendant dix ans, on le signala aux États-Unis, au Canada et au Brésil –, Tommaso Buscetta avait fait son entrée dans le monde fermé des contrebandiers de haut vol.

Sans pouvoir jamais rien prouver, le Bureau des narcotiques américain affirme qu'il était un des rois du trafic international de drogue, tandis que les juges siciliens parlent de lui comme étant le « prince de la cocaïne ».

Outre le fait de l'irriter profondément, cette étiquette, pourtant fort honorifique dans son milieu, vaudra à Tommaso Buscetta d'être expulsé des États-Unis en 1970. Deux ans plus tard, il était arrêté au Brésil pour être extradé séance tenante à destination de l'Italie où l'attendait une condamnation à près de dix ans de prison pour des délits remontant aux années cinquante (divers trafics et autres participations à association de malfaiteurs). Buscetta allait y retrouver un milieu qu'il avait quitté plus de sept ans auparavant. En renouant avec son passé, il allait à nouveau partager le quotidien des hommes d'honneur.

Si l'emprisonnement d'un homme d'honneur marquait, par les manques à gagner qu'il impliquait, une brusque chute de son train de vie, le chef de sa famille mafieuse était en principe censé tout faire pour assurer un salaire minimum garanti au détenu et à ses proches. Il n'en était pas toujours ainsi, comme le découvrirait par la suite Tommaso Buscetta. On remarquera qu'en matière de politique salariale, les dirigeants de la Cosa Nostra n'avaient pas établi de cadre rigide. Pour des raisons aisément compréhensibles. Ceux des simples soldats qui n'étaient pas capables d'assurer leur propre subsistance, soit par inexpérience, soit qu'ils en aient été empêchés par l'âge, les blessures ou même l'emprisonnement, percevaient une maigre rétribution mensuelle. Il va sans dire que la plupart des hommes d'honneur tiraient de tels bénéfices de leurs activités illicites qu'ils n'avaient nul besoin du salaire qu'aurait pu leur verser la Cosa Nostra. Au début des années quatre-vingt, avec la généralisation du trafic de l'héroïne, il n'était pas rare de voir des mafieux encaisser sur leurs comptes en banque un à deux millions de dollars provenant d'une banque étrangère, de préférence suisse.

LE CODE DÉONTOLOGIQUE

C'est en vain que l'on chercherait une trace écrite du code déontologique des hommes d'honneur. Dans la Cosa Nostra, les écrits s'envolent; seuls comptent les paroles et les actes. Ici, pas de livres de comptes, pas de listes d'adhérents, pas de règlement interne, mais ce n'est pas pour autant qu'un vent de laxisme et de permissivité agite les familles. Fixées une fois pour toutes, les règles qui déterminent le comportement des hommes d'honneur sont véhiculées par une tradition orale rigide, seul garant de la pérennité des us et coutumes de la Cosa Nostra. Dans les cellules de l'Ucciardone, Buscetta eut l'occasion de vérifier à nouveau combien solide et impénétrable était la « chose » qui soude entre eux les hommes d'honneur, infiniment plus solide et plus impénétrable que si elle avait été décrite dans un quelconque document.

Tommaso Buscetta, bien que n'étant pas issu d'une famille mafieuse, on l'a vu, n'en avait pas moins appris avec aisance le nouveau langage qui allait lui servir à se faire comprendre de ses semblables et à se faire respecter de ses codétenus. Si les hommes d'honneur se servent d'un idiome ressemblant à s'y méprendre à un sabir d'italien et de sicilien, l'emploi qu'ils font des mots, l'usage qu'ils ont de s'exprimer par demi-phrases lourdes de sous-entendus rendent leur univers « familial » plus hermétique encore.

Quand ils le peuvent, les hommes d'honneur évitent d'avoir recours à la parole. Mais leur monde du silence est peuplé de regards furtifs, de signes de tête, de moues, de sourires et autres distorsions du visage propres à faciliter la communication.

Deux des codétenus de Buscetta avaient été arrêtés à bord d'une voiture. Avant que les policiers n'aient eu le temps de découvrir un pistolet qui se trouvait dans la boîte à gants du véhicule, un regard avait suffi à dicter la conduite des occupants du véhicule. Sans qu'une parole ait été prononcée, un des passagers avait décidé de revendiquer la paternité de l'arme tandis que le second affirmerait n'en rien savoir.

Après un délit, quelques hommes d'honneur d'une même famille furent arrêtés. Avant d'être jetés dans une cellule de l'Ucciardone, l'un d'entre eux dit aux autres : *Nni consumammu* (nous sommes ruinés, en sicilien). Les hommes d'honneur présents comprirent que le crime était l'œuvre de leur interlocuteur et avait été commandité par leur parrain. Dans le cas contraire, les hommes d'honneur auraient évité de parler en présence des policiers, ne s'exprimant, en cas de besoin, qu'en termes lapidaires.

DE LA MORALE MAFIEUSE

Dès son arrivée à la prison palermitaine de l'Ucciardone, Tommaso Buscetta fut averti que des rumeurs aussi persistantes que désagréables affirmaient qu'il avait été à nouveau « déposé » par les chefs de la Cosa Nostra.

Quelques années après la dissolution de la famille de Porta Nuova, Buscetta et ceux de ses amis qui avaient survécu à la « grande guerre » avaient été, sinon amnistiés, en tout cas rétablis dans les titres et prérogatives d'hommes d'honneur. Mais cette fois, la chose semblait plus grave : l'exclusion était, semble-t-il, motivée par la vie sentimentale quelque peu agitée du « prévenu ».

Il est vrai que, se basant sur les critères rigoureux de la Cosa Nostra, Buscetta méritait d'être déposé plutôt deux fois qu'une. Il était d'ailleurs le premier à reconnaître que ses comportements amoureux, quelque peu baroques, étaient incompatibles avec la notion d'honneur qui régit la vie dite privée de ses semblables. Mais que diable! pour être homme d'honneur on n'en est pas moins homme avant tout! D'autant que, circonstance atténuante, cela faisait belle lurette qu'une telle sanction n'était plus appliquée pour des faits somme toute relativement bénins. Qu'on en juge.

Marié à l'âge de dix-sept ans avec la *signorina* Melchiorra Cavallarro, Tommaso Buscetta estima quelques années plus tard que dame Melchiorra était exactement la mère qu'il fallait pour leurs quatre enfants et cessait de ce fait d'être sa compagne.

Le 7 septembre 1966, il épouse aux États-Unis la *signora* Vera Girotti, évitant le délit de bigamie (à l'époque, la loi généralisant le divorce n'existait pas en Italie) pour celui de parjure : Buscetta s'était présenté à la mairie de New York sous l'identité de Manuel Lopez Cadena qui lui servait de couverture durant son séjour nord-américain. A peine débarqué aux États-Unis, en bon chef de famille qu'il était, Tommaso Buscetta n'en avait pas moins fait venir sa première épouse et ses quatre enfants afin de subvenir à leurs besoins, tout en refusant catégoriquement de partager leur demeure.

Quelques années plus tard, à Rio, il recommence avec Christina Guimares : cette fois, pour monsieur le maire, il est le *senhor* Paolo Roberto Felici. Estimant sans doute que la troisième était la bonne, Tommaso Buscetta épousera régulièrement Christina Guimares le 15 octobre 1978 à la prison italienne de Cuneo, après avoir divorcé de dame Melchiorra Cavallarro. Vertiges de l'amour!

Si le divorce était depuis peu inscrit dans la loi italienne, il n'était en tout cas pas admis par certains hommes d'honneur qu'il ne faut pas hésiter à qualifier de rabat-joie. Mais tous n'étaient pas de ceux-là : normalement les mafiosi sont tenus de boycotter un homme d'honneur déposé; pourtant, la majorité des détenus de l'Ucciardone agissaient avec Buscetta comme si de rien n'était.

Buscetta interpréta leur réaction comme une sorte de plébiscite en sa faveur : il savait que dans certains cas les autres hommes d'honneur pouvaient passer outre à l'interdiction formelle d'adresser la parole aux mafiosi défroqués, soit qu'ils jugent l'ordre d'expulsion excessif, soit qu'ils aient trop de respect pour l'expulsé. C'est une question de conscience personnelle, et de bravoure.

Tous, pourtant, n'eurent pas ce courage.

Si la plupart des hommes d'honneur de l'Ucciardone considéraient comme un privilège d'être présenté à Tommaso Buscetta, il s'en est pourtant trouvé deux pour refuser catégoriquement de participer au rite de présentation. Comme par un malicieux hasard, tous deux venaient d'être admis au sein de l'ancienne (?) famille de Tommaso Buscetta, celle de Porta Nuova.

Son expulsion sembla d'autant plus évidente à Tommaso Buscetta que, contrairement à la coutume, le chef de sa famille d'origine semblait se désintéresser totalement de son sort. Il ne s'était pas occupé de lui trouver un avocat et envisageait encore moins de régler les honoraires de sa défense comme cela est généralement le cas quand un homme d'honneur se trouve aussi démuni que l'était Buscetta.

C'est Gaetano Badalamenti, un parrain mal dégrossi mais qui n'en dirigeait pas moins la famille de Cinisi, qui apporta à Tommaso Buscetta la confirmation de son expulsion. De passage à l'Ucciardone –, il n'y resta que quelques mois avant d'être libéré –, Gaetano Badalamenti eut le temps de donner à Tommaso Buscetta des nouvelles du dehors : il confirma que le chef de la famille de Porta Nuova, Pippo Calò, avait décrété l'expulsion de Tommaso Buscetta, en ajoutant qu'à Palerme les avis étaient partagés.

Tommaso Buscetta connaissait bien Pippo Calò pour l'avoir recruté et avoir présidé sa cérémonie d'initiation. Être expulsé par l'homme dont on a guidé les premiers pas, quelle ingratitude! Tommaso Buscetta ne se priva pas de le faire savoir à l'intéressé tout en lui demandant de se justifier. Seul Pippo Calò pouvait l'éclairer sur sa situation. Dans une famille, le chef a tous les droits, surtout en matière de circulation de l'information. Il est le détenteur de la communication à l'intérieur du cercle des hommes d'honneur. C'est lui qui informe; quand il juge bon de le faire, et seulement celles des personnes de sa famille qu'il considère dignes de recevoir ses confidences, et toujours dans les limites qu'il estime opportunes.

Quelques jours après avoir adressé son message à Pippo Calò par un des innombrables canaux de communication qui relient les détenus de l'Ucciardone à l'extérieur (gardes, avocats, visiteurs...), Tommaso Buscetta reçut une réponse en forme de démenti. Pippo Calò lui fit comprendre qu'il n'était pas « déposé » en lui demandant de ne pas accorder d'importance à Badalamenti, qualifiant même ce dernier de *tragediaturi.*

DE LA VÉRITÉ

Pour comprendre la signification de cette insulte, apanage des seuls parrains, il faut revenir un instant sur les codes de comportement régissant la vie des mafieux. La communication entre les hommes d'honneur est à ce point codifiée que les règles de la Cosa Nostra définissent une fois pour toutes le critère de la vérité. C'est ainsi qu'il est dit que tout ce qu'un homme d'honneur déclarera en présence de plus de deux de ses semblables sera la vérité, rien que la vérité, toute la vérité. Il va de soi que rien n'oblige un homme d'honneur à parler à ses congénères, mais s'il le fait et qu'il ment en public, il est passible d'une peine qui peut être la mort dans les cas les plus flagrants. Un tel homme n'est plus digne de la considération de ses pairs, il est ce qu'on appelle dans le parler mafieux un *tragediaturi.*

Quand un différend oppose deux hommes d'honneur d'une même famille et qu'il n'y a pas de tierce personne pour confirmer les dires de l'un ou de l'autre, seul leur parrain peut trancher et décider qui des deux est détenteur de la vérité. Quand deux hommes d'honneur de deux familles différentes s'opposent, leurs parrains se rencontrent pour trancher, et si le litige est de taille, il est porté à la connaissance des membres du gouvernement de la Cosa Nostra, la Coupole, détenteurs en dernier recours du pouvoir suprême.

Tommaso Buscetta savait que, quand on est seul, il vaut mieux éviter de parler à un homme d'une autre famille. Un malentendu étant toujours possible.

Quelque temps plus tard, Tommaso Buscetta rencontra dans une cellule de l'Ucciardone un nouvel arrivant qui devait être jugé en appel à Palerme pour un meurtre commis non loin d'Agrigente. L'homme lui fut présenté selon le rite traditionnel des mafiosi. Après que Buscetta eut appris son nom, Giuseppe Di Cristina, sa qualité (« la même chose »), on en vint à parler de choses sérieuses.

« Je suis le chef de la famille de Riesi », lui dit en substance l'homme d'honneur pour entrer tout de suite dans le vif du sujet, en appelant sans doute Tommaso Buscetta par son diminutif. « Don Masino, vous devez mettre un peu d'ordre dans votre vie sentimentale. On vous critique beaucoup dans notre milieu... »

TRACASSERIES POLICIÈRES

Quand, en 1980, un juge de surveillance de Turin, le *dottore* Franco eut à se prononcer sur une demande de mise en liberté surveillée présentée par les avocats de Tommaso Buscetta, il fut obligé, malgré toutes ses réticences, de convenir du bien-fondé de la requête. Tommaso Buscetta n'avait plus qu'un an et demi à purger, sa conduite dans la prison de Cuneo – où il avait été transféré deux ans auparavant – était exemplaire, et les policiers de Palerme à qui le magistrat avait demandé un rapport accablant n'avaient pu qu'exhumer de vieilles histoires. Tommaso Buscetta fut donc placé en résidence surveillée dans la bonne ville de Turin au début de l'année 1980.

Il y serait peut-être encore si, dès le premier jour de sa libération anticipée, des policiers en civil – peu soucieux de voir s'agrandir la communauté mafieuse de leur ville – n'avaient commencé à le harceler. Partout où il allait, Tommaso Buscetta se heurtait immanquablement à des « sbires » qui ne prenaient même plus la peine de se dissimuler et qui l'interpellaient pour contrôler son identité quand bon leur semblait. Tommaso Buscetta eut l'impression qu'ils ne cherchaient qu'un prétexte pour le boucler. D'autant qu'à chaque interpellation, les policiers lui répétaient qu'il devait quitter la ville au plus tôt, « d'une manière ou d'une autre ».

Quand il se plaignit de cette situation au *dottore* Franco, Tommaso Buscetta eut la désagréable impression que le zèle des policiers était encouragé par le magistrat. « Que voulez-vous, je ne peux pas empêcher les policiers de faire leur travail », lui dit le *dottore* Franco en levant les bras au ciel.

Voilà pourquoi Tommaso Buscetta quitta Turin pour retourner clandestinement à Palerme alors qu'il lui aurait suffi d'attendre quelques mois pour voir tous ses comptes réglés avec la justice de son pays. Ce qu'il allait trouver à Palerme était loin d'être réjouissant. Il allait certes revoir la communauté des hommes d'honneur : Pippo Calò, son nouveau chef, dont il ne savait encore que penser; son ami Stefano Bontate; Gaetano Badalamenti, le parrain un peu fruste; et tous les autres, anciens compagnons de captivité ou frères d'armes de jadis. Il allait surtout découvrir avec horreur la folie des hommes qui s'étaient emparés des commandes de la Cosa Nostra, et se trouver plongé au cœur des mystères de la Coupole.

[illegible]

[illegible] qu'il devait quitter le pays au plus tôt, d'une manière ou d'une autre.

Quand il se [illegible] de cette [illegible] en [illegible] France, [illegible] la [illegible] France en levant les bras au ciel.

Mais [illegible] pour retourner clandestinement en Sicile alors qu'il [illegible] ses comptes réglés [illegible] Palerme [illegible] allait devoir [illegible] Tommaso [illegible] Calò [illegible] nouveau chef dont il ne savait encore que penser [illegible] Gaetano [illegible] Gerlando [illegible] tous les autres anciens compagnons de [illegible] ou frères d'armes de jadis. Il allait [illegible] la foule des [illegible] qui s'étaient emparés des commandes de la Cosa Nostra [illegible] au cœur des mystères de la Coupole.

CHAPITRE 2

LA COUPOLE

CIACULLI, UN BOURG DE LA MAFIA

SI pendant près de trois ans, de 1978 à 1981, le chef de la famille de Santa Maria di Gesù, Stefano Bontate, emprunta la route qui relie Palerme à Piana degli Albanesi (ex-Piana degli Greci), ce n'était certes pas pour faire du tourisme et encore moins pour jouir d'un paysage parmi les plus médiocres de la Sicile. Comme toute personne qui parcourait cet itinéraire, c'était avec une idée bien précise : seule une connaissance parfaite du terrain lui avait permis d'amener son véhicule sur le bon chemin.

Après avoir évité la bretelle d'accès à l'autoroute Palerme-Catane, le véhicule de Stefano Bontate quitta le quartier du Brancaccio pour se faufiler entre les ruines d'une église baroque digne des meilleurs westerns-spaghetti adossée à flanc de coteau et une station-service encore moins engageante, avant de se précipiter enfin sur la route qui allait le conduire à moins de cinq kilomètres de là au petit bourg de Ciaculli de sinistre réputation.

On ne s'arrête pas sans raison à Ciaculli. Aucune pancarte n'indique l'existence de ce petit bourg d'un millier d'habitants, soigneusement triés sur le volet. Le voyageur pressé pourrait prendre les quelques demeures qui se dressent de part et d'autre de la route pour de lointains faubourgs de Palerme, n'étaient deux détails inquiétants. Il n'y a pas de magasins à Ciaculli, les vendeurs ambulants se chargent du commerce; et aux façades blanches des maisons à trois étages, les persiennes vertes sont toujours closes. Ici commence le territoire de la plus violente de toutes les familles de la Cosa Nostra.

Les affaires de Stefano Bontate ne l'appelaient pas à l'intérieur de Ciaculli. Aussi, peu avant la fin de la bourgade, son véhicule emprunta-t-il sur la gauche une route encore plus étroite que la précédente. Autorisant difficilement le passage de deux voitures de front, la passe était bordée de chaque côté de hauts murs gris surmontés par endroits de touffes d'un vert violent laissant deviner des plantations d'agrumes. Peu avant la bourgade de Croce Verde Giardini, tout aussi réjouissante pour l'âme que l'est Ciaculli, sa voisine, la voiture de Stefano Bontate vira à gauche dans un chemin vicinal pour franchir un lourd portail métallique où l'on pouvait lire FONDO FAVARELLA.

Après avoir roulé au milieu d'une imposante plantation de citronniers, le véhicule de Stefano Bontate s'immobilisa non loin d'une demeure d'aspect rustique, dotée d'un portique au sommet duquel se détachaient deux lettres, M.G., les initiales du maître des lieux, Michele Greco, chef de la famille de Ciaculli, secrétaire général de la Coupole.

LA COUPOLE

Si Stefano Bontate fréquentait avec assiduité le *fondo* Favarella, ce n'était pas pour profiter du polygone de tir que Michele Greco avait installé, en amateur de ce genre de compétition qu'il était – la légende veut qu'il ait même fait partie de l'équipe italienne de tir au pigeon –, et encore moins pour s'attarder dans le laboratoire de fabrication d'héroïne dissimulé, l'espace de quelques mois, au milieu des citronneraies.

De même ne venait-il pas uniquement pour participer aux banquets d'hommes d'honneur organisés régulièrement par le maître de céans. Sa présence au *fondo* Favarella résultait de sa fonction de secrétaire de la Coupole, et du fait que pendant plus de six ans le gouvernement de la Cosa Nostra prit pour habitude de se réunir dans la propriété de celui qui allait devenir son chef, à moins de dix minutes de Palerme, siégeant dans cette demeure ignorée des policiers et protégée des regards indiscrets par une forêt de citronniers, quelque part entre Ciaculli et Croce Verde Giardini.

A chaque réunion, il y avait devant la maison, une dizaine de véhicules, généralement des BMW (la voiture des hommes d'honneur), qui n'étaient pas encore blindées, la pax mafiosa régnant toujours sur Palerme.

Composée de deux étages reliés par un escalier de bois, la demeure était modestement meublée dans un style à la fois rustique et antique, à l'exception d'une luxueuse salle de bains située à l'attique.

Malgré sa dimension relativement spacieuse, le salon n'avait rien d'une salle de réunion, et c'est en vain que l'on aurait cherché dans les autres pièces l'espace nécessaire à la tenue du conseil des ministres de la Cosa Nostra. Il fallait se hasarder dans les sous-sols pour trouver un espace propre à accueillir l'aréopage des hommes d'honneur.

Au pied d'un des murs du salon, dissimulée par

quelques dalles de céramique amovibles, il y avait une cavité d'une largeur suffisant à autoriser le passage d'une personne d'honnête corpulence. La descente, facilitée par un escalier de pierre grossièrement taillé, nécessitait l'emploi de torches ou de lampes de poche.

Au bas des marches, peu nombreuses, un couloir descendait sur quelques mètres vers une vaste salle de forme conique plus large que toutes les chambres de la demeure supérieure réunies. Durant le jour, l'endroit était éclairé naturellement par une brèche de plusieurs mètres de large close par une grille derrière laquelle on pouvait voir la campagne avoisinante.

C'était dans cette salle, située à trois ou quatre mètres sous la maison de Michele Greco, que Stefano Bontate et les autres secrétaires de la Coupole se retrouvaient pour décider de la politique de la Cosa Nostra.

La présence de la grotte souterraine avait une explication des plus simples : la maison était construite sur une ancienne carrière, transformée après épuisement en citronneraie. Divers couloirs rayonnaient de la cavité centrale vers d'autres grottes qui pouvaient servir à l'occasion à abriter des fugitifs. La présence de bougies dans des trous creusés à même la muraille, le fait que plusieurs matelas aient été entreposés à l'étage prouvaient que le maître des lieux n'hésitait pas, en cas de besoin, à héberger ceux de ses soldats recherchés par les « sbires ».

Michele Greco n'habitait d'ailleurs pas cette propriété. Il avait installé ses quartiers dans diverses villas de la région dont une située juste en face du *fondo* Favarella, au numéro 415 de la via Ciaculli, et pareillement protégée par des hectares d'agrumes. La villa du *fondo* Favarella servait uniquement aux retrouvailles et aux ripailles des hommes d'honneur, ainsi qu'en attestent la soixantaine de chaises, les fours géants, les grils disproportionnés qui étaient entreposés dans différentes pièces de la demeure.

LE PAPE ET LES « ANTIPAPISTES »

Si, à la fin des années soixante-dix, Michele Greco se permit de transformer une de ses résidences en village club de la Cosa Nostra, c'est qu'il était sûr de son impunité. Issu d'une des plus vieilles familles mafieuses de l'île – il était cousin de Salvatore Greco (Cicchiteddu) qui commanda la Cosa Nostra dans les années soixante –, Michele Greco n'avait jusqu'à ce jour jamais fait parler de lui. Ami de la noblesse palermitaine, il avait très vite su protéger ses affaires en faisant régner au sein de la Cosa Nostra un climat de terreur tel que jamais aucun de ses subalternes n'osa prononcer son nom devant un « sbire ».

Tel était l'homme qui, du haut de son mètre soixante, présidait aux destinées de la Coupole depuis 1978, avec une telle solennité qu'il fut surnommé par la communauté des hommes d'honneur le Pape.

Stefano Bontate faisait partie de la minorité des secrétaires de la Coupole qui osaient se dresser contre Michele Greco. Le chef de la famille de Santa Maria di Gesù s'était aperçu que les choses avaient bien changé depuis l'arrivée du Pape à la tête du gouvernement de la Cosa Nostra. Sans oser encore parler de coup d'État, Stefano Bontate estimait que le Pape était en train de pervertir les principes fondateurs de la Cosa Nostra.

CICCHITEDDU, PETIT OISEAU

Alors qu'il se trouvait emprisonné à l'Ucciardone en 1972, Stefano Bontate aimait à répéter à son ami et compagnon de détention Tommaso Buscetta qu'il se considérait comme l'héritier spirituel du vieux Salvatore Greco, Cicchiteddu (Petit Oiseau), qui avait dirigé la Coupole jusqu'en 1963 avant de la dissoudre pour cause de guerre.

Bontate était trop jeune pour avoir connu Cicchiteddu, aussi demanda-t-il à Tommaso Buscetta de lui parler de cet homme d'honneur comme on n'en faisait plus. Bien que n'étant pas membre de la hiérarchie mafieuse au début des années soixante, le simple soldat Buscetta avait en effet su s'attirer l'amitié de Cicchiteddu qui par la suite n'avait pas hésité à lui ouvrir son cœur.

Pour l'avoir vécu aux premières loges, Buscetta put expliquer à Bontate pourquoi en 1963, alors que la « grande guerre » des familles de la Cosa Nostra battait son plein, Petit Oiseau décida de son plein gré de se retirer des affaires et de dissoudre la Cosa Nostra.

« Ce qui poussa Cicchiteddu a tout abandonner pour se rendre à l'étranger, dit Buscetta, c'est la constatation que la Mafia abandonnait ses principes traditionnels pour se transformer en organisation de criminels. »

CORLEONE

« La cause profonde de la crise qui frappe les organisations mafieuses, dit Tommaso Buscetta, remonte à ce moment précis où Leggio tue Navarra sans que la Coupole en soit avertie. » Un crime sans précédent dans toute l'histoire de la Cosa Nostra et qui allait révéler un tueur très vite redouté de tous les hommes d'honneur, Luciano Leggio.

Né en 1928 dans la bourgade de Corleone, Luciano Leggio était un paysan sanguinaire qui avait gravi un à un tous les échelons de la Cosa Nostra pour s'illustrer trente ans plus tard en assassinant le parrain local, le *dottore* Michele Navarra, un médecin de campagne doublé d'un hobereau cruel et violent qui exerçait son influence jusqu'au sein de la Coupole d'alors.

« Cicchiteddu convoqua Leggio pour lui demander des explications, continua Buscetta. Leggio invoqua des raisons personnelles, lui demandant de le croire sur parole. Puis Leggio affirma qu'un ancien mafioso, alors détenu, serait en mesure de confirmer sa version des faits. J'ai oublié le nom de ce mafioso, mais je me souviens qu'une fois libéré l'homme en question disparut avant d'avoir pu renconter Cicchiteddu. Ce dernier entra dans une colère noire. Mais entre-temps survint en 1963 l'épisode de la Giulietta bourrée de TNT (un des moments les plus terribles de la " grande guerre " *), et, dégoûté de ce qui se passait, Cicchiteddu décida d'émigrer et de tout abandonner; pour toujours. »

LA RECONSTRUCTION DE LA COSA NOSTRA

Quatre ans plus tard, au début des années soixante-dix, Luciano Leggio était devenu l'ennemi public numéro un des Italiens. Les journaux en

* Voir premier chapitre.

avaient fait un héros du mal et consacraient leurs gros titres à la sanglante épopée qui, de Corleone à Palerme, allait conduire Leggio au sommet de la Cosa Nostra.

Rongé par une tuberculose osseuse qui l'avait rendu à moitié paralytique, Luciano Leggio n'en avait pas pour autant perdu ses facultés mentales. Arrêté à Corleone en mai 1964, pendant près de quatre ans il allait affronter avec superbe différents tribunaux italiens qui, à chaque fois, l'acquitteraient de crimes abominables, « faute de preuves suffisantes ».

Après de longs séjours en clinique pour diverses infections urinaires et autres dysfonctionnements rénaux, Leggio disparut au moment où les policiers s'apprêtaient à l'arrêter une nouvelle fois. L'heure était venue pour lui de régler ses comptes avec ceux qui le « persécutaient », pour reprendre son expression.

Les projets de Luciano Leggio allaient être grandement facilités par l'état de déliquescence dans lequel se trouvait le pouvoir exécutif de la Cosa Nostra.

Afin de reconstruire leur organisation, réduite à l'état de ruine par la « grande guerre » de Palerme, décimée par les arrestations et momentanément privée de gouvernement, les rescapés des différentes familles de la Cosa Nostra avaient élu à leur tête un triumvirat composé du jeune Stefano Bontate, du parrain de Cinisi, le fruste Gaetano Badalamenti, et d'un des tueurs de la famille de Corleone, Salvatore Riina.

Quand Luciano Leggio débarqua à Palerme, en 1970, le triumvirat avait déjà cessé d'exister, Bontate et Badalamenti s'étant fait arrêter. Le pouvoir était désormais concentré entre les mains d'un seul homme, un proche de Leggio qui depuis des années lui servait de lieutenant, Salvatore Riina.

FEU SUR LE PROCUREUR SCAGLIONE

Stefano Bontate et Gaetano Badalamenti se trouvaient à la prison de l'Ucciardone, le 5 mai 1971, quand ils apprirent que le procureur de la République de Palerme, Pietro Scaglione, et son chauffeur avaient été assassinés, via dei Cipressi, alors qu'ils venaient de quitter le palais de justice à bord de la voiture de fonction du haut magistrat. Très vite, les deux hommes d'honneur acquirent la certitude que leurs compères Luciano Leggio et Salvatore Riina avaient personnellement pris part à cette exécution sans précédent en Sicile et en Italie.

Les informateurs de Bontate et de Badalamenti précisèrent même que Leggio, en proie à une nouvelle crise du mal qui le rongeait, était incapable de se mouvoir au moment de l'attentat : il aurait fait feu sur le malheureux procureur depuis le siège avant d'une voiture.

Quand ils s'interrogèrent sur les raisons de cet homicide, Bontate et Badalamenti arrivèrent à la conclusion qu'elles étaient de trois ordres.

D'abord Luciano Leggio entendait châtier un homme qu'il estimait être son plus zélé persécuteur. La deuxième raison était plus mesquine : le procureur Scaglione venait d'envoyer devant les tribunaux la famille d'Alcamo, laquelle famille était loin d'être en bons termes avec les Corléonais; Leggio n'était donc pas mécontent d'enfoncer un peu plus son chef qui ne manquerait pas d'être soupçonné de l'assassinat. Le troisième mobile du crime ne manqua pas de surprendre Bontate et Badalamenti par sa perversité : en assassinant Pietro Scaglione, Leggio entendait déstabiliser la justice palermitaine en donnant à croire qu'il s'agissait d'un règlement de compte interne. Convaincus de la droiture de Scaglione, Bontate et Badalamenti constatèrent que le plan de Leggio avait fonctionné au-delà de tout espoir : dix ans plus tard, il se trouvait encore à Palerme des gens de bonne foi pour affirmer que Scaglione avait été exécuté par ses anciens amis.

Si Bontate et Badalamenti avaient été tenus à l'écart de cet assassinat, Luciano Leggio avait quand même pris le soin de ménager d'autres susceptibilités.

Pietro Scaglione avait été exécuté via dei Cipressi, dans le quartier Danisiemi contrôlé par la famille de Porta Nuova. Leggio n'avait pas manqué d'informer de ses intentions le chef de la famille de Porta Nuova, Pippo Calò, non seulement pour une question d'honneur mais aussi à cause de la répression policière qui allait immanquablement s'abattre sur le quartier après le guet-apens, avec les répercussions que l'on imagine sur la vie de la famille. Ne pas prévenir Pippo Calò de l'assassinat aurait équivalu dans le code oral des hommes d'honneur à une véritable déclaration de guerre. Après l'assassinat de Scaglione, le prestige et la réputation de Pippo Calò grandirent au point qu'il fut appelé à exercer de hautes responsabilités au sein de la Cosa Nostra.

OÙ L'ON RÉACTIVE LA COUPOLE

La sortie de prison de Stefano Bontate et de Gaetano Badalamenti coïncida avec la reprise des activités du gouvernement de la Cosa Nostra. Ils retrouvèrent à Palerme un Luciano Leggio à qui les joies de la clandestinité semblaient réussir. Une diète des plus sévères, à base de riz blanc et de grillades assaisonnées de diverses pilules, avait redonné à Leggio ses fonctions motrices et un certain goût de la vie.

Au point de mener de front plusieurs activités qui allaient des affaires (principalement les enlèvements de personnes) à la politique : aidé de Stefano Bontate et de Gaetano Badalamenti, Leggio avait en effet entrepris de réactiver la Coupole.

Dès les premières réunions de la Coupole, qui avaient déjà lieu au *fondo* Favarella de Michele Greco, les représentants des différentes familles s'accordèrent pour remettre un peu d'ordre dans les affaires de la Cosa Nostra. C'est ainsi que Luciano Leggio, qui représentait la famille de Corleone et ses voisines, dut accepter de mauvaise grâce de mettre un frein à ses activités.

Leggio et ses hommes, spécialisés depuis peu dans les enlèvements de personnes, opéraient dans toute l'Italie avec un succès notable : une dizaine de personnes étaient déjà entre leurs mains, attendant d'être libérées contre versement de rançons. Si la Coupole décida que les enlèvements ne devaient plus avoir lieu en Sicile, ce n'était pas pour des raisons humanitaires et encore moins dans le souci d'épargner aux habitants de l'île des épreuves supplémentaires.

Tout homme d'honneur qui se respecte sait que les kidnappings suscitent un sentiment général d'hostilité contre les ravisseurs qui pourrait se révéler dangereux dans des régions où la Cosa Nostra bénéficie d'importantes complicités locales, comme c'est le cas en Sicile. En outre, ce genre d'actions nuit incontestablement aux affaires en raison de l'activité policière qu'elles provoquent. C'est pour toutes ces raisons que le secrétaire Luciano Leggio fut prié de limiter ses talents de kidnappeur au nord de la Péninsule.

Si Luciano Leggio avait accepté de ne sévir qu'en

Italie septentrionale, il lui fallait quand même prendre sa revanche sur ceux des secrétaires de la Coupole qui, à l'instar du parrain de Cinisi, le fruste Gaetano Badalamenti, le considéraient comme un fou sanguinaire. Il lui fallait une victime. Gaetano Badalamenti faisait parfaitement l'affaire; c'est lui qui serait châtié, symboliquement.

Luciano Leggio décida donc que la rançon d'un de ses enlèvements septentrionaux serait versée sur le territoire de Badalamenti, aux environs de Cinisi. Il va sans dire que la région fut immédiatement bouclée par des policiers qui, dans leur zèle d'empêcher le versement de la rançon, nuirent grandement aux activités de la famille de Badalamenti. Le parrain de Cinisi prit la chose comme une offense personnelle et ne manqua pas de faire remarquer aux autres membres de la Coupole que le viol de son territoire par Leggio s'apparentait à un casus belli.

L'histoire ne dit pas ce que Leggio répondit à la tirade de Badalamenti. On peut supposer qu'il fut mordant et, à son habitude, offensant. Longtemps, Badalamenti se plaignit en effet que Leggio ne perdait aucune occasion pour le ridiculiser en public. Lors des réunions de la Coupole, Leggio ne se privait pas de faire remarquer l'ignorance de Gaetano Badalamenti, relevant avec un malin plaisir les fautes de grammaire et de syntaxe que celui-ci faisait immanquablement quand, abandonnant son dialecte natal, il tentait de s'exprimer en italien. Les hommes d'honneur ayant un sens de la plaisanterie relativement limité, les secrétaires de la Coupole ne manquaient pas de prendre les corrections de Leggio comme autant d'offenses.

Il est vrai que Leggio avait une conception de la culture quelque peu particulière : la légende veut qu'il ait appris à lire tardivement après avoir menacé de faire sauter la tête de l'institutrice de Corleone si elle ne s'acquittait pas de sa tâche avec célérité. Quelques années plus tard, lors de sa première arrestation à Corleone, les policiers trouveraient sur sa table de chevet un exemplaire de l'édition italienne de *Guerre et Paix* et un autre de la *Critique de la raison pratique.*

LA DOUBLE VIE D'UN PARRAIN

Quand il n'était pas à Palerme, Luciano Leggio passait le plus clair de son temps à Milan, au 166 de la via Ripamonti où l'attendait une brave dame crédule quelque peu grassouillette, fort myope et affublée d'une légère claudication. Cela faisait quatre ans qu'elle vivait avec un homme qu'elle croyait s'appeler Antonio Ferrugia et qu'elle évitait en bonne Méridionale de trop questionner. Le 14 mai 1974, elle découvrira la terrible vérité quand une dizaine de carabiniers engoncés dans des gilets pare-balles et armés de minuscules pistolets mitrailleurs feront irruption dans leur appartement pour arrêter son compagnon. « Tu liras dans les journaux des choses terribles à mon sujet, lui dit Luciano Leggio. Tu ne dois pas les croire. Tout est faux. Moi-même, je me demande ce que j'ai bien pu faire pour mériter une telle réputation. »

DU RIFIFI CHEZ LES HOMMES D'HONNEUR

Ceux qui pensaient que l'arrestation de Luciano Leggio aurait pu avoir des conséquences bénéfiques pour le fonctionnement de la Coupole se trompaient lourdement. Apparemment, les choses semblaient rentrer dans l'ordre. Alors que pendant deux ans ils n'avaient pas eu de chef, les représentants de la Coupole s'étaient enfin décidés à élire Gaetano Badalamenti au poste de secrétaire général de la Cosa Nostra. Le calme n'était qu'apparent. Dans les coulisses de la Coupole, les alliés de Luciano Leggio fomentaient de noirs desseins.

Stefano Bontate s'aperçut qu'il y avait quelque chose de pourri dans le royaume de la Coupole après l'assassinat d'Angelo Sorino, un maréchal de la *Pubblica Sicurezza* en retraite. La chose était aussi nouvelle qu'inquiétante : Sorino était un des premiers policiers à tomber sous les balles des hommes d'honneur.

Quand il apprit la nouvelle, Stefano Bontate était en train d'effectuer un cours séjour à la prison de l'Ucciardone. Au début, il dut se résoudre à se perdre en conjectures. Stefano Bontate pensa que les tueurs devaient avoir de bonnes raisons pour s'en prendre ainsi au représentant (ou plus précisément à un ex-représentant) d'un État que, jusqu'alors, la Cosa Nostra préférait ne pas affronter directement.

Il y avait à l'époque à la prison de l'Ucciardone un homme qui devait certainement connaître le pourquoi de cet attentat. C'était Filippo Giacolone, chef de la famille de San Lorenzo, qui contrôlait le territoire où avait été assassiné le maréchal Sorino. La règle voulait qu'un chef de famille fût informé avant chaque assassinat commis sur son territoire.

Si Stefano Bontate demanda au détenu Filippo Giacolone des éclaircissements sur cet assassinat, c'est que l'affaire le concernait directement. En tant que membre de la Coupole, Bontate aurait dû être averti du projet avant même sa réalisation. Pour plus de sûreté, et pour s'assurer que Giacolone lui dirait bien toute la vérité rien que la vérité, Bontate convia un témoin, en l'occurrence son ami Tommaso Buscetta, à participer à la conversation.

« Je n'y suis pour rien, se défendit Giacolone. J'ignore même qui a tué le maréchal Sorino. Une fois sorti de prison, je me fais fort de savoir le nom du tueur que je ne manquerai pas de vous communiquer. »

Sorti le premier de la prison de l'Ucciardone, Filippo Giacolone ne tarda pas à apprendre le nom du tueur qui s'était permis d'agir à son insu sur son territoire. Quelque temps plus tard, il le communiqua à Stefano Bontate qui venait lui aussi de retrouver sa liberté.

Peu de temps après avoir révélé l'identité du tueur à Stefano Bontate, Filippo Giacolone disparut, sans doute victime d'un de ces règlements de compte discrets au point d'avoir été baptisés *lupara bianca* (mort blanche) : on ne retrouva jamais son cadavre. Stefano Bontate comprit que la disparition de Giacolone ne pouvait qu'être l'œuvre du tueur présumé de Sorino, Leoluca Bagarella, un des « hommes » les plus « valeureux » (traduction : un tueur) de la famille de Corleone et qui n'avait de comptes à rendre qu'à son chef, Luciano Leggio.

« Je voudrais des éclaircissements sur la mort de Sorino », dit le secrétaire Stefano Bontate lors d'une réunion de la Coupole. La réponse fut unanime : personne n'en savait rien. Bontate ne se priva pas de faire remarquer qu'il était non seulement « incorrect » de transformer le territoire d'un « homme » en stand de tir sans l'en avoir averti au préalable, mais que le tueur avait commis plus qu'une faute de goût en ayant omis d'informer la Coupole de ses intentions.

Dans toute l'assistance, il ne se trouva qu'un homme d'honneur pour prendre le parti de Stefano Bontate, c'était le secrétaire général, Gaetano Badalamenti.

La majorité des secrétaires préféraient se taire, tandis qu'un « homme » ripostait violemment à Bontate : Michele Greco, le Pape, qui venait enfin de révéler son jeu.

Stefano Bontate ne nourrissait déjà plus guère d'illusions quant à l'impartialité de Michele Greco. Il savait que le chef de la famille de Ciaculli était un allié de toujours du « clan des Corléonais », et se doutait bien que l'exécution du malheureux *maresciallo* Sorino n'avait pu être décidée sans que le Pape en eût été informé.

L'AFFAIRE RUSSO

L'assassinat du colonel des carabiniers, Giuseppe Russo, survenu le 20 août 1977, donna à Stefano Bontate une preuve supplémentaire de la duplicité de Michele Greco.

Le colonel Russo et une personne qui l'accompagnait, le *professore* Costa, avaient été froidement massacrés alors qu'ils se promenaient sur la grand-place d'une délicieuse bourgade de sinistre réputation, Ficuzza.

Située à portée de canon de Corleone, Ficuzza était une des forteresses de la famille de Luciano Leggio : c'est dire si l'on pensa immédiatement à un nouveau forfait des Corléonais. D'autant que les tueurs avaient agi avec un sans-gêne remarquable : les deux hommes avaient été assassinés en plein jour, alors qu'ils se trouvaient à moins de dix mètres d'un poste de carabiniers.

Stefano Bontate avait plus d'une raison d'être irrité par cet assassinat. Outre le fait qu'à nouveau « on » se permettait d'exécuter quelqu'un d'important sans en référer à la Coupole, la mort de Russo le touchait pour un autre motif. Le colonel des carabiniers s'était mis en disponibilité pour pouvoir enquêter sur l'enlèvement de Luigi Corleo, beau-père d'un des amis de Stefano Bontate, le percepteur de la Sicile occidentale, Nino Salvo.

Cette fois, Bontate de se contenta pas d'émettre de vives protestations lors d'une réunion animée de la Coupole. Appuyé par Badalamenti, Bontate exigeait de connaître le nom des tueurs et réclamait des sanctions. En vain.

Michele Greco s'était probablement senti visé par la réaction de Stefano Bontate. Craignant sans doute des représailles, le Pape attendit quelques jours avant d'ouvrir son cœur au chef de la famille de Santa Maria di Gesù.

« Ce sont les Corléonais qui ont organisé le double assassinat, dit Michele Greco à Stefano Bontate. Un membre de ma famille a pris part à mon insu à l'embuscade. Mais je n'en ai été informé qu'après. »

Stefano Bontate ne crut qu'à moitié l'histoire que lui servait Michele Greco. Si les Corléonais étaient responsables du double assassinat, ce ne pouvait être qu'avec la bénédiction du Pape.

En outre, si ce dernier reconnaissait qu'un de ses parents avait pris part à l'attentat de Ficuzza, c'était sans doute pour éviter que Bontate ne l'apprît d'une autre source.

Il va sans dire que le tueur « indiscipliné » ne fut jamais châtié par son parrain. Au contraire, malgré son jeune âge – il n'avait pas vingt-trois ans –, il allait très vite connaître une réussite fulgurante au sein de la

Cosa Nostra et s'attirer une telle réputation de « bête sauvage » que les hommes d'honneur ne sont pas près d'oublier le nom de Giuseppe Greco, fils de Nicola, dit Pino Greco, dit Scarpuzzedda (« Petite Chaussure »).

SCARPUZZEDDA, « PETITE CHAUSSURE »

Lointain cousin de Michele Greco, Scarpuzzedda allait très vite fasciner son aîné au point de devenir son homme de confiance. Le Pape était sans doute impressionné par la cruauté et le sang-froid de ce jeune homme, qui « faisait peur à tout le monde », pour citer un homme d'honneur. Scarpuzzedda jouissait en effet d'une solide réputation de cruauté : quand il n'étranglait pas ses victimes, il les torturait à mort, n'hésitant pas à les dépecer pour l'exemple.

Le jeune homme ayant passé le plus clair de sa vie à massacrer ses semblables, on serait en droit de penser que son entrée au sein de la Coupole, qui fut votée au début de l'année 1978, était une sorte de bourse de la Vocation, un ersatz de diplôme que ses aînés reconnaissants remettaient au « valeureux » Pino Greco. Il n'en était rien.

C'est Michele Greco qui était derrière l'élection de Scarpuzzedda au gouvernement de la Cosa Nostra. La manœuvre était subtile. Peu de temps avant, Michele Greco s'était démis de ses fonctions de chef de la famille de Ciaculli, nommant à sa place son jeune protégé.

Ce n'était pas par pure bonté d'âme que le Pape avait cédé sa place à Petite Chaussure : Michele Greco venait d'être appelé à de plus hautes fonctions. L'entrée de Pino Greco au sein de la Coupole coïncidait en effet avec la nomination de Michele Greco au poste de secrétaire général. Le rêve d'une vie d'homme d'honneur bien remplie se réalisait enfin, la Cosa Nostra allait connaître ses heures les plus sanglantes.

Les circonstances qui entourèrent l'élection de Michele Greco à la tête de la Coupole demeureront sans doute à tout jamais un mystère pour la plupart des hommes d'honneur palermitains.

Du jour au lendemain, Gaetano Badalamenti fut brutalement démis de ses fonctions de secrétaire général, « déposé » de son titre de chef de la famille de Cinisi et renvoyé à tout jamais de la Cosa Nostra, sans que personne ne sût pourquoi, à l'exception bien sûr de l'intéressé et des membres du gouvernement de la Cosa Nostra.

Gaetano Badalamenti refusa à tout jamais de parler de l'incident avec ses proches, et nul en dehors des secrétaires de la Coupole ne sut quelle était l' « offense » qui avait mérité un tel châtiment. Il ne se trouva dans tout Palerme aucun homme d'honneur pour oser commenter en public la destitution de Badalamenti ou l'arrivée de Michele Greco à la tête de la Cosa Nostra et encore moins l'entrée de Pino Greco dans la Coupole.

LA FIN D'UN PARRAIN TROP BAVARD

C'est l'élection de Petite Chaussure au poste de secrétaire qui avait le plus irrité Stefano Bontate. Le chef de la famille de Santa Maria di Gesù eut l'impression que le jeune homme était comme une sorte de « diaphragme » qui était venu s'interposer entre lui et Michele Greco. Non seulement il lui était impossible d'approcher directement le nouveau secrétaire général de la Coupole, mais encore c'est le jeune protégé de celui-ci qui fixait lui-même les jours où la Commission devait se réunir. Plus, depuis l'élection de Petite Chaussure, les réunions de la Coupole semblaient avoir perdu tout leur sens. Et Stefano Bontate eut de plus en plus l'impression que les vraies décisions se prenaient en dehors du gouvernement de la Cosa Nostra, un peu comme s'il s'était créé une sorte de « super famille » formée des Corléonais et dirigée par Michele et Pino Greco.

L'affaire Di Cristina allait confirmer au-delà de toute attente les soupçons les plus noirs de Stefano Bontate.

Chef de la famille qui s'était nichée dans la délicieuse bourgade médiévale de Riesi au sud de l'île, Giuseppe Di Cristina était un homme d'honneur à l'ancienne. Cheville ouvrière de la reconstruction de la Cosa Nostra à la fin des années soixante, Di Cristina comptait parmi ses amis bon nombre de politiciens et de financiers siciliens. Sa seule faute fut d'avoir osé se dresser ouvertement contre le clan des Corléonais, après l'exécution du *colonnello* Russo et de son ami le *professore* Costa à Ficuzza.

Di Cristina avait protesté pour les mêmes raisons que Stefano Bontate : il était lui aussi un ami du percepteur Nino Salvo, pour qui enquêtait le *colonnello* Russo, ainsi qu'on l'a vu. Seulement voilà, Giuseppe Di Cristina était plus vulnérable que Bontate, n'étant pas comme lui membre de la Coupole.

L'assassinat de ses deux gardes du corps, tombés dans une embuscade qui lui était destinée, avait convaincu le chef de la famille de Riesi que ses jours étaient comptés. C'est pourquoi il fit une chose qu'il eût jugé indigne en d'autres temps. Il contacta discrètement un officier des carabiniers afin de lui révéler certaines choses sur ses ennemis.

« Si j'ai accepté de vous rencontrer, dit Giuseppe Di Cristina à son interlocuteur, c'est pour vous donner les moyens d'affronter les hommes de Luciano Leggio. C'est une bande de fous et de criminels capables de commettre les crimes les plus abjects. Ils ont décidé ma mort parce que je m'étais élevé contre l'élimination absurde du colonel Russo. Si l'on me tue, je veux que vous connaissiez les noms des vrais responsables. Ce ne sera pas la peine d'impliquer mes fidèles amis. » Di Cristina savait qu'en Sicile, plus que partout ailleurs, le mystère qui entoure un assassinat étant proportionnel à son importance, la police avait pour habitude d'incriminer les seules personnes qu'elle avait à portée de menottes, à savoir les proches des victimes.

Quelques jours après s'être confié aux carabiniers, le 30 mai 1978 à 7 h 45 du matin, Giuseppe Di Cristina fut criblé de balles via Leonardo Da Vinci à Palerme et décédait peu après à l'hôpital Villa Sofia où il avait été transporté d'urgence. Sur les lieux du crime, les policiers saisirent deux revolvers, aux numéros de matricule limés, tous deux de calibre 38 : un Smith & Wesson et un Colt. Le premier appartenait à Di Cristina qui n'avait eu le temps de tirer que deux fois pendant qu'un des tueurs lui vidait le contenu du second dans le corps.

Lors des funérailles de Di Cristina, les habitants du petit village de Riesi respectèrent un deuil qui ne manqua pas de choquer la majorité des Italiens. Les écoles, les bureaux et les magasins de la bourgade furent fermés; au siège de la Démocratie chrétienne, les drapeaux furent mis en berne tandis que tous les fonctionnaires et tous les hommes politiques locaux guidaient le cortège qui allait conduire leur parrain bien-aimé à sa dernière demeure.

VIOLATION DE TERRITOIRE

Si Stefano Bontate vit dans l'assassinat de Di Cristina une nouvelle manœuvre afin de l'isoler au sein de la Cosa Nostra, ce n'était pas tant en raison de l'amitié qui l'avait rapproché du chef de la famille de Riesi qu'à cause de la tournure que prenaient les événements.

La prophétie de Di Cristina se réalisait avec une minutie terrifiante : après son assassinat, on soupçonna son plus proche ami, Salvatore Inzerillo, chef de la famille de Passo di Rigano et secrétaire de la Commission, chez qui Di Cristina avait passé sa dernière nuit. Or Salvatore Inzerillo était le seul allié de Stefano Bontate à l'intérieur de la Coupole.

Salvatore Inzerillo se défendit violemment d'avoir assassiné Giuseppe Di Cristina, invoquant un argument auquel les mauvaises langues ne pouvaient rester insensibles : il connaissait suffisamment bien Di Cristina pour n'avoir pas à l'exécuter en pleine rue. S'il avait voulu supprimer le boss de Riesi, il lui aurait suffi de l'attirer dans un piège pour faire ensuite disparaître son cadavre une fois la forfaiture accomplie. C'était plus simple, moins voyant et surtout moins risqué que de l'abattre dans la rue et cela présentait en outre l'avantage de ne pas alerter les « sbires ».

Bien décidé à faire valoir ses droits, Salvatore Inzerillo décida donc de porter l'affaire devant la Coupole. Après tout, Di Cristina n'avait-il pas été abattu alors qu'il sortait de chez lui, Salvatore Inzerillo ?

« On a violé mon territoire », dit Salvatore Inzerillo aux autres secrétaires. « Di Cristina a été tué dans le quartier que je suis censé contrôler. Et c'est dans ce même quartier que les sbires ont retrouvé la voiture des tueurs. Je voudrais connaître le pourquoi d'une telle chose.

– Di Cristina a été tué pour deux raisons, dit le secrétaire général Michele Greco. D'abord pour des histoires concernant son territoire et la famille de Riesi, ensuite parce que c'était un espion des sbires. »

Le Pape avait parlé. Son bref discours tenait lieu de communiqué officiel au sujet de la mort de Di Cristina. Que les autres membres de la Coupole se le tiennent pour dit : l'affaire était close.

Quelque temps plus tard, Salvatore Inzerillo fit part à Stefano Bontate de la terrible conviction qu'il avait acquise en enquêtant sur l'assassinat de Di Cristina. Un de ses propres hommes y était impliqué. Et pas n'importe lequel, son bras droit, Salvatore Montalto, un ami de toujours, intime au point d'avoir fait construire sa villa de campagne à côté de la sienne.

« Je ne peux rien faire, dit Salvatore Inzerillo, Montalto fait partie de ma “ famille ”. Il faudrait que je le tue, mais je n'ai aucune preuve en main. »

L'heure des traîtres était venue.

RIVALITÉ FAMILIALE

On imagine aisément l'humeur pour le moins maussade qui s'emparait désormais de Stefano Bontate chaque fois qu'il se rendait à Ciaculli au *fondo* Favarella pour se heurter aux autres secrétaires de la Coupole qui s'étaient presque tous alignés sur les positions de Michele Greco et des Corléonais. La rancœur de Bontate était d'autant plus grande que l'affrontement avec les Corléonais n'était pas sans avoir de sérieuses répercussions sur la vie de sa « famille ».

Bien qu'il n'en ait pas eu de preuves tangibles, Bontate fut convaincu que Michele Greco s'ingéniait à semer la zizanie parmi ses hommes et ses proches.

C'est son propre frère, Giovanni Bontate, qui brandit le premier l'étendard de la révolte. Rongé d'envie et de jalousie, Giovanni Bontate passait ses jours et ses nuits à comploter contre son aîné. Ses intentions étaient claires, il voulait la place de chef de la « famille ». Ses manœuvres n'étaient pas moins évidentes : préférant la fréquentation de Michele Greco et des autres chefs corléonais à celle des lieutenants de son frère, Giovanni Bontate n'arrêtait pas de se plaindre, en public, des mauvais traitements et des vexations dont il faisait l'objet au sein du cercle familial. L'heure n'étant pas encore à l'affrontement ouvert, Michele Greco lui conseilla sans doute la prudence, et Giovanni Bontate consentait encore momentanément à courber l'échine devant son grand frère tout en caressant le rêve secret de présider aux destinées de la famille de Santa Maria di Gesù.

Ce qui n'aurait dû tarder à se produire si l'on en juge par le résultat des élections de 1980 pour le renouvellement du titre. Stefano Bontate fut réélu de justesse à la tête de la famille, tandis que les opposants internes sortaient enfin de l'ombre. Certains de ses *capidecina* n'avaient pas hésité à se présenter contre lui, menaçant sérieusement ses fonctions. Bon prince, Stefano Bontate ne semblait pas leur en avoir trop tenu rigueur puisque, après le dépouillement des suffrages, il les reconfirma tous dans leurs charges, ne punissant même pas l'impudent qui avait osé se présenter contre lui, pour ne recueillir qu'un résultat qualifié de « dérisoire » : à peine une dizaine de voix.

Après ces élections, Stefano Bontate ne nourrissait plus guère d'illusions sur les « hommes » de sa famille. Il avait sans doute compris qu'en cas d'hostilités, ses adversaires n'auraient aucun mal à trouver un Judas disposé à vendre son parrain pour une somme supérieure à trente deniers.

Pour l'heure, le danger ne venait pas de sa propre « famille » : ses hommes ne bougeraient pas avant que les Corléonais ne l'aient décidé. La partie se jouait encore au sein de la Coupole et dans les hautes sphères de la Cosa Nostra. Stefano Bontate allait avoir besoin de nouveaux alliés. C'est pourquoi, quand il apprit l'arrivée prochaine à Palerme de son ancien codétenu Tommaso Buscetta, qui s'apprêtait à « s'évader » de sa résidence surveillée de Turin, Stefano Bontate ne se sentit plus de joie. Tommaso Buscetta était l'allié idéal : s'il n'exerçait aucune charge au sein de la hiérarchie de la Cosa Nostra, il jouissait auprès de la communauté des hommes d'honneur du prestige et de la considération que l'on sait.

VEILLÉE D'ARMES

PALERME, LA PORTE

LORSQUE Tommaso Buscetta arriva à Palerme par une chaude journée de l'été 1980, ce fut pour trouver une ville comme en ébullition, écrasée par un climat africain, tourmentée par une série de crimes inexplicables, en proie à une de ces crises que seule une guerre peu résoudre.

A peine débarqué à l'aéroport de Punta Raisi, Tommaso Buscetta n'avait pas manqué de reconnaître tous les signes avant-coureurs de la folie qui régnait dans la ville. Comme à l'habitude, les trois manches à air de la piste d'atterrissage pointaient dans trois directions différentes, preuve concrète autant que quotidienne de l'ineptie de ces hommes qui, par cupidité, avaient fait édifier l'aéroport de Punta Raisi en un lieu unique en son genre, entre mer et montagne, dans un étroit couloir balayé par des vents contraires, lui accordant ainsi une sérieuse chance de figurer parmi les plus dangereux de la planète.

Encore sous le choc d'un atterrissage que seul un miracle ou l'extraordinaire habileté des pilotes avait empêché de se transformer en amerrissage, Tommaso Buscetta aperçut au début de la piste les quelques casemates jetées sur un terrain vague qui valent à cet endroit l'appellation pourtant contrôlée d'aéroport international. Dès sa descente d'avion, Tommaso Buscetta retrouva des sensations familières : la moiteur de l'air, la douceur de la lumière se combinaient à des rafales de senteurs poivrées que disputaient, au gré des vents, des relents d'odeurs maritimes et la fragrance du jasmin.

Palerme, a dit Leonardo Sciascia, est comme une porte qui n'a jamais empêché personne ni d'entrer ni de s'enfuir. Une porte qui a vu entrer et sortir les Arabes, les Normands, les Français, les Anglais, les Espagnols et, pour finir, les Italiens. Autant d'allées et venues qui ont fait de la ville un amas baroque de minarets et d'arches gothiques, d'encorbellements rococo et de coupoles brunelleschiennes, le tout surnageant au milieu d'un amas de ruines, vestiges jamais déblayés de la Seconde Guerre mondiale, et solidement encadré par les murailles de béton d'une spéculation immobilière plus récente mais aussi efficace que les bombes alliées. Évoquant les hordes de Barbares déferlant sur Rome, on parle maintenant du « sac de Palerme » pour désigner l'explosion urbaine des années soixante.

C'est dans une de ces abominables constructions modernes que Tommaso Buscetta allait devoir vivre l'espace de quelques mois, son fils Antonio s'étant débrouillé pour lui louer un appartement sans âme, via Croce Rossa.

LES CLANDESTINS DE PALERME

Les journaux ayant rapporté la nouvelle de sa disparition de Turin avec l'ampleur que l'on devine,

Tommaso Buscetta se devait de respecter un minimum de précautions durant sa présence à Palerme.

Il savait que pour un homme d'honneur recherché par toutes les polices de son pays, Palerme était un refuge de prédilection : dans les périodes de guerre des gangs, le nombre de fugitifs qui déambulent dans les rues de la ville se chiffre généralement par centaines. Pour vivre en toute clandestinité à Palerme, il suffit d'observer certaines règles de vie élémentaires : changer souvent de demeure, être doté de faux papiers et surtout faire très attention à la manière dont on se déplace.

Tommaso Buscetta apprit donc à limiter ses déplacements au strict minimum, évitant de trop circuler à pied. Il savait que s'il voulait marcher dans les rues de la ville il fallait le faire entre treize heures trente et seize heures. Tous les hommes d'honneur vous le diront : durant les premières heures de l'après-midi, il est peu fréquent de croiser des policiers dans les venelles palermitaines. Au demeurant, la chaleur estivale aidant, il est tout aussi rare d'y rencontrer âme qui vive, sauf peut-être précisément quelque fugitif qui profite de l'heure de la sieste pour se hasarder devant les rideaux de fer baissés de boutiques soumises au « couvre-feu » de mise en cette période de l'année.

Moyennant toutes ces précautions, Tommaso Buscetta put rencontrer ses frères d'armes du passé, ses anciens codétenus et ses nouveaux amis. Au bout de quelques jours, il s'était fait une idée de la situation.

LA « SICILIAN CONNECTION »

Quatre-vingt-unième ville italienne en matière de production de biens, Palerme avait connu depuis le départ de Tommaso Buscetta une sorte d'âge d'or qui allait la propulser au début des années quatre-vingt en tête des métropoles transalpines, au quatrième rang pour être plus précis, dès lors qu'il s'agissait de consommation. Ce que l'on aurait pu appeler hâtivement la soudaine richesse des pauvres gens de Palerme semblait à première vue sinon inexplicable en tout cas incroyable. Et si l'on évoquait, non sans excès, le Chicago des années trente, c'était autant en raison d'une guerre des gangs qui allait bientôt faire en moyenne un mort par jour qu'en raison de l'incongruité financière qui voulait que, dans certaines zones chaudes de la ville, le dollar fût considéré comme monnaie locale sinon nationale. Un sirocco de folie semblait souffler sur l'ancienne capitale du royaume des Deux-Siciles qui, en l'espace de quelques années, était devenue une des métropoles les plus chères et les plus violentes de la vieille Europe.

« La cause du bien-être de la plupart des membres de la Cosa Nostra est simple, dit Stefano Bontate à Tommaso Buscetta. L'origine de toutes les nouvelles fortunes réside dans le trafic des stupéfiants. C'est ça qui conduira la Cosa Nostra à sa perte. »

Stefano Bontate expliqua à son ancien compagnon de détention comment, délaissant la contrebande de cigarettes, qui avait été une des principales sources de revenu des hommes d'honneur dans le passé, l'organisation en était arrivée à se lancer dans la production de drogues dites dures.

La Cosa Nostra renonça en 1978 à la « traite » des cigarettes blondes en raison de la répression des douanes italiennes et de querelles internes qui avaient fait échouer plusieurs livraisons, entraînant la paralysie de toute activité en la matière.

C'est un contrebandier dénommé Nunzio La

Mattina qui eut le premier l'idée de se reconvertir dans le commerce d'une poudre blanche, plus friable et plus mortelle que le tabac. Ses voyages dans les différents ports méditerranéens avaient permis à Nunzio La Mattina d'approcher de très près les sources d'approvisionnement de la morphine base dont le dérivé le plus tristement populaire est sans conteste l'héroïne. Le contrebandier n'eut aucun mal à convaincre les dirigeants de la Cosa Nostra, qui autorisèrent les différents chefs de famille à se reconvertir dans le trafic de drogue.

Très vite, une poignée d'hommes, tous d'anciens rois de la contrebande du tabac (Tommaso Spadaro, Nunzio La Mattina et Pino Savoca), s'occupèrent d'approvisionner régulièrement les différentes familles en morphine base grâce à des sources dont ils gardaient jalousement le secret.

Les chefs des familles de la Cosa Nostra se contentaient de financer l'achat de la morphine base et sa transformation en héroïne dans les laboratoires implantés en différents endroits de la Sicile comme on le verra par la suite. Une fois l'héroïne raffinée, les chefs de famille avaient le choix : ou ils en prenaient livraison et se chargeaient eux-mêmes de la commercialiser avec tous les risques que cela comporte, ou ils confiaient la marchandise à des réseaux spécialisés dans l'exportation à destination des États-Unis. Le commerce ne tarda pas à prendre de telles proportions que, si l'on en croit la Drug Enforcement Agency (DEA, la brigade américaine des stupéfiants), au début des années quatre-vingt, les hommes d'honneur siciliens fournissaient près d'un tiers des besoins du marché américain, soit plus de quatre tonnes d'héroïne pure par an.

Si toutes les familles palermitaines étaient impliquées dans le trafic, il était dans les attributions des chefs de décider lesquels de leurs hommes y prendraient directement part. Les bénéfices que les hommes d'honneur pouvaient retirer de telles pratiques étaient en conséquence proportionnels à la confiance qu'ils inspiraient à leurs supérieurs. Les plus vieux et les plus couards des hommes d'honneur étaient généralement exclus du trafic.

Avec le commerce de la drogue, toutes les règles de vie de la Cosa Nostra étaient remises en question. La division du travail respectée par les familles de jadis n'était plus de mise; désormais, chacun pouvait faire les affaires qu'il voulait, et avec qui il voulait. Y compris avec des étrangers à l'organisation, y compris avec des parias. C'est ainsi qu'un des hommes les plus actifs en ce domaine n'était autre que Gaetano Badalamenti, le parrain mal dégrossi que son exclusion du secrétariat de la Coupole et son renvoi de la Cosa Nostra n'empêchaient nullement de trafiquer avec ardeur des quantités impressionnantes d'héroïne. Pendant près de quatre ans, Gaetano Badalamenti entretint un commerce quasi clandestin avec des hommes d'honneur qui en d'autres temps ne lui auraient même pas adressé la parole, sans doute en raison de l'influence qu'il continuait d'exercer sur son ancien territoire, à commencer par l'aéroport de Punta Raisi, plaque tournante de tout trafic dans l'île.

« Personnellement, je n'ai jamais pris part au trafic de drogue, dit Stefano Bontate à Tommaso Buscetta. Ce n'est pas le cas de mon frère Giovanni, qui, lui, est en affaire avec les Greco. »

Tommaso Buscetta ne sut jamais si le chef de la famille de Santa Maria di Gesù lui avait dit la vérité. Les hommes d'honneur n'ont l'obligation de ne jamais mentir entre eux qu'à propos de la Cosa Nostra. Les affaires de chacun, en revanche, ne concernent pas la Mafia et, dans ce domaine plus que partout ailleurs, la loi du silence est de rigueur.

Si Stefano Bontate craignait les conséquences du trafic de drogue sur la vie quotidienne de la Cosa Nostra, c'est qu'il s'était aperçu que les premières personnes à en bénéficier n'étaient autres que ses ennemis au sein de la Coupole, qui voyaient leur zone d'influence s'élargir de jour en jour, à commencer par la famille du secrétaire général de la Coupole, Michele Greco.

Sans atteindre des dimensions pathologiques, l'animosité qu'entretenait Stefano Bontate à l'égard des Corléonais et de leurs alliés était des plus remarquables. Un jour, alors qu'il se promenait en voiture dans les rues du centre ville avec son ami Tommaso Buscetta, Stefano Bontate désigna d'un mouvement de tête un jeune homme d'une trentaine d'années, de basse stature et tout de noir vêtu, qui s'apprêtait à entrer dans un bar.

« Tu le vois, celui-là, dit ironiquement Bontate à son compagnon, c'est un Greco. Ce petit jeune homme insignifiant vient d'être nommé à la tête de la famille de Bagheria et au sein de la Coupole uniquement en raison de ses liens de parenté avec le Pape. Il n'a aucune des qualités requises pour être un homme d'honneur, mais je n'ai rien pu faire pour m'opposer à son élection. »

ON NE DÉMISSIONNE PAS DE LA COSA NOSTRA

Quelques jours après l'arrivée de Tommaso Buscetta à Palerme, un des hommes d'honneur de sa famille, celle de Porta Nuova, vint frapper à sa porte. Son chef, Pippo Calò, se rappelait à son bon souvenir et le convoquait afin d'envisager l'avenir au sein de la Cosa Nostra. Aussi grand qu'ait pu être son désir de tout envoyer promener, Tommaso Buscetta ne pouvait que se plier aux ordres de son *capofamiglia*.

Jamais dans toute l'histoire de l'organisation il ne s'est trouvé d'homme d'honneur assez téméraire pour présenter sa démission. On ne quitte pas la Cosa Nostra. En cas de faute grave, on peut être « déposé », congédié par ses supérieurs, mais même si, poussé par un destin contraire, un homme d'honneur est appelé à quitter sa bourgade pour s'installer dans quelque lieu éloigné de Sicile ou du monde et que la famille doit renoncer à employer ses talents, jamais il ne sera déchu de son appartenance pour cause d'éloignement. Un jour peut-être, son chef se souviendra de lui et lui demandera de se conduire en homme d'honneur qu'il est. C'est ce qui venait précisément d'arriver à Tommaso Buscetta, qui appréhendait quelque peu de revoir Pippo Calò après tant d'années.

Il n'est pas exagéré d'affirmer que Pippo Calò fut une des plus grandes déceptions de la vie de Tommaso Buscetta. Ce dernier avait très tôt su déceler la « valeur » de celui qui allait devenir son chef. Fils d'un boucher de la via Colona Roma de Palerme, le jeune Pippo Calò se distingua en effet alors qu'il n'avait pas dix-huit ans en pourchassant et en blessant grièvement à coups de pistolet l'assassin présumé de son père. Par la suite, Tommaso Buscetta suivit de près l'évolution de ce jeune homme fort impétueux qui passa de l'étal de la boucherie paternelle au comptoir d'un magasin de tissus avant d'acquérir le bar *Gin Gin* de la via Sant'Agostino. Jugeant le jeune homme digne d'un destin supérieur, Tommaso Buscetta se chargea personnellement de l'initier aux rites de la Cosa Nostra en 1953.

Depuis, Pippo Calò avait pris une importance toujours grandissante au sein de la Cosa Nostra au point d'éclipser son maître Buscetta. A la veille de la « grande guerre », c'est lui qui avait été chargé de négocier avec la Coupole le futur de la famille de Porta Nuova bien que n'en étant pas encore le chef. Quand la famille de Porta Nuova fut reformée en 1969, c'est tout naturellement Pippo Calò qui en avait pris la direction, pour entrer cinq ans plus tard au sein de la Coupole.

LA QUESTION SALARIALE

Talonné d'un peu trop près par la police parlermitaine, Calò avait trouvé refuge à Rome, où il possédait quelques appartements, dont un situé dans un quartier populaire juste au-dessus d'un supermarché Standa. C'est là que, conformément aux instructions reçues, Tommaso Buscetta le retrouva quelques jours après avoir été contacté.

Pippo Calò n'était pas content du tout. Qu'avait-il appris ? En prison, Tommaso Buscetta s'était lié d'amitié avec un truand milanais, Francis Turatello, qui ne faisait partie d'aucune famille de la Cosa Nostra. Pire encore, Tommaso avait accepté de l'argent de Turatello. Et pas des petites sommes : non seulement le bandit milanais avait pris en charge les frais de la défense de Tommaso Buscetta, mais encore il faisait parvenir à son épouse un salaire mensuel d'un million de lires, et parfois plus.

Si à ces mots Tommaso Buscetta n'ouvrit pas un large bec, c'est qu'en lui la rage le disputait à la consternation. En voilà un qui ne manquait pas d'air!

Reprenant ses esprits, il fit donc calmement remarquer à Pippo Calò que c'était normalement à lui, le *capofamiglia*, de subvenir aux besoins des détenus et de leur famille.

« J'étais sans le sou, précisa Buscetta, totalement démuni. Qu'est-ce qu'il fallait que je fasse ? »

Embarrassé, Pippo Calò battit en retraite, grommelant qu'il n'avait pas été au courant de la ruine de Buscetta sans quoi il n'aurait pas manqué de se comporter en bon chef de famille qu'il était. La discussion était close. En lui-même, Tommaso Buscetta ne put s'empêcher de penser que si Pippo Calò n'avait pas subvenu à ses besoins, c'était surtout en raison d'un de ses défauts majeurs qui lui valait une sale réputation dans tout Palerme.

Longtemps, Pippo Calò avait prétendu n'être qu'un pauvre boucher survivant grâce aux revenus d'une boutique sise corso Pisani dont il s'occupait personnellement. Devant ses proches, Calò était forcé de reconnaître avoir tiré dans le passé quelques bénéfices de la contrebande de tabac. Mais les hommes d'honneur, qui le traitaient volontiers de pingre, savaient qu'en fait Calò avait fait fortune dans le trafic de drogue.

La colère de Buscetta avait visiblement ébranlé Pippo Calò, puisque ce dernier tout sourire et tout miel lui raconta les soucis « familiaux » qui l'accablaient. Pippo Calò n'arrivait pas à trouver un vice-chef digne de ce nom. Il avait été obligé de rétrograder son ancien second, Tommaso Spadaro, au rang de simple soldat parce que celui-ci avait été « incorrect » dans une affaire de contrebande de tabac. L'homme qu'il avait choisi pour succéder à Spadaro, un certain

Giovanni Lipari, dit U'Tignuso (le Chauve), ne faisait visiblement pas l'affaire. C'était un ancien garçon coiffeur qui se distingua très tôt par son insignifiance et sa nullité.

Tommaso Buscetta comprit que si Pippo Calò lui confiait ainsi ses souçis, c'était une manière élégante de lui proposer la charge de vice-chef. Préférant couper court, il expliqua à Pippo Calò qu'il n'avait plus envie de demeurer à Palerme, qu'il préférait retourner au Brésil où l'attendaient ses affaires.

A court d'arguments, Pippo Calò dit alors :

« Si tu restes à Palerme, tu pourras te faire beaucoup d'argent. Vito Ciancimino vient d'obtenir une bonne partie des adjudications pour la rénovation du centre historique. Or, Vito Ciancimino est entre nos mains. C'est un homme de Salvatore Riina. »

UN PARRAIN DÉMOCRATE-CHRÉTIEN

Vito Ciancimino était à l'époque un des hommes les plus influents de Palerme. Ciancimino sévissait depuis près de trente ans aussi bien dans l'administration publique que dans les coulisses du pouvoir politique. Responsable de la Démocratie chrétienne dès la fin des années cinquante, Vito Ciancimino avait fait main basse quelques années plus tard sur le service des travaux publics de la ville de Palerme. C'était à l'époque du sac immobilier de la ville, rien d'étonnant donc à ce que quelques années plus tard la commission d'enquête parlementaire sur le phénomène de la Mafia l'accuse de collusion avec les hommes de la Cosa Nostra. Maire de Palerme en 1971, Vito Ciancimino retournera dans l'ombre six mois plus tard pour se consacrer à ses affaires, qui mélangeaient avec discrétion la spéculation immobilière, le trafic d'influence politique et d'autres opérations encore moins avouables. Sa fortune, qui se chiffrait en milliards de lires, avait des airs de multinationale, l'empire de Vito Ciancimino commençait à Palerme pour se terminer au Canada.

La confidence de Pippo Calò fut donc une demi-surprise pour Tommaso Buscetta. D'autant qu'il savait comme tout un chacun que Vito Ciancimino était né dans le petit village de Corleone, comme le terrible Luciano Leggio, comme le chef de file des Corléonais de la Coupole, Salvatore Riina.

Par la suite, Tommaso Buscetta ne fut nullement étonné d'entendre son ami Stefano Bontate commenter en ces termes le dynamitage de la maison de campagne de Nello Martellucci, maire de Palerme et rival politique de Ciancimino au sein de la Démocratie chrétienne :

« Ce grand cocu de Riina (*gran cornuto*) s'en prend à Martellucci uniquement parce que ce dernier n'est pas un ami de Ciancimino. »

La familiarité, voire le mépris, avec lesquels les hommes d'honneur traitaient les politiciens s'expliquent par le fait que, depuis des décennies, la majorité des députés locaux, régionaux et nationaux, et des conseillers communaux devaient leur élection aux voix que leur procuraient les différentes « familles » de l'île. Si les cas de collusion les plus fréquents se trouvaient dans les rangs des démocrates-chrétiens, certains autres partis politiques comme les socialistes, les sociaux-démocrates ou les libéraux étaient loin d'être au-dessus de tout soupçon. A l'époque, il n'était pas rare que des ministres de la République italienne honorent de leur présence des banquets d'hommes d'honneur qui ne se privaient pas de lever leur verre à la « famille » et aux

« amis des amis ». Vito Ciancimino n'était qu'un exemple parmi tant d'autres et tout le monde à Palerme savait qu'il n'avait de comptes politiques à rendre qu'au parrain démocrate-chrétien de l'île, Salvo Lima, l'intouchable, promu député européen après qu'on l'eût accusé d'être un peu trop lié à certaines familles de la Cosa Nostra.

LA CRISE

Il va sans dire que les promesses de fortune facile agitées par Pippo Calò n'eurent aucun effet sur Tommaso Buscetta d'autant que ce dernier avait compris depuis longtemps qu'il était plus facile de s'enrichir avec le commerce de la drogue qu'avec la spéculation immobilière. Conscient que Pippo Calò essayait à tout prix sinon de s'attirer ses faveurs en tout cas de le ménager, Tommaso Buscetta fit rebondir la conversation sur l'état de crise qui menaçait la Cosa Nostra.

Après tout, Pippo Calò n'était-il pas un des rares membres influents de la Coupole à n'avoir pas pris officiellement position pour le clan des Corléonais ou pour leurs adversaires ? Tommaso Buscetta lui fit donc part de ses inquiétudes, mentionnant au détour d'une phrase le nom de son ami, Stefano Bontate.

Malgré toute son amitié pour Stefano Bontate – les deux hommes avaient commis maints forfaits ensemble –, Pippo Calò semblait irrité :

« Stefano Bontate se comporte mal avec son frère Giovanni, dit-il, et encore plus mal avec les membres de la Commission. Il s'est allié avec Salvatore Inzerillo, qui n'est qu'un crétin. Sais-tu que Salvatore Inzerillo a fait tuer le procureur Costa sans ordre de la Commission ? »

Buscetta l'ignorait, mais il se promit de faire toute la lumière sur cet assassinat qui venait à peine d'être commis à Palerme. Peu soucieux d'approfondir le sujet, il préféra dévier légèrement la conversation. L'heure était venue pour lui de jouer son rôle de juge de paix. S'il exerçait encore une quelconque influence au sein de la Cosa Nostra, c'était le moment ou jamais de le montrer.

« Il faut que tu rencontres Bontate et Inzerillo, dit-il à Pippo Calò. Il faut que vous vous expliquiez, vous devez vous unir pour empêcher une catastrophe de se produire. »

UN COMMERCE HÉTÉROCLITE

La fréquentation répétée de Stefano Bontate avait tout naturellement conduit Tommaso Buscetta à élargir le cercle de ses connaissances en lui offrant la possibilité de s'acoquiner avec certains des amis du chef de la famille de Santa Maria di Gesù. Il en était un en particulier que Tommaso Buscetta rencontra à plusieurs reprises. On les vit souvent échanger quelques impressions sommaires devant une tasse de café, debout devant le comptoir d'un des bars de la ville, ou encore s'attarder plus longuement à disserter de l'air du temps lors d'un de ces interminables dîners entre hommes d'honneur, comme celui que Stefano Bontate avait organisé dans sa villa palermitaine de la via Villagrazia pour fêter le retour à Rome de Tommaso Buscetta.

Le nouvel ami de Tommaso Buscetta était un homme d'une bonne trentaine d'années à l'apparence solide et qui disait s'occuper de diverses affaires. Ses proches parents dirigeaient une chaîne de magasins spécialisés dans les sanitaires, activité qu'il partageait avec d'autres commerces plus ou moins avouables qui allaient du recyclage d'ossements d'animaux à la contrebande de l'héroïne. Fils du *capofamiglia* qui régnait sur le quartier palermitain de l'Uditore, l'homme était depuis près de deux ans à la tête de sa propre « famille », celle de Passo di Rigano, bourgade située à quelques kilomètres au sud de Palerme, qu'il représentait au sein de la Coupole. Si Stefano Bontate n'avait pas hésité à le présenter à Tommaso Buscetta, c'est que Salvatore Inzerillo était son seul allié, ou presque, au sein de la Coupole comme on l'a vu précédemment.

CADAVRES EXQUIS ET SECRETS BIEN GARDÉS

Salvatore Inzerillo nourrissait un ressentiment au moins égal à celui professé par Stefano Bontate envers le clan des Corléonais, qui avait fait main basse sur la Coupole avec la complicité de Michele Greco. Ces derniers temps, les choses n'avaient fait qu'empirer. Le vice-chef de la police de Palerme, Boris Giuliano, le président de la région Sicile, Piersanti Matarella, et le juge d'instruction Cesare Terranova s'étaient fait trucider sans que la chose ait été préalablement débattue au sein de la Coupole.

« Ni moi ni Bontate n'avons été informés de tous ces assassinats, dit Salvatore Inzerillo à Tommaso Buscetta. En fait ces exécutions ont été décidées par les autres membres de la Commission à notre insu. »

A la question de savoir qui était responsable de ce massacre et quelles en étaient les raisons, Salvatore Inzerillo ne sut que répondre. Il ne s'était fait une idée assez précise que sur l'assassinat du juge Cesare Terranova.

« C'est Luciano Leggio qui l'a commandité depuis sa prison, dit le chef de la famille de Passo di Rigano. Pour des raisons aisément compréhensibles. » Cesare Terranova avait eu l'occasion d'instruire le lourd dossier de Luciano Leggio avec un zèle qui n'avait pu que susciter la haine du Corléonais.

Encore une fois, ni Salvatore Inzerillo ni Stefano Bontate n'avaient la preuve de ce qu'ils avançaient. L'affaire Basile allait changer à cet égard bien des choses en amenant leurs ennemis à se découvrir.

Peu après l'assassinat du capitaine des carabiniers Emanuele Basile survenu dans les hauteurs de Monreale le 3 mai 1980, la police arrêta en effet non loin de là trois hommes. Pour amusant que fût leur alibi – tous trois affirmaient avoir passé quelque temps en compagnie de trois jeunes dames qu'ils ne pouvaient nommer, honneur oblige –, il était tout juste bon à impressionner les jurés d'une cour d'assises, qui par la suite les acquitteraient. Les hommes d'honneur de Palerme, eux, avaient compris que la présence des trois « hommes » non loin des lieux du crime était motivée par des raisons moins galantes qu'ils voulaient bien l'affirmer. Si les deux premiers étaient réputés être des « valeureux » des familles de San Lorenzo et de Resuttana, le troisième était connu comme étant un des tueurs de la famille de Ciaculli, dont le membre le plus illustre n'était autre que le secrétaire de la Coupole, Michele Greco, le Pape.

Trop c'était trop.

Salvatore Inzerillo ne se priva pas d'accuser Michele Greco de duplicité devant les autres secrétaires de la Coupole. Une fois de plus, le Pape signifia son impuissance en levant les bras au ciel, prétendant tout ignorer de l'affaire ainsi qu'il en avait l'habitude chaque fois que Salvatore Inzerillo ou Stefano Bontate demandaient des explications sur une mort qui aurait dû être annoncée à la Coupole.

Cette fois pourtant, il était pris en flagrant délit, le Pape, la main dans le sac, rôdant sur les lieux du crime par tueur interposé. Après avoir signifié sa manière de penser, Salvatore Inzerillo annonça à ses collègues de la Coupole qu'on allait voir ce qu'on allait voir, donnant à entendre à ces messieurs les Corléonais que s'ils voulaient jouer aux imbéciles, ils n'étaient pas sûrs de gagner.

POURQUOI ON TUE UN PROCUREUR A PALERME

« Il fallait que je fasse quelque chose de grand, dit par la suite Salvatore Inzerillo à Tommaso Buscetta. Je devais montrer à mes adversaires que ma famille était forte et puissante. Que je pouvais faire tuer qui je voulais et quand je le voulais exactement comme les Corléonais. Voilà pourquoi j'ai fait assassiner le procureur de la République Costa. »

Tommaso Buscetta était d'autant moins stupéfait par les confidences de Salvatore Inzerillo qu'elles venaient confirmer les terribles accusations portées la veille par Pippo Calò à l'encontre de Salvatore Inzerillo. La véracité des dires de son interlocuteur ne faisait pour lui aucun doute : dans un milieu où la discrétion est de mise, il est rare qu'un homme d'honneur s'attribue un délit qu'il n'a pas commis...

Buscetta essaya de trouver un mobile plus sensé à l'assassinat du malheureux procureur. Costa n'avait-il pas ordonné l'arrestation d'une dizaine de membres de la « famille » Inzerillo après l'assassinat du capitaine Basile ? Voilà qui semblait être une cause d'assassinat plus sensée.

« Non, non, se défendit Inzerillo, ce n'est pas pour cela que je l'ai fait tuer. Je n'en voulais pas outre mesure au procureur d'avoir fait arrêter certains de mes parents et quelques-uns de mes hommes. Je voulais juste démontrer que j'étais aussi fort que les Corléonais et que je pouvais me conduire comme eux. »

DES SECRÉTAIRES DÉSARMÉS

Sans lui donner ouvertement raison, Stefano Bontate, qui assistait à cette conversation, souligna qu'il fallait faire quelque chose pour contrer l'arrogance des Corléonais et de leur alliés.

C'est alors que Buscetta prit conscience que ce n'était déjà plus de la haine qui rongeait le chef de la famille de Santa Maria di Gesù, c'était presque de la rage. Stefano Bontate avait mis au point un plan machiavélique afin de se débarrasser de ses adversaires.

« Je vais tuer Salvatore Riina, le représentant des Corléonais, dit-il à Tommaso Buscetta. C'est le seul moyen pour que tout rentre dans l'ordre. »

La tactique que Bontate comptait employer pour liquider le chef de la famille de Corleone était tragiquement simple.

« Je vais me charger personnellement de l'assassinat, continua-t-il, et je le ferai en pleine réunion de la Coupole, devant tout le monde.

– Tu es fou, protesta Buscetta, tu vas te faire massacrer par les autres membres de la Commission.

Comment feront-ils pour savoir que tu as l'intention de ne tuer que Riina?

– Ça m'est égal de mourir, pourvu que j'aie eu Riina », répliqua Bontate avant d'expliquer à Buscetta que son projet n'était pas aussi déraisonnable qu'il semblait de prime abord. Il avait déjà pris le soin d'avertir de ses intentions homicides certains secrétaires de la Coupole qui n'étaient pas entièrement soumis aux Corléonais et au Pape. Un d'entre eux au moins, Antonio Salomone, lui avait déjà fait savoir qu'il attendrait l'issue des événements pour se prononcer. L'affaire paraissait d'autant plus réalisable que le Pape avait imposé aux secrétaires de ne participer aux réunions de la Couple que désarmés.

Terrifié par d'aussi noirs desseins, Tommaso Buscetta supplia Stefano Bontate et Salvatore Inzerillo de bien vouloir entendre raison. Dans cette intention, il leur fit état de sa rencontre avec Pippo Calò à Rome et leur proposa de rencontrer le chef de sa famille toutes affaires cessantes afin d'arranger les choses, autant que faire se pouvait.

Si par le passé Stefano Bontate avait été très proche de Pippo Calò, dernièrement leurs chemins semblaient se séparer. Les deux hommes venaient de s'affronter à propos de Tommaso Buscetta dont ils s'étaient disputé les faveurs devant la Coupole. Le premier, arguant du lieu de naissance de Buscetta, demandait son passage au sein de la famille de Santa Maria di Gesù, tandis que le second invoquait la sacro-sainte règle d'inamovibilité pour rejeter catégoriquement toute proposition visant à priver la famille de Porta Nuova d'une de ses vedettes.

C'était l'attitude de Pippo Calò lors des réunions de la Coupole qui désolait surtout Stefano Bontate.

« Calò est totalement asservi aux Corléonais et à

Michele Greco, dit le chef de la famille de Santa Maria di Gesù. Lors des réunions de la Commission, chaque fois qu'ils expriment un avis, Calò ne parle même plus. Il se contente de hocher la tête en signe d'assentiment. »

RENCONTRE AU BORD D'UNE AUTOROUTE

Si la rencontre entre Stefano Bontate, Salvatore Inzerillo et Pippo Calò eut finalement lieu le surlendemain (à ce qu'il semble), ce fut uniquement grâce aux talents de négociateur de Tommaso Buscetta. Elle n'eut rien d'historique et n'influa nullement sur le cours des événements. Pour l'anecdote, on retiendra qu'elle se déroula dans une des salles de l'Autogrill Pavesi, situé à proximité de Rome au bord de l'autoroute qui replie Naples à la capitale. Tommaso Buscetta, qui avait conduit Pippo Calò au rendez-vous, assista de loin à la discussion de ces trois hommes qui semblaient à leur aise dans ce restaurant d'autoroute triste à pleurer. Pour brève qu'elle fût, la rencontre parut cordiale et les trois hommes se séparèrent après force embrassades et étreintes comme le veut la tradition des hommes d'honneur, copains sinon comme cochons en tout cas comme avant. Ils venaient à nouveau de se jurer une amitié fidèle et surtout avaient promis de se consulter avant toute réunion de la Coupole afin de contrer la mainmise des Corléonais et des Greco sur le gouvernement de la Cosa Nostra.

QUESTION DE CONFIANCE

Au sortir de cette réunion, Tommaso Buscetta nourrissait peut-être encore quelques illusion sur son chef. Il allait très vite découvrir la duplicité de Pippo Calò.

Le 12 août 1980 au matin, Pippo Calò débarqua à Palerme afin de gourmander à nouveau Tommaso Buscetta. Cette fois, Pippo Calò trouvait à redire à la conduite « inqualifiable » d'un des fils de Tommaso Buscetta, le jeune Antonino qui, à plus d'une reprise, s'était permis d'écouler des chèques sans provision dans diverses échoppes de la ville, dont certaines « protégées » par Calò à n'en point douter

« Ton fils est un *imbroglione* *, lui dit Calò, à toi de t'en occuper. »

Le soir même, Tommaso Buscetta rencontrait à nouveau Pippo Calò. Cette fois, Antonino Buscetta était là pour écouter les réprimandes de ses aînés. Après l'avoir vertement tancé, Tommaso Buscetta demanda à son fils les raisons de cette conduite indigne d'un homme d'honneur.

La réponse, on le divine, fut pathétique : le jeune homme invoqua de graves difficultés d'argent qui l'avaient contraint, disait-il, à placer les bijoux de sa femme au mont-de-piété local.

En parfait *capofamiglia*, Pippo Calò sortit de sa poche une liasse de billets de cent mille lires qu'il remit en souriant au fils Buscetta. Il y en avait un sacré paquet, à peu près l'équivalent de cinquante mille francs français.

« Joyeux anniversaire! » dit Pippo Calò qui n'était pas sans savoir qu'Antonino Buscetta s'apprêtait à fêter ses trente ans.

Le lendemain, tout joyeux, le pauvre Antonino Buscetta se rendit au mont-de-piété, afin de dégager les parures de sa compagne en versant la modique somme

* Filou, escroc.

de cinq millions quatre cent mille lires. Insouciant du danger, le jeune homme remplit à son nom les formulaires obligatoires à chaque versement de grosses coupures à un institut de crédit. Instaurée depuis peu pour lutter contre les enlèvements de personnes, cette mesure n'allait pas tarder à se révéler aussi très efficace contre le recyclage des sommes provenant du trafic de drogue.

Quelques jours plus tard, la police arrêta Antonino Buscetta : l'argent que lui avait remis Pippo Calò provenait du versement d'une rançon. *Buon compleanno*! comme on dit là-bas à chaque anniversaire.

Furieux, Tommaso Buscetta convoqua Pippo Calò afin qu'ils s'expliquent.

Les deux hommes s'affrontèrent – oralement parlant, s'entend – dans le chantier d'un complexe immobilier du quartier de Baida. Pour toute excuse, Pippo Calò bredouilla qu'il n'était pas au courant de l'affaire, que jamais il n'aurait remis volontairement de l'argent sale au pauvre Antonino, que jamais de la vie il ne s'était occupé d'enlèvements de personnes et que les billets provenaient du paiement d'un lot de cigarettes de contrebande. Bien sûr, Pippo Calò s'engageait à faire sortir Antonino de prison le plus vite possible et, dans cette attente, annonçait qu'il ne manquerait pas de prendre à sa charge tous les frais de justice.

Ulcéré, Tommaso Buscetta jura mais un peu tard qu'on ne l'y reprendrait plus et annonça son intention de quitter au plus tôt Palerme pour des horizons plus riches en promesses quoique brésiliens.

LES VICE-ROIS

Les derniers temps du séjour palermitain de Tommaso Buscetta furent consacrés à diverses mondanités. Avant de partir pour Rio, il lui fallait encore saluer ses amis qu'il ne reverrait peut-être plus vivants. Et puis il y avait aussi toutes ces nouvelles connaissances, ces gens qui, à peine présentés, voulaient à tout prix l'avoir à dîner, lui présenter leur mère, leur femme, leurs enfants et Dieu sait quoi encore. Comment dire non? Surtout quand les hôtes appartenaient au gratin palermitain.

L'*ingegnere* Lo Presti était un de ceux à qui Buscetta ne pouvait décemment pas refuser l'honneur d'un dîner familial. A double titre. Il était un des amis intimes de Salvatore Inzerillo, qui avait tout naturellement présenté les deux hommes. Mais plus que la personnalité de l'*ingegnere* Lo Presti, ce fut la famille de ce dernier qui fit impression sur Tommaso Buscetta. Lo Presti comptait en effet parmis ses cousins l'homme le plus riche de l'île, Nino Salvo.

A l'époque, Nino Salvo possédait encore les trois quarts des perceptions siciliennes. En Sicile, comme dans bon nombre de régions italiennes, la collecte des impôts sur le revenu était encore aux mains de sociétés privées. Moyennant une commission de 6,72 %, Nino Salvo se chargeait de recueillir la quasi-totalité des contributions directes versées par les citoyens siciliens à l'État italien. Tommaso Buscetta savait que cette charge n'empêchait nullement Nino Salvo d'être un homme d'honneur de la famille de Salemi. Mais, loin de le protéger, sa fortune lui valut d'être persécuté par ceux qui auraient dû être ses amis. C'est ainsi qu'en

1975, une famille rivale avait enlevé son beau-père, le richissime Luigi Corleo.

D'après ce que Tommaso Buscetta savait, les Greco et leurs alliés corléonais étaient responsables de l'enlèvement du beau-père de Nino Salvo. Un enlèvement tragique à plus d'un titre. Le malheureux vieillard fut tué par des ravisseurs indélicats au point d'avoir négligé de restituer le cadavre à sa famille, bloquant ainsi un fabuleux héritage estimé à plusieurs milliards de lires.

Nino Salvo s'adressa alors à Gaetano Badalamenti, qui dirigeait encore la Coupole, pour qu'on lui rende son beau-père mort sinon vif. En vain : Badalamenti ne put rien faire. Officiellement, les familles de la Cosa Nostra étaient censées ne pas effectuer d'enlèvements de personnes en Sicile. Par la suite, les cadavres s'accumulèrent de part et d'autre : dix-sept des ravisseurs présumés furent exécutés, tandis que, de son côté, le clan des Corléonais trucidait le colonel Russo qui était chargé de l'enquête à titre privé, ainsi qu'on l'a vu.

Ce passé aussi mouvementé que respectable, ajouté au fait que Nino Salvo était un ami intime de Stefano Bontate, lui avait tout naturellement attiré la sympathie plus que bienveillante de Tommaso Buscetta qui ne put se dérober aux invitations répétées de son proche parent, Lo Presti.

L'INGEGNERE ET LE FINANCIER

Tout comme Nino Salvo, l'*ingegnere* Lo Presti était un mystère. Voilà un homme dont les affaires étaient plus que prospères, qui faisait édifier des appartements à tour de bras, qui était lié à la haute finance milanaise et qui pourtant n'hésitait pas à s'acoquiner avec le chef de la famille de Passo di Rigano, Salvatore Inzerillo. Et visiblement, il aimait cela.

Tommaso Buscetta passa une soirée fort agréable en compagnie de Lo Presti et de son épouse. On évita bien sûr de parler d'affaires concernant de trop près la Cosa Nostra, ainsi qu'il est d'usage entre hommes d'honneur quand une dame se trouve dans la pièce. L'*ingegnere* Lo Presti ne put cependant s'empêcher de louer la puissance et la gloire de Nino Salvo.

« Mon cousin, lui dit Lo Presti, à une très forte influence sur les hommes politiques, et si vous décidez de rester à Palerme, il s'arrangera pour faire régulariser votre situation. Vous pourriez par exemple achever d'y purger votre peine en semi-liberté. »

Poursuivant dans le même ordre d'idée, Lo Presti lui recommanda tout aussi chaudement un financier milanais, Carmelo Gaeta, qui travaillait volontiers avec les hommes d'honneur. Si l'on en croyait Lo Presti, ce même Gaeta aurait organisé un voyage papal en Extrême-Orient. Dans l'incapacité qu'il était de vérifier cette dernière information, Tommaso Buscetta fut obligé de croire l'*ingegnere* Lo Presti sur parole.

L'énumération des puissants amis de l'*ingegnere* Lo Presti ne semblait pas impressionner outre mesure Tommaso Buscetta. En tout cas, elle ne changea en rien sa décision de quitter au plus tôt l'île maudite.

« Restez à Palerme, insista à plusieurs reprises Lo Presti. Je vous trouverai un appartement. Je m'engage à vous faire des tarifs préférentiels dans un des complexes immobiliers que je suis en train de faire construire. Vous verrez, vous ne le regretterez pas. »

Il va sans dire que Tommaso Buscetta déclina poliment l'offre. Le peu de temps passé à Palerme lui avait suffi pour se rendre compte que les hommes d'honneur vivaient leurs derniers moments de paix dans une euphorie due aussi bien à une réussite sociale sans précédent qu'à l'insouciance qui caractérise, en général, les périodes d'avant-guerre.

Déchiré entre son désir de s'enfuir à toutes jambes et son envie de rester le plus longtemps possible avec ses proches parents demeurés dans l'île (ses frères, ses fils et la cohorte de ses ex-femmes et maîtresses), Tommaso Buscetta décida de reporter son départ de quelques mois. Il passerait les fêtes de fin d'année à Palerme avant de retourner à Rio. Restait à trouver un logement plus sûr que cet appartement loué par son fils et que les policiers finiraient bien par découvrir un jour où l'autre.

Stefano Bontate mit spontanément sa maison de campagne à la disposition de Tommaso Buscetta, et pour qu'il ait plus de confort – son épouse brésilienne et leurs enfants l'avaient rejoint entre-temps –, le chef de la famille de Santa Maria di Gesù fit un geste que peu d'hommes auraient fait. Il lui offrit d'aller séjourner dans une villa somptueuse qui appartenait à un de ses amis les plus chers, Nino Salvo soi-même.

Située à quelques kilomètres de la capitale, au bord de la nationale qui relie Palerme à Messine, la résidence secondaire que Nino Salvo partageait avec un de ses gendres et son cousin Ignazio était composée de trois villas modernes nichées au milieu de bougainvillées et de citronniers.

On imagine sans mal l'ébahissement qui s'emparait de Tommaso Buscetta et de sa petite famille chaque fois qu'ils se rendaient à leur nouvelle demeure. Après avoir franchi une lourde grille contrôlée par un système télécommandé, ils devaient parcourir un chemin asphalté sur une centaine de mètres avant de se retrouver dans un ascenseur qui allait leur éviter de dévaler une petite pente herbeuse au pied de laquelle se trouvaient, presque au niveau de la mer, les trois demeures.

C'est dans la villa de Nino Salvo, la plus belle des trois, que Tommaso Buscetta passa les derniers jours de l'an de grâce 1980. Son hôte, qui préférait hiverner à Palerme, vint lui rendre visite à une ou deux reprises afin de s'assurer que la famille Buscetta n'avait besoin de rien. Le soir du réveillon de la Saint-Sylvestre, le gardien de la propriété leur fit porter un repas amélioré confectionné à l'hôtel Zagarella, un immense bunker de neuf cents chambres situé à deux pas de là et qui appartenait encore à l'époque à Nino Salvo.

L'hiver était doux; le lendemain, Tommaso Buscetta prendrait la route pour rejoindre Paris et s'envoler pour Rio. On peut supposer sans crainte de se tromper que ce n'est pas sans une tristesse empreinte de la nostalgie inhérente à tout départ d'un lieu cher au cœur et à l'âme que le regard de Tommaso Buscetta se porta pour la dernière fois sur la merveilleuse baie de Sant'Elia bordée au nord par l'étonnant Capo Zafferano.

Sans doute savait-il que jamais plus il ne lui serait donné de goûter pareil moment.

CHAPITRE 4

GUETS-APENS

KALASHNIKOV AK 47

STEFANO Bontate venait de fêter son quarante-troisième anniversaire en compagnie de quelques parents et d'une dizaine d'hommes d'honneur de sa « famille » dans sa villa de la via Villagrazia, aux portes de Palerme, à une centaine de mètres de l'avenue qui cadenasse le sud de la ville. Pour animé qu'ait été le banquet, tout laisse à croire que la fête fut ratée. L'heure n'était pas aux festivités : trop d'aigreurs rentrées, de sourds complots mal étouffés n'avaient pas manqué d'alourdir une atmosphère déjà chargée par les prémices de la guerre imminente. Le chef de la famille de Santa Maria di Gesù avait reçu les vœux de son ancien second, le marchand de tissus Pietro Lo Jacomo, à peine démis de ses fonctions et qui ne semblait pas lui en vouloir outre mesure. Ces derniers temps, Stefano Bontate avait bien des soucis avec sa « famille », et l'éviction de Pietro Lo Jacomo n'était qu'un épisode de la longue série d'incidents que l'on sait, au cours de laquelle Bontate avait vu son pouvoir contesté aussi bien de l'intérieur, par certains de ses « hommes » et par son frère, que de l'extérieur, par le secrétaire de la Coupole, Michele Greco.

La fête s'était terminée remarquablement tôt. Peu après vingt-trois heures, le 23 avril 1981, Stefano Bontate se mettait au volant de sa Giulietta 2000 flambant neuve. Un de ses hommes, Stefano Di Gregorio, était chargé de lui ouvrir la route à bord d'une petite Fiat 127 jusqu'à sa maison de campagne, où il avait décidé de passer la nuit. Il ne leur fallut que quelques minutes pour rejoindre la via della Regione Sicilia, boulevard extérieur qui allait leur permettre de gagner l'autoroute Palerme-Catane qu'ils abandonneraient à la première sortie.

Arrivé à destination bien avant son chef, Stefano Di Gregorio avait eu largement le temps d'ouvrir grandes les grilles de la propriété, de garer sa voiture avant de s'inquiéter du retard de son « parrain ». Di Gregorio n'avait pas réalisé qu'il avait perdu Stefano Bontate à un feu rouge passé un peu trop hâtivement. Il remonta donc dans sa Fiat 127 et rebroussa chemin jusqu'à la via della Regione Sicilia.

Di Gregorio comprit sans doute instantanément ce qui s'était passé. La touffeur de la soirée avait empêché l'odeur de poudre brûlée de se dissiper, et le quartier était plongé dans un silence plus impénétrable qu'à l'ordinaire. Le flanc gauche de la Giulietta 2000 s'était encastré contre un mur à l'angle des via Aloja et Regione Sicilia, le moteur tournait encore et les phares n'étaient pas éteints. Le chef de la famille de Santa Maria di Gesù, celui que ses proches appelaient le Faucon et les autres le « prince de Villagrazia » était tombé dans un guet-apens alors qu'il attendait sagement à un feu rouge.

Mortellement blessé, Stefano Bontate avait eu le réflexe d'embrayer la première vitesse de son véhicule qu'il n'avait pourtant pu dégager que sur quelques mètres. Quand il ouvrit la portière arrière droite du véhicule, Stefano Di Gregorio comprit qu'il n'y avait plus rien à faire pour son chef.

Stefano Bontate était couché sur le côté droit, son visage n'était plus qu'un trou béant et rouge, tandis que dans le dos de la veste de son costume clair on pouvait voir deux cratères noirâtres de quelques centimètres de diamètre. L'homme avait eu le temps de sortir son arme, un pistolet semi-automatique de calibre 7,65, mais on ne pouvait dire s'il avait eu le temps de s'en servir avant de décéder.

Au loin retentissaient déjà les cris stridents des voitures de police. Stefano Di Gregorio s'éloigna dans la nuit en laissant sur la chaussée des traces de pas ensanglantés. Sur le sol tout autour du véhicule, il y avait quelques douilles métalliques portant les numéros 711-74 et provenant d'un fusil d'assaut automatique, de fabrication soviétique, mondialement connu sous l'appellation de Kalashnikov.

NÉGOCIATIONS

Le promoteur immobilier Girolamo Teresi, Mimo pour les intimes, était depuis peu le nouveau sous-chef de la famille de Santa Maria di Gesù. Cousin des frères Stefano et Giovanni Bontate, il était le beau-frère du second – tous deux avaient épousé des filles du parrain Matteo Citarda –, mais préférait à n'en point douter la compagnie du premier.

Girolamo Teresi avait en effet su s'attirer la confiance de l'aîné des Bontate, qui ne manquait jamais de l'inviter à chacun des banquets qu'il organisait via Villagrazia. C'est ainsi que Teresi avait eu l'occasion d'être présenté aux différents amis de son chef : Nino Salvo, dit le Gabelou, le *capofamiglia*

Salvatore Inzerillo, ou encore Tommaso Buscetta. Rencontrer tous ces gens était pour Teresi plus qu'un honneur c'était la preuve de la confiance et de l'affection de son chef. C'est dire si l'assassinat de Stefano Bontate l'affecta profondément.

Quelques heures après que la nouvelle eut été rendue publique, Girolamo Teresi se rendit au domicile de la famille Bontate, via Villagrazia. Il s'attendait à y trouver une veuve et des parents éplorés tout de noir vêtus, retenant mal leurs sanglots devant les hommes d'honneur de Santa Maria di Gesù venus présenter leurs respects et leurs condoléances. Las, de parents effondrés point ou presque, et d'« hommes » respectueux de la tradition, encore moins. Terrifiés par une chose qu'ils croyaient impossible quelques heures auparavant, les uns et les autres préféraient attendre discrètement la suite des événements.

Parmi les rares personnes que Girolamo Teresi croisa ce jour-là dans le salon mortuaire de la villa de la via Villagrazia, il y avait Salvatore Contorno, un homme d'honneur dévoué à Stefano Bontate au point d'avoir pris le risque de venir, lui qui était déjà recherché par la police palermitaine.

Contorno était aussi bouleversé que Teresi.

« Je ne suis pas venu hier à la fête d'anniversaire, dit Contorno, parce que je ne voulais pas faire courir de risque au chef. J'ai pensé que ce n'était pas la peine de le compromettre par ma présence. Je lui avait présenté mes vœux plus discrètement la veille. »

L'homme était fidèle à sa renommée qui lui avait valu d'être surnommé par les autres mafiosi « Coriolan de la Forêt », en hommage à un personnage de la littérature sicilienne que l'on pourrait peut-être comparer au Robin des Bois anglais.

« Qu'est-ce qu'on va faire, demanda Salvatore Contorno à Girolamo Teresi.

– Je vais aller voir Michele Greco, lui répondit Teresi, pour lui demander des explications. »

Teresi avait raison : s'il y avait bien un homme qui savait ce que cachait cet assassinat, c'était bien le secrétaire général de la Coupole, le Pape.

En tant que sous-chef, c'est à Girolamo Teresi qu'échut la voiture blindée que Stefano Bontate avait commandée à titre de précaution et qui arriva quelques jours trop tard. Depuis la mort de son parrain, Girolamo Teresi ne se déplaçait plus qu'à bord de sa nouvelle acquisition, une lourde Alfetta 2000 bleu marine immatriculée à Milan et digne d'un ministre, avec laquelle il se rendit à plusieurs reprises au *fondo* Favarella de Ciaculli où Michele Greco, fidèle aux traditions, continuait de tenir salon les jours où la Coupole ne se réunissait pas.

A chacune de ses rencontres, Girolamo Teresi rentrait un peu plus furieux et toujours plus anxieux. Il avait comme l'impression que le Pape se moquait de lui, essayait de gagner du temps en lui répétant toujours la même chose :

« J'ignore qui a pu faire le coup. Mais je vais m'informer. Revenez demain. En attendant, continuez à vaquer à vos affaires, vous n'avez rien à craindre. »

Girolamo Teresi ne manquait pas d'informer régulièrement ceux des hommes de la famille en qui il avait encore confiance. Parmi eux, Salvatore Contorno.

« Je suis convaincu que Michele Greco est le complice des assassins de Bontate », dit Girolamo Teresi à Salvatore Contorno au début du mois de mai 1981. Les deux hommes partageaient une même conviction : les Corléonais de Luciano Leggio étaient, à n'en point douter, les commanditaires de l'assassinat. Restait à savoir jusqu'où s'étendaient les complicités dont ils n'avaient pas manqué de bénéficier.

« Je suis sûr que les Corléonais se sont servis de membres de notre famille pour assassiner Bontate », reprit Teresi. Mais qui ? Les deux hommes étaient pour le moment contraints de formuler des hypothèses. Peut-être les frères Ignazio et Giovanni Battista Pullarà ? N'étaient-ils pas cousins de Bernardo Bursca, lui-même fidèle allié des Corléonais ? D'autre part, ces mêmes Pullarà de basse cour n'avaient-ils pas osé formuler en public des réserves sur les capacités de Stefano Bontate à gérer les affaires de la famille ?

L'histoire montra qu'ils avaient raison sur ce point. Mais la vérité était encore plus terrible, à un degré qu'ils n'auraient sans doute jamais pu imaginer.

CAÏN ET ABEL

Pour les juges siciliens chargés d'instruire l'affaire, la participation de Giovanni Bontate à l'assassinat de son frère ne fait aucun doute. Et s'il ne manque pas à Palerme d'hommes d'honneur pour traiter pareillement Giovanni Bontate de Caïn, ce n'est pas tant à cause de son manque d'ardeur à venger son frère qu'en raison du fait qu'il n'ait pas même attendu la fin du deuil pour donner publiquement raison aux assassins.

Si la tradition orale ne dit pas quelle fut la part exacte de Giovanni Bontate dans le sinistre complot ourdi afin d'éliminer son frère, elle est plus explicite quant aux différentes complicités internes qui permirent aux tueurs d'opérer à coup sûr. Les hommes d'honneur de la ville savent qu'un des principaux artisans du complot n'est autre que Pietro Lo Jacomo, le sous-chef éconduit par Stefano Bontate et qui depuis peu complotait avec le frère de ce dernier. Son rôle dans l'affaire fut loin d'être secondaire.

C'est Pietro Lo Jacomo qui aurait communiqué aux tueurs toutes les informations concernant les déplacements de Stefano Bontate une fois le banquet d'anniversaire terminé. A cette fin, il se serait servi d'un poste radio-émetteur, sans doute installé à bord de son auto.

Comme pour confirmer les soupçons les plus terribles, peu de temps après l'assassinat de Stefano Bontate, Michele Greco annonça à Girolamo Teresi que la Coupole avait décidé de désigner deux régents afin de s'occuper des affaires de la famille de Santa Maria di Gesù. Teresi ne fut nullement étonné d'apprendre leurs noms, c'étaient ceux des traîtres présumés, Giovanni Battista Pullarà et Pietro Lo Jacomo.

Pullarà et Lo Jacomo étaient deux membres influents de la famille de Santa Maria di Gesù. La tradition de la Cosa Nostra aurait voulu qu'ils n'aient qu'un but désormais, venger coûte que coûte leur chef. Jamais ils n'auraient dû accepter d'être régents avant que toute l'histoire soit close. C'est dire si leur nomination ressemblait fort à des aveux de félonie. Tel était en tout cas l'avis des anciens amis de Stefano Bontate, à commencer par Girolamo Teresi.

MAUVAISES FRÉQUENTATIONS

Girolamo Teresi commit alors une erreur dont il ne mesura pas immédiatement la portée : il rencontra Salvatore Inzerillo, unique représentant de l'opposition aux Corléonais au sein de la Coupole depuis la mort de son comparse.

Les deux hommes avaient pris soin d'être le plus discret possible. Pas question de s'afficher dans un lieu public et encore moins dans une des villas qui leur servaient de refuge. Quand les Corléonais ne les surveillaient pas, la police s'en chargeait sûrement. Depuis la mort de Bontate, les « sbires » étaient nerveux et n'hésitaient pas à embarquer tout ce qui pouvait ressembler de près ou de loin à un attroupement de mafieux.

Girolamo Teresi et Salvatore Inzerillo convinrent donc de se rencontrer chez un ferrailleur de leurs amis qui, par une étrange coïncidence, se trouvait avoir ses entrepôts via della Regione Sicilia, non loin du lieu de l'exécution de Bontate, juste en face d'un bar nommé *Baby Luna*. L'histoire ne retiendra pas ce que les deux hommes se dirent; nul doute qu'ils échangèrent leurs soupçons quant à l'identité des assassins du Faucon, en les agrémentant de quelques réflexions fort désagréables à l'égard des Corléonais et de Michele Greco. Plus que par le contenu de leur entretien, la rencontre vaut surtout par ce qui s'ensuivit.

En ce début du mois de mai 1981, Girolamo Teresi s'était rendu à nouveau au *fondo* Favarella afin de consulter le Pape sur son propre avenir et lui demander à nouveau des comptes sur la mort du Faucon.

Pour une fois, Michele Greco fut étonnamment précis, quoiqu'un peu laconique.

« Qu'avez-vous été faire chez le ferrailleur de la via della Regione Sicilia ? » lui demanda perfidement le Pape avant d'ajouter : « J'ai appris que vous avez vu Salvatore Inzerillo. Il vaudrait mieux à l'avenir éviter de trop le fréquenter. Croyez-moi, cela serait beaucoup mieux pour vous. »

Stupéfait, Girolamo Teresi comprit alors que les hommes du Pape épiaient le moindre de ses déplacements. Il ne réalisa pas immédiatement que Michele Greco venait d'abattre son jeu en lui indiquant, à demi-mot, quelle allait être la prochaine manœuvre des Corléonais et de leurs alliés.

COUPS DE FEU DANS LA NUIT

Sans être une des artères les plus vivantes du Palerme by night, la via Libertà, avec ses boutiques de luxe, ses cafés bon chic bon genre et ses restaurants pour cadres supérieurs n'en était pas moins relativement animée jusqu'à une heure relativement avancée de la nuit. Le 10 mai 1981, la douceur de l'air aidant, quelques dizaines de Palermitains déambulaient ainsi sur cette artère que l'on compare abusivement à d'autres Champs-Élysées plus animés.

Peu après vingt-trois heures, un jeune homme d'honneur d'une vingtaine d'années, mesurant un mètre soixante-quinze selon les premiers témoignages, descendit d'une voiture claire, une Talbot ou une Golf – les témoignages divergent sur ce point –, qui s'était arrêtée via Ricasoli à quelques dizaines de mètres de la via Libertà. Il tenait dans la main droite un objet d'environ quatre-vingt-dix centimètres de long, entouré de papier journal et qui devait peser à peu près cinq kilos.

Calmement, le jeune homme remonta la rue pour s'arrêter face à la bijouterie Contino, située à l'angle de la via Libertà. Sans un regard pour les passants, il pointa le paquet vers une des vitrines blindées qui protégeait des bijoux pour la plupart de marque Cartier. On entendit quelques cliquetis métalliques.

Puis il y eut une succession de brefs crépitements accompagnés d'éclairs, tandis que la vitrine blindée se couvrait d'impacts. A n'en point douter, le jeune homme sans gêne était en train de vider le chargeur d'une arme automatique contre la bijouterie Contino. Dans quel but ? Mystère.

Après avoir tiré force rafales, il s'arrêta, inspecta son travail avant de se remettre à l'œuvre. Au moment où il tirait une seconde fois, il vit accourir deux policiers privés qui avaient déjà sorti leurs pistolets de service. Le jeune homme braqua son arme vers eux et ouvrit le feu. Après une brève fusillade qui ne fit aucun blessé, les deux parties en présence ayant rivalisé de maladresse, le tireur décida qu'il était grand temps de battre en retraite et disparut plus précipitamment qu'il n'était venu.

Palerme a beau être une ville insensée, le lendemain la presse locale ne se posa pas moins une série de questions fort rationnelles. Parmi celles-ci, qu'est-ce donc qui pouvait pousser un jeune homme à vider une arme automatique d'abord contre la vitrine d'une bijouterie, puis contre deux policiers privés ? Ce n'était certes pas l'appât du gain, puisque pour endommagée qu'ait pu être la vitrine de la bijouterie, le mystérieux tireur n'avait manifesté aucune intention d'en rafler le contenu. Alors quoi ?

Les douilles ramassées par les policiers sur les lieux allaient les éclairer quelque temps plus tard. Elles portaient la même inscription que celles découvertes autour du cadavre de Stefano Bontate, 711-74. Elles aussi provenaient, à n'en point douter, d'une arme automatique de type Kalashnikov.

En mitraillant la vitrine de la bijouterie, le mystérieux tireur n'avait à l'évidence d'autre intention que de tester les capacités de son arme face à un blindage épais de plusieurs centimètres. L'essai fut-il concluant ? L'histoire n'allait pas tarder à le révéler.

RENDEZ-VOUS GALANT FATAL

On peut penser à juste titre que Salvatore Inzerillo ignorait la nouvelle du mitraillage de la bijouterie Contino quand il sortit de chez lui quelques heures plus tard, au matin du 11 mai 1981. Le quotidien de l'après-midi n'était pas encore paru et la nouvelle n'était pas de celles qui faisaient l'objet d'un bulletin d'information à la radio. A supposer qu'il ait eu connaissance de l'information, Salvatore Inzerillo n'en avait en tout cas pas bouleversé ses projets du matin : il avait un rendez-vous galant avec une gente dame, dont nous tairons le nom mais pas l'adresse : 50, via Brunelleschi à Palerme.

S'il se sentait menacé – il ne se déplaçait plus qu'en voiture blindée, son Alfetta 2000 blanche immatriculée à Palerme –, Salvatore Inzerillo était convaincu d'avoir pour le moment plus de raisons de vivre que de mourir. Il ne faisait aucun doute dans son esprit que ses adversaires, les Corléonais, souhaitaient le voir finir de manière aussi violente et prématurée que son compère Stefano Bontate. Mais il pensait bénéficier d'une sorte d'« assurance sur la vie ».

Le représentant des Corléonais au sein de la Coupole, Salvatore Riina, ne lui avait-il pas confié, avant que les choses ne se gâtent, cinquante kilos d'héroïne à destination du marché américain. Salvatore Inzerillo était un proche parent de la « famille » Gambino, fleuron de la Cosa Nostra new-yorkaise, il était donc bien placé pour écouler une telle marchandise sur le marché américain.

Cinquante kilos d'héroïne, cela représentait à peu près quatre millions de dollars. Tant qu'il n'aurait pas donné l'argent à Salvatore Riina, Salvatore Inzerillo se croyait à l'abri. Il pensait que jamais personne ne serait prêt à perdre quatre millions de dollars en échange d'une vie humaine. Il se trompait. La haine que lui vouaient les Corléonais n'avait pas de prix. Les ennemis de Salvatore Inzerillo étaient prêts à tout pour le tuer, même à renoncer à l'équivalent de la production hebdomadaire d'un de leurs laboratoires d'héroïne.

C'était bien pour Salvatore Inzerillo que l'on avait essayé la Kalashnikov contre la vitrine blindée de la bijouterie Contino.

La police palermitaine découvrit le cadavre encore chaud de Salvatore Inzerillo le 11 mai 1981 vers 12 h 30. Le chef de la famille de Passo di Rigano gisait sur le dos, au pied de sa voiture blindée qu'il n'avait pas eu le temps d'ouvrir, dans la cour intérieure du 50, via Brunelleschi, de galante mémoire.

Entre le cadavre et la voiture, il y avait un porte-clefs et un blouson renfermant un revolver de type Smith & Wesson, calibre 357 Magnum au numéro de matricule non limé (83K902) avec, dans le barillet, six cartouches intactes. Dans une des poches du mort, il y avait six autres projectiles du même type.

Tout autour du cadavre, on pouvait dénombrer trois munitions de calibre 12 destinées à garnir un fusil de chasse, deux douilles de cartouches tirées par ledit fusil de chasse, des dizaines de petits plombs résultant d'un tel tir, trois cylindres et deux balles provenant d'une arme automatique de calibre 7,62.

Non loin des lieux du crime, dans la fourgonnette Renault volée qui servit de stand de tir aux assassins, la police retrouva, au milieu des débris du pare-brise arrière, une autre quinzaine de douilles de 7,62 portant l'inscriptions 711-74, signature incontestable des amis palermitains de la Kalashnikov.

LE PIÈGE

Girolamo Teresi avait eu incontestablement beaucoup de chance. L'ancien second de Bontate aurait dû rencontrer Salvatore Inzerillo au moment où celui-ci sortait de son rendez-vous amoureux. Girolamo Teresi se trouvait par conséquent à quelques dizaines de mètres à peine du numéro 50 de la via Brunelleschi quand il entendit le crépitement des premières rafales de Kalashnikov. Il comprit sans trop de difficulté non seulement que son rendez-vous venait d'être annulé et remis *ad vitam aeternam*, mais aussi que s'il voulait rester en vie il avait tout intérêt à quitter le quartier le plus vite possible et à se faire oublier pendant quelque temps.

Girolamo Teresi respecta une période de deuil d'environ une dizaine de jours, limitant ses déplacements au maximum, ne circulant qu'en voiture blindée et toujours armé, et ne rencontrant que des gens de sa « famille » en qui il avait une totale confiance. Mais il savait que tôt ou tard il lui faudrait affronter ses nouveaux chefs, Giovanni Battista Pullarà et Pietro Lo Jacomo, ceux-là même qu'il soupçonnait d'avoir trempé dans la mort de son chef bien-aimé, Stefano Bontate.

Le 26 mai au matin, c'est un Girolamo Teresi étrangement solennel qui embrassa ses enfants et son épouse avant de quitter la demeure familiale. « J'ai rendez-vous avec des amis », aurait-il dit à sa femme en présence d'un témoin qui jurera par la suite l'avoir entendu ajouter : « Tout se passera bien. Au cas où je ne reviendrais pas, prends bien soin des enfants. »

Girolamo Teresi quitta son domicile palermitain pour se rendre directement à sa maison de campagne située au milieu des agrumes d'un pays dont le nom sonne comme un hymne à la trahison, Falsomiele, faux miel. C'est là qu'il avait donné rendez-vous à cinq autres hommes d'honneur de la famille de Santa Maria di Gesù, qui constituaient la dernière poignée de fidèles de Stefano Bontate.

« Nos nouveaux chefs Giovanni Battista Pullarà et Pietro Lo Jacomo veulent nous voir. On est convoqués tous les six, leur dit Girolamo Teresi, afin de régler diverses affaires de la famille. Il va redistribuer le pouvoir afin de reprendre nos activités traditionnelles. »

Inutile de dire que cette convocation était loin de faire l'unanimité dans l'assistance.

« C'est un piège », dit Salvatore Contorno, le Coriolan de la Forêt qui savait combien grande pouvait être la duplicité de certains hommes d'honneur. « Ils vont nous massacrer. »

Emanuele D'Agostino, un des tueurs chevronnés de la famille, était lui aussi de cet avis. « Pas question de se rendre à cette convocation », reprit-il.

« J'ai des garanties, affirma Teresi. La rencontre n'aura pas lieu n'importe où. Elle doit se passer dans un endroit choisi par Nino Sorci *, qui était un ami intime de Stefano Bontate. »

L'argument laissa de marbre Salvatore Contorno et Emanuele D'Agostino. Rien ni personne n'aurait pu leur faire changer d'avis, pas même le pape, le vrai, celui du Vatican s'entend.

* Dit Nino U'Riccu, Nino l'Oursin, le chef de la famille de Villagrazia.

Contorno et D'Agostino saluèrent donc Girolamo Teresi et les trois acolytes qui avaient décidé de se joindre à lui. A savoir : Giuseppe Di Franco, ancien garde du corps de Stefano Bontate, et les frères Angelo et Salvatore Federico, deux petits industriels qui dirigeaient une entreprise de revêtements plastiques, Edilplast, qui travaillait en étroite collaboration avec les différentes sociétés de la « famille » Bontate. Contorno et D'Agostino accompagnèrent leurs compères jusqu'à la petite Autobianchi A 112 qui allait les conduire à leur destin. C'était la dernière fois qu'ils les voyaient.

Le soir-même, les proches des quatre hommes ne les voyant pas rentrer comprirent sans autre explication quel avait été leur sort et adoptèrent un deuil de rigueur. Les femmes s'habillèrent de noir, pour s'enfermer en larmes dans leurs demeures obscurcies, entourées de leur famille au grand complet.

Des quatre hommes, on ne retrouva que les voitures, garées en différents endroits de la ville. Mais de cadavres, point. La tradition orale veut qu'ils aient été supprimés tous quatre en même temps, alors qu'ils étaient à peine arrivés au rendez-vous que leur avaient fixé les nouveaux chef de la famille de Santa Maria di Gesù. L'histoire ne dit pas de quelle nature étaient les armes employées pour les supprimer. En de pareilles circonstances, les bourreaux de la Cosa Nostra répugnaient généralement à faire usage de leurs armes à feu; ils préféraient rassurer leurs victimes avant de les empoisonner collectivement lors d'un repas ou d'une quelconque beuverie. Quand un interrogatoire s'avérait nécessaire, ils immobilisaient les suppliciés pour mieux les torturer avant de les étrangler.

De même ignore-t-on si les quatre cadavres furent

dissous dans quelque acide, ou tout bonnement jetés lestés au fond de la baie de Palerme.

LE TERRORISTE

Emanuele D'Agostino était pourtant un vieux renard au passé plus chargé que respectable. N'avait-il pas participé au commando qui massacra six personnes, dont le terrible tueur Michele Cavatajo, dans un bureau de la viale Lazio le 18 décembre 1969, sans que la police s'en doutât un instant. Les hommes d'honneur palermitains, eux, étaient parfaitement au courant de ce fait d'armes accompli par un Emanuele D'Agostino qui, jusqu'à ces derniers temps, était respecté de tous. Mais à Palerme, le respect comme toutes choses n'avait qu'un temps.

Quand Emanuele D'Agostino apprit la disparition de Girolamo Teresi et de ses trois acolytes, en homme d'expérience il comprit que l'heure du respect était révolue. Si Emanuele D'Agostino et Salvatore Contorno avaient eu l'intelligence de ne pas tomber dans le piège tendu par leurs chefs, il valait mieux qu'ils disparaissent au plus tôt s'ils tenaient à rester en vie. Car, à n'en point douter, tous deux avaient, eux aussi, été condamnés à mort.

Le tout était de savoir s'il leur restait encore quelques amis dans la ville. Pour eux, il n'y aurait de salut que si la condamnation avait été décrétée par les seuls Corléonais et leurs alliés à l'insu des autres chefs de famille. Emanuele D'Agostino n'allait pas tarder à être renseigné.

« Je vais aller aux États-Unis, annonça Emanuele D'Agostino à Salvatore Contorno. C'est mon ami Rosario Riccobono qui me fournira un passeport afin de quitter l'île. En attendant, je vais aller me réfugier chez lui. »

Emanuele D'Agostino devait être bien inconscient ou bien naïf pour se liver ainsi à la merci de celui que ses collègues de la Coupole avaient surnommé le Terroriste en raison de sa fâcheuse tendance à tuer ses semblables. D'Agostino s'était sans doute dit que s'il était un homme en qui il pouvait avoir confiance, c'était bien le chef de la « famille » de Partanna qu'il connaissait depuis toujours. Peut-être avait-il tort.

DES NOUVELLES DU PAYS

Loin, très loin de Palerme, dans une ferme aux environs de São Paulo, Tommaso Buscetta suivait pratiquement heure par heure l'évolution de la situation sicilienne. Il n'avait pas besoin de lire les quotidiens nationaux italiens, qui arrivaient avec parfois une semaine de retard, pour se tenir informé. Quelques coups de téléphone intercontinentaux suffisaient à lui donner une idée générale. Pour les détails, il n'avait qu'à s'adresser à une vieille connaissance, un Palermitain immigré de vieille souche, Antonio Salamone, un constructeur immobilier installé de longue date à São Paulo et qui avait récemment obtenu la nationalité brésilienne. Secrétaire de la Coupole depuis 1977, Antonio Salamone était aussi le chef de la famille sicilienne de San Giuseppe di Jato. C'est dire si rien de ce qui se passait à des milliers de kilomètres du Brésil ne lui était étranger.

Antonio Salamone et Tommaso Buscetta se fréquentaient de longue date. Comme dans la chanson, ils s'étaient connus à Palerme en 1950, ils s'étaient reconnus à New York, ils s'étaient perdus de vue dix ans plus tard à la prison de l'Ucciardone, puis ils s'étaient revus à Palerme. Au Brésil, chacun pour soi était reparti dans le tourbillon de la vie. Pour peu, l'annonce de la mort de Stefano Bontate, puis de celle de Salvatore Inzerillo, dont ils étaient tous deux les amis, les rapprocha de nouveau. D'autant que l'un comme l'autre partageaient les terribles secrets des parrains défunts.

Salamone et Buscetta savaient par exemple que feu leurs amis avaient un instant caressé l'idée de supprimer en pleine réunion de la Coupole le représentant des Corléonais, Salvatore Riina. Autant dire qu'ils suivaient avec inquiétude l'évolution du massacre palermitain.

Antonio Salamone avait une autre bonne raison d'être inquiet. En tant que secrétaire de la Coupole, il aurait dû être averti au préalable du sort qui était reservé à ses deux collègues Inzerillo et Bontate. S'il ne se formalisa pas outre mesure de cette entorse au règlement, Salamone s'inquiéta quand même de n'avoir pas été convoqué à Ciaculli après le double assassinat. C'est pourquoi, sortant de sa tanière brésilienne, Antonio Salamone se rendit à Palerme avec la ferme intention d'obtenir une audience « papale ».

De retour à Rio, Antonio Salamone s'empressa de faire son rapport à son compère Tommaso Buscetta, qui avait abandonné sa *fazenda* de São Paulo toutes affaires cessantes. Les nouvelles de Palerme n'étaient pas bonnes.

« Michele Greco sait tout, lui dit Salamone. Il sait que Bontate et Inzerillo avaient l'intention d'assassiner Salvatore Riina. »

A l'évidence, le Pape ne devait même pas se douter que Bontate avait mis Salamone au courant de ses intentions homicides, sinon il n'aurait jamais laissé ce dernier repartir vivant.

« Comment l'a-t-il appris ? »

Antonio Salamone lança un nom : « Emanuele D'Agostino. »

Après la mort d'Inzerillo et la disparition de Teresi et des trois autres, craignant pour sa vie, Emanuele D'Agostino, comme on l'a vu, avait trouvé refuge chez son ami intime Rosario Riccobono. Ne se méfiant pas, il révéla à son ami le complot ourdi par Bontate avant sa mort. Sans doute par peur autant que par calcul, Rosario Riccobono ne se priva pas d'en référer à Michele Greco. Inutile de dire que les Corléonais et leurs alliés jubilaient : ils avaient enfin une raison avouable, quoiqu'un peu tardive, pour justifier l'assassinat des deux secrétaires de la Coupole.

« Et D'Agostino ? Qu'est-il devenu ?

– D'Agostino ! reprit Salamone, il fut supprimé par Rosario Riccobono qui entendait prouver ainsi sa loyauté envers les Corléonais. Riccobono réserva le même traitement au fils d'Emanuele D'Agostino. Il attira le jeune homme dans un guet-apens après lui avoir demandé d'aller porter du linge propre à son père. »

Puis, faisant allusion à la sagesse de D'Agostino qui avait su une première fois éviter la mort en ne suivant pas Teresi et ses amis au rendez-vous fixé par leur nouveau chef, Antonio Salamone commenta :

« D'Agostino a eu l'intelligence de ne pas faire confiance à Pietro Lo Jacomo mais il a fait la bêtise de se fier à Rosario Riccobono. »

Requiescat in pace.

CONVERSATIONS INTERCONTINENTALES

De retour à São Paulo, Tommaso Buscetta essaya d'en savoir plus sur ce qui se passait à Palerme. Il lui fallait parler à quelqu'un en qui il pouvait avoir confiance ? Mais qui ? La plupart de ceux qui lui étaient proches étaient en fuite quand ils n'étaient pas morts. A tout hasard, il composa le numéro de téléphone de cet ami intime de Salvatore Inzerillo, le beau-frère de Nino Salvo le Gabelou, l'*ingegnere* Lo Presti, chez qui il avait dîné une fois.

« *Pronto!* dit Tommaso Buscetta. Je voudrais parler à l'*ingegnere.*

– Il n'est pas là », lui répondit une voix féminine, à n'en point douter celle de l'épouse de l'*ingegnere* Lo Presti.

– *Signora,* reprit Tommaso Buscetta, ici c'est le *signor* Roberto. Vous vous souvenez, nos avons dîné un soir ensemble.

– Ah! oui, je vois. Comment allez-vous ?

– Bien, bien! Dites à votre mari que je suis au Brésil et que je le rappellerai ce soir, dites-lui d'attendre mon coup de fil, c'est très important. »

Quelques heures plus tard, Tommaso Buscetta composait de nouveau le 29.31.81 précédé de l'indicatif de l'Italie (39) et de celui de Palerme (91).

L'*ingegnere* Lo Presti décrocha le combiné immédiatement :

« Ah! c'est vous... Je vous attendais...

– Que s'est-il passé, demanda Tommaso Buscetta, faisant allusion à l'assassinat de leur connaissance commune, Salvatore Inzerillo.

– Trop de jalousies... », lâcha Lo Presti, puis après

un silence : « ... trop de trahisons..., trop de choses obscures...

– Dites-moi, hésita Buscetta, vous savez où est le frère du mort ? Je voudrais rentrer en contact avec lui. »

Tommaso Buscetta voulait parler de Santino Inzerillo qu'il avait l'intention de rencontrer, afin de l'empêcher de commettre des bêtises, dira-t-il par la suite.

« Je ne sais pas où il est. Il est en vie.

– Et Nino ? demanda Buscetta après un long silence, évoquant cette fois le tout-puissant Gabelou, Nino Salvo, il sait quelque chose ?

– Nino a disparu, lança l'*ingegnere* Lo Presti. »

Après un silence intercontinental, l'*ingegnere* reprit, hésitant :

« Si vous pensez venir..., nous... organisons la chose. »

Buscetta comprit à demi-mot ce que l'*ingegnere* essayait de lui dire : le « nous » qui se proposait d'organiser son séjour n'était autre que le très hospitalier Nino Salvo.

TUEURS D'ENFANTS ET ENFANTS TUEURS

On l'aura compris, Tommaso Buscetta n'avait aucune envie de rentrer au pays, et surtout pas en un moment pareil. Il préférait faire comme le sage Nino Salvo qui, après avoir décommandé le mariage de son fils, s'expatria le temps d'une longue croisière dans les îles grecques dans l'espoir d'oublier Palerme. Alors, Tommaso Buscetta se barricada dans sa *fazenda* située à quelques kilomètres de São Paulo en souhaitant que les « hommes » de la Cosa Nostra effacent de leur mémoire jusqu'à son nom.

Ceux qui avaient quitté la ville avaient agi sagement, car, avec l'arrivée de l'été et de ses chaudes journées empoisonnées par un violent sirocco originaire des déserts de Libye, la furie des hommes d'honneur sembla ne plus connaître de bornes. C'était à croire que les plus excités tuaient comme ils respiraient. Rien ni personne n'était plus à l'abri.

Au plus chaud de l'été, alors que la ville s'était vidée pour les fêtes de l'Ascension, le jeune Giuseppe Inzerillo, âgé d'à peine dix-sept ans, quitta le domicile familial en compagnie d'un adolescent qui était appelé à devenir son beau-frère, Stefano Pecorella.

Malgré son jeune âge, Giuseppe Inzerillo avait l'étoffe d'un homme d'honneur. Après l'assassinat de son père, Salvatore Inzerillo, n'avait-il pas juré de venger ce dernier ? « J'aurai les assassins de mon père, disait l'adolescent. Je tuerai de mes propres mains ce chien de Salvatore Riina. »

On peut imaginer que le jeune homme avait promu le fiancé de sa sœur au rang de garde du corps. Les deux garnements étaient peut-être déjà pourvus d'armes à feu. A peine sortis de l'enfance, ils avaient déjà l'âge où l'on tue, en tout cas à Palerme. A Catane, le cadet des tueurs à gages arrêté par la police était tout juste âgé de quatorze ans.

Si dans d'autres parties de l'Italie les menaces du jeune homme auraient pu prêter à sourire, il faut croire que là il se trouva quelqu'un pour les prendre au sérieux puisque, à peine sorti de chez lui, Giuseppe Inzerillo fut enlevé avec son compagnon de jeux Stefano Pecorella.

Le soir-même, leurs mères éplorées signalaient la disparition de leur progéniture au commissariat central de la ville. Quelque temps plus tard, terrorisées par on ne sait trop quelle menace, elles revenaient sur leurs dépositions affirmant que leurs rejetons se trouvaient aux États-Unis. Quand les policiers leur firent remarquer que les adolescents étaient dépourvus de tout document d'identité, les braves dames ne surent que répondre.

Par la suite, la mère de Giuseppe Inzerillo éclatera en sanglots devant ces mêmes enquêteurs, leur confiant que jamais son enfant adoré ne se serait éloigné de la maison sans donner de ses nouvelles. Il était évident que les deux adolescents avaient rejoint l'armée des ombres palermitaines, la cohorte de ces centaines de morts sans sépultures aux corps à jamais disparus. Restait à savoir qui les avaient occis et de quelle manière.

Il circule dans le milieu des hommes d'honneur palermitains une histoire abominable concernant la fin du jeune Giuseppe Inzerillo. Avant de l'achever, son bourreau lui aurait coupé le bras droit en disant : « Comme ça, tu ne pourras plus t'en servir pour tuer Salvatore Riina. » Confirmée par au moins deux sources différentes, ce terrible épisode est d'autant plus crédible quand on connaît l'identité de son tortionnaire présumé : Pino Greco, dit Scarpuzzedda, le chef de la famille de Ciaculli soi-même. Un tueur que plus d'un qualifiait déjà de sanguinaire et qui pourtant exerçait déjà au sein de la Coupole l'influence que l'on sait.

L'HOMME À LA KALASHNIKOV

Si Pino Greco participa au dépeçage de Giuseppe Inzerillo et au double assassinat qui s'ensuivit, cela ne fut qu'un épisode dans la sanglante activité déployée dès le début de l'été 1981 par ce redoutable jeune homme ambitieux. Quand il ne participait pas aux réunions de la Coupole – consacrées presque uniquement aux exécutions à venir, au point qu'on ne savait s'il fallait la comparer à une cour martiale en temps de guerre ou à un tribunal en période révolutionnaire –, quand il ne présidait pas aux destinées des tueurs de la famille de Ciaculli, Pino Greco ne répugnait nullement à prendre part à l'exécution de ses ennemis. Des dizaines de Palermitains ont ainsi eu l'occasion de l'entr'apercevoir lors de quelque embuscade dans les rues de la ville. A l'époque, Pino Greco aimait à se servir d'une Kalashnikov, tirant de préférence dans le visage de ses victimes. Sans doute par souci d'efficacité, peut-être sous l'emprise d'une pulsion pathologique. Allez savoir.

Parmi tous les hommes d'honneur qu'il traqua impitoyablement, il en est un sur qui Pino Greco s'acharna avec une hargne particulière, exterminant ses proches, torturant ses amis pour connaître les caches de sa proie. Cet homme, Salvatore Contorno (Coriolan de la Forêt), était le dernier survivant de la garde prétorienne de Stefano Bontate.

Jusqu'alors, ainsi qu'on va le voir, Salvatore Contorno avait bénéficié d'une chance insolente. Cela durerait-il toujours ?

CHAPITRE 5

CORIOLAN DE LA FORÊT

VIE QUOTIDIENNE D'UN SOLDAT EN TEMPS DE GUERRE

MALGRÉ les périls qui le menaçaient, Salvatore Contorno n'avait pratiquement rien changé à ses habitudes. Était-ce là de l'inconscience ? Du fatalisme ? Ou plus simplement une nouvelle expression de cette bravoure qui lui avait valu le surnom baroque, sinon ridicule, de Coriolan de la Forêt ? Depuis l'assassinat du chef de sa famille, son ami Stefano Bontate, et la série d'homicides que l'on sait, Salvatore Contorno se faisait un point d'honneur de ne point céder à la panique. Il continuait à mener une vie familiale guère plus discrète qu'à l'accoutumée, bien qu'en plus des tueurs lancés à ses trousses il lui fallût aussi se méfier des « sbires » de la police palermitaine, son nom figurant depuis peu sur des avis de recherche largement diffusés. Salvatore Contorno venait juste d'être condamné à une peine de vingt-six ans de prison pour avoir organisé l'enlèvement d'un industriel dans le nord de l'Italie, dans la très riche province de l'Émilie.

Salvatore Contorno savait que de tous les gens qui le cherchaient les policiers étaient les plus faciles à éviter : il lui suffisait de ne pas dormir chez lui en période troublée ; quand il y avait dans l'air comme une odeur de rafle, un parent se faisait toujours fort de l'héberger. Pour plus de précaution, il évitait de trop s'aventurer hors de son territoire, le Brancaccio, quartier est de la ville, sous l'autorité des hommes d'honneur depuis toujours. Et s'il advenait que Salvatore Contorno sortît de son domaine, c'était pour ne se hasarder qu'en terre amie, dans des zones contrôlées par la Cosa Nostra où il n'avait d'autres ennemis que ses pairs.

Salvatore Contorno devait sans doute penser qu'il déjouerait facilement les ruses de ses adversaires en respectant deux règles élémentaires : éviter de sortir seul et surtout ne jamais se rendre à un rendez-vous, même fixé par un ami intime. Pour le reste, il comptait sur une chance insolente qui, il est vrai, ne lui avait jamais fait défaut, jusqu'alors en tout cas.

Contorno avait survécu au récent massacre des membres les plus proches de sa famille mafieuse avec un flegme admirable, comme en témoigne son emploi du temps de l'après-midi du 25 juin 1981. A bord de la petite voiture de sa belle-mère, une Fiat 127 toute simple et que ne protégeait aucun blindage, Salvatore Contorno avait quitté le quartier du Brancaccio pour se rendre sur les hauteurs de Palerme, ou plutôt se jeter dans la gueule du loup, via Ciaculli, en pleine zone ennemie, à portée d'escopette de l'homme qui avait contribué à l'assassinat de Stefano Bontate et des siens, Michele Greco, le Pape, de sinistre mémoire.

Si Salvatore Contorno se rendit à Ciaculli, ce n'était pas par souci de provocation ni même animé par quelque terrible projet de vengeance. A l'époque, il ne faisait que subodorer le rôle du Pape dans la vague d'assassinats en cours. C'était mû par un sentiment aussi filial que touchant que Salvatore Contorno était sorti de sa tanière une fois l'heure de la sieste passée. Accompagné de sa femme Carmela, de son fils Antonio et d'un ami de ce dernier, Salvatore Contorno allait ce jour-là rendre visite à ses vieux parents, qui résidaient via Ciaculli.

TEL PÈRE...

Le père de Salvatore Contorno avait dans sa jeunesse fait partie de la Cosa Nostra. Jusqu'en 1950, Antonio Contorno fit partie d'une famille mafieuse aujourd'hui éteinte et qui régnait sur une partie du Brancaccio. Après la dissolution de sa famille, pour des raisons que l'on ignore, l'« homme » fut « déposé » de ses prérogatives de mafieux et à compter de ce jour ne voulut entendre parler d'autre famille que de celle formée par son épouse et leur progéniture. Il semble que le jeune Salvatore Contorno n'ait jamais parlé de la Cosa Nostra avec son père et qu'il ait été initié en 1975 à l'insu de ce dernier. C'est en tout cas ce qu'il prétend.

AGAPES MAFIEUSES

Outre qu'elle marquait une fidélité (même inconsciente) à l'exemple paternel, son admission au sein de la famille de Santa Maria di Gesù représentait avant toute chose pour Salvatore Contorno une véritable promotion sociale. La certitude de pouvoir compter sur de puissants amis allait grandement élargir les horizons de ce petit éleveur de bétail qui tirait ses revenus de l'exploitation de quelques étables et autres porcheries disséminées aux alentours de Palerme. La Cosa Nostra, c'était surtout la découverte d'un monde étrange qui lui aurait été à jamais fermé s'il n'avait été « arrangé » de sorte à devenir un homme d'honneur.

Si Salvatore Contorno eut l'occasion d'être rapidement admis dans les cercles les plus fermés de la Cosa Nostra, c'était à l'amitié d'un seul homme qu'il le devait. Son chef, Stefano Bontate, l'avait en effet pris en affection au point que Salvatore Contorno s'adressait directement à lui, évitant d'avoir recours à la voie hiérarchique comme cela est généralement le cas entre soldat et *capofamiglia.*

Preuve suprême de son intérêt pour la carrière du jeune homme, Stefano Bontate en personne avait présidé à la cérémonie d'initiation de Salvatore Contorno, avec une bienveillance qui n'irait qu'en se renforçant avec le temps. Par la suite, on vit souvent les deux hommes partir de bon matin pour aller chasser le gibier dans quelque bois verdoyant de l'intérieur de l'île, peut-être dans le domaine de Ficuzza, à deux pas de Corleone, ou bien encore dans les environs de Caccamo, où un homme d'honneur de leurs amis possédait un petit moulin situé non loin d'une caserne de carabiniers.

Régulièrement, Stefano Bontate et Salvatore Contorno se retrouvaient sans autre raison que celle de partager un repas. Il faut dire qu'à cette époque Salvatore Contorno eut plus que sa ration de banquets d'hommes d'honneur. Quelques jours après son initiation, on le vit au milieu d'une dizaine de Siciliens festoyer dans un restaurant proche du corso Buenos Aires de Milan. Un peu plus tard, on le signala au château de San Nicola, où des dizaines de mafieux s'étaient retrouvés afin d'écouter une poignée de chanteurs, « dont certains de renommée nationale », pousser leurs goualantes en l'honneur d'un quelconque parrain.

Là, entre deux chansons à la gloire des gouapes italiennes, Salvatore Contorno eut l'occasion d'être présenté à un prince, un vrai de vrai, un des fleurons de l'aristocratie palermitaine, Alessandro Vanni Calvello Mantegna de San Vincenzo. A Palerme et dans le monde, le prince était surtout réputé pour avoir prêté un de ses palais en ruine, le Palazzo Ganci, pour qu'un réalisateur de cinéma nommé Visconti puisse y tourner quelques scènes de son adaptation du *Guépard*, dont celle, fameuse, du bal, où la sémillante Claudia Cardinale en fit valser plus d'un.

Quand les rois ou les reines d'Angleterre se rendaient en Sicile, ce qu'ils faisaient plus fréquemment dans le passé qu'à l'heure actuelle, ils ne manquaient pas de rendre visite à la famille du prince. C'est ainsi qu'Alessandro Vanni Calvello Mantegna de San Vincenzo eut l'occasion d'accueillir la reine Élisabeth II d'Angleterre lors de son dernier voyage en Sicile.

Gens simples en toutes choses, les hommes d'honneur ne respectaient d'étiquette que celle de la Cosa Nostra. Le prince étant lui aussi un mafieux, il fut donc présenté à Salvatore Contorno sans ses titres mais avec la formule rituelle et plébéienne en diable : « C'est la même chose. » Il faut dire que la passion des sectes semble être une des caractéristiques dominantes de cette famille. La légende veut qu'au XVIe siècle un des Calvello, celui que l'on surnommait le Bâtard, fît partie de la mystérieuse confraternité religieuse des Beati Paoli, ancêtre présumé de la Cosa Nostra.

OÙ L'ON REPARLE DE CIACULLI, ÉDEN MAFIEUX

Salvatore Contorno était un gosse de Ciaculli. Il avait plus d'une raison d'y séjourner régulièrement. C'était là que vivaient ses parents, on l'a vu. Mais c'est plus qu'un lien nostalgique qui le rattachait à cette petite bourgade de sinistre mémoire. Contrairement à ce qu'il était dans les différents quartiers de Palerme ou même dans les grandes villes du nord de la Péninsule, loin d'être diffus le pouvoir de la Cosa Nostra était là pour ainsi dire une chose concrète que l'on aurait presque pu toucher du doigt et dont on sentait l'omniprésence à tout instant. Dans ce petit îlot d'un millier d'âmes ne vivaient que les gens dont la présence était agréée par la famille mafieuse du cru. C'est dire si l'endroit était une sorte d'éden pour les hors-la-loi de l'île qui étaient à peu près certains d'y trouver un refuge momentané. En ces temps-là, les « sbires » s'aventuraient rarement à Ciaculli, et quand ils le faisaient, c'était par bataillons entiers, précédés du vrombrissement de leurs hélicoptères de reconnaissance, ce qui donnait aux fugitifs de fortes chances de ne jamais y être arrêtés.

Salvatore Contorno avait le rare privilège de connaître relativement bien la topographie de Ciaculli. Il savait que le long de l'unique ruelle de la bourgade s'étendaient des hectares d'agrumes qui descendaient en un labyrinthe à peu près inextricable jusqu'à la mer. Chacune de ces propriétés était jalousement défendue par de lourdes grilles toujours fermées à clef destinées sinon à protéger de coupables agissements, en tout cas à limiter les déplacements dans la zone.

Il ne fallait pas s'y tromper, en dehors de la

grand-rue, Ciaculli n'était qu'un entrelacs de sentiers, de sentes, de venelles champêtres, de chemins vicinaux accessibles aux seules personnes munies d'un impressionnant jeu de clefs leur permettant d'ouvrir les différentes portes des domaines de la Cosa Nostra. Michele Greco, le Pape, décidait qui étaient les détenteurs des clefs. Ces derniers étaient bien sûr des hommes de confiance pour la plupart recherchés depuis des années par la police. Quand il advenait qu'un d'entre eux fût arrêté, le Pape faisait immédiatement changer toutes les clefs de toutes les grilles donnant accès aux passes mafieuses de Ciaculli. Et cela arriva plus d'une fois à l'époque, pas si lointaine, ou Salvatore Contorno fréquentait avec assiduité le salon de Michele Greco.

Sans être un intime de Michele Greco, Salvatore Contorno avait en effet l'habitude de se rendre régulièrement au *fondo* Favarella, que le Pape avait transformé en un lieu de frairies, sinon de kermesses, à l'usage exclusif des amis de la Cosa Nostra. Salvatore Contorno était d'autant plus sensible à l'honneur que lui faisait le maître de céans en lui ouvrant toutes grandes les portes de sa propriété qu'il n'était pas sans savoir que les réunions du gouvernement de la Cosa Nostra, la toute-puissante Coupole, se tenaient depuis près de six ans dans ce même *fondo* Favarella. Et Salvatore Contorno n'était pas le seul à hanter le *fondo* Favarella. Loin de là.

Pendant des années, le *fondo* Favarella attira à lui des dizaines et des dizaines d'hommes d'honneur qui s'y rendaient plus émoustillés que pèlerins sur le chemin de La Mecque. On y organisait rencontres, beuveries, banquets, déjeuners, dîners. Fanatique du tir de précision, Michele Greco avait poussé le luxe jusqu'à installer au milieu de ses citronneraies le polygone où des hommes d'honneur coiffés d'écouteurs assourdissants venaient esssayer leur adresse à l'aide de différentes sortes d'armes à feu. C'est devant ce polygone de tir que Salvatore Contorno fit connaissance de dizaines d'hommes d'honneur provenant des différentes « familles » de la ville. Et s'il ne manquait au *fondo* Favarella que quelques tombolas pour achever de lui donner un air de réjouissante distraction bucolique, la propriété « papale » n'en possédait pas moins d'autres attractions plus redoutables et que le maître des lieux cachait à peine.

LES LABORATOIRES D'HÉROÏNE

C'est parce qu'il venait d'offrir un chien de chasse à Michele Greco que Salvatore Contorno eut un jour l'occasion de faire une découverte qui aurait étonné toute autre personne qu'un homme d'honneur. Le chenil de Michele Greco se trouvait à l'extrémité est de la propriété. Pour y accéder, il fallait dépasser la petite demeure qui servait entre autres aux réunions de la Coupole, s'engager sur le chemin qui menait au polygone de tir. Au bout d'une centaine de mètres, il y avait une sorte de carrefour dont les différentes sentes conduisaient soit au polygone de tir, soit au lieu réservé aux banquets, ou encore à un groupe d'habitations. C'est devant ces baraques que résidait la meute du Pape.

Salvatore Contorno venait de passer devant un puits bordé de deux arbres gigantesques quand il s'aperçut qu'une activité fébrile régnait autour des cages du chenil de Michele Greco. D'où il était, il pouvait voir qu'une poignée d'hommes d'honneur s'affairaient dans une des pièces de la demeure. La vue des différentes cornues, des alambics et des becs, l'odeur nauséabonde qui se dégageait des lieux et les masques à gaz employés par les participants suffirent à renseigner Salvatore Contorno sur la nature de la chimie que l'on y pratiquait. Il s'agissait à n'en point douter d'un laboratoire de transformation de morphine base en héroïne. Non seulement Michele Greco ne trouva rien à redire au fait que Salvatore Contorno ait entrevu par hasard son laboratoire, mais encore il consentit à le laisser accomplir une brève visite des lieux. Si Salvatore Contorno n'était pas un soldat de la famille du Pape, il n'en était pas moins homme d'honneur, et à ce titre avait le droit de voir ce que bien peu d'hommes ont pu voir.

Quelques mois plus tard, réalisant sans doute qu'il était fort peu sage d'installer un laboratoire d'héroïne en un lieu aussi fréquenté que le *fondo* Favarella, Michele Greco décidait de déménager cornues et alambics dans un endroit jugé plus discret mais qui était toujours dans sa juridiction. Le Pape fit donc déplacer son laboratoire de production d'héroïne dans une citronneraie voisine qui appartenait à la famille Prestifilippo, ses alliés de toujours. A compter du jour du déménagement, chaque fois que Salvatore Contorno se rendait chez les Prestifilippo, il ne manquait pas d'y croiser les frères Marsalone – Rocco, Salvatore et Giuseppe – qu'il savait être des chimistes accomplis dans l'art de la fabrication de l'héroïne. L'aîné des Prestifilippo ne faisait d'ailleurs pas mystère de sa coupable activité en présence d'hommes aussi sûrs que Salvatore Contorno. Et ce dernier entendit maintes fois les fils et les neveux du clan Prestifilippo se vanter tout haut des subites richesses qui découlaient du trafic de l'héroïne.

Ces derniers temps, le commerce et la production

de l'héroïne avaient pris une telle ampleur dans l'île que Salvatore Contorno semblait ne plus pouvoir se déplacer sans avoir à visiter un quelconque laboratoire. Ironie du sort, Salvatore Contorno logea un certain temps dans une baraque en construction non loin de Palerme, propriété d'un de ses amis intimes, Mario Marchese, qui y avait aussi installé un laboratoire de fabrication d'héroïne qu'il gérait pour le compte de la famille de Corleone.

Peu de temps avant sa mort, Emanuele D'Agostino avait prié Salvatore Contorno de bien vouloir l'accompagner jusqu'à Bagheria, où il avait rendez-vous avec le chef de la famille locale, Leonardo Greco, pour traiter quelque affaire de trafic de drogue. Emanuele D'Agostino était à l'époque sous le coup d'un mandat d'arrêt, tout comme Salvatore Contorno. Il avait demandé à ce dernier de l'accompagner uniquement en prévision d'un quelconque litige avec ses associés.

Les deux hommes se rendirent donc au dépôt de fer que gérait Leonardo Greco à la sortie de Bagheria, juste avant l'autoroute qui conduit à Palerme. Le chef de la famille de Bagheria n'était pas là, mais il avait laissé quelqu'un pour les conduire jusqu'à lui dans une petite villa, perdue comme il se doit au milieu de champs d'agrumes. C'était là, on l'aura compris, que la famille de Bagheria avait implanté son laboratoire d'héroïne.

Il y avait dans la villa une grande agitation due à la présence d'une dizaine d'hommes d'honneur affairés autour de dizaines de sacs de cellophane contenant près de quarante kilos d'héroïne qui venaient à peine d'être raffinés. Les chimistes travaillaient autour d'éprouvettes en ébullition, tandis que les autres participants, tous vêtus de costumes sombres, attendaient impatiemment la fin de l'opération.

L'arrivée d'Emanuele D'Agostino et de Salvatore Contorno ne semblait nullement les troubler. Ils connaissaient déjà D'Agostino, et Contorno leur fut présenté en tant qu'homme d'honneur avec le rituel magique que l'on sait. Salvatore Contorno ne comprenait pas encore tout à fait ce qui se passait.

Quand un des chimistes prit un peu de poudre blanche pour la verser dans un liquide bouillant, Contorno eut enfin l'explication de la scène. Ils étaient en train de vérifier la qualité de la marchandise. Les hommes en costume sombre qui l'avaient salué avec un fort accent étranger devaient sans nul doute être les acheteurs. Comprenant qu'il n'était pas vraiment à sa place en cet endroit, Contorno sortit, d'autant plus rapidement que l'atmosphère empuantie par différentes émanation brunâtres commençait à devenir franchement irrespirable.

Quelques instants plus tard, dans la voiture qui les ramenait vers Palerme, D'Agostino expliquait à Contorno la signification de cette rencontre quelque peu enfumée.

« Les " hommes " que tu as vus, dit D'Agostino, ce sont les acheteurs américains de la marchandise. Ils sont venus pour s'assurer de la bonne qualité de l'envoi. En fait, il ne s'agit pas d'un seul envoi, mais de plusieurs qu'on a préféré rassembler. La marchandise appartient à plusieurs personnes qui ont décidé de l'expédier en une seule fois. Moi-même, j'ai dans l'affaire un demi-kilo d'héroïne. Pour reconnaître les différents colis, on les a marqués à l'aide de différents signes distinctifs, avec des rubans adhésifs entre autres. Chaque paquet est de cinq cents grammes. »

Deux jours plus tard, Salvatore Contorno apprit par les journaux que la police milanaise venait de saisir les quarante kilos d'héroïne alors qu'ils étaient sur le point d'être acheminés vers les États-Unis. Ce que les journaux ne dirent pas, c'est que cette saisie fut effectuée sur renseignements de la Brigade américaine des stupéfiants à la suite d'une étonnante opération d'infiltration d'une des familles de la Cosa Nostra new-yorkaise.

Quoi qu'il en soit, ce ne fut pas une lourde perte pour les familles siciliennes. La quantité saisie représentait à peine quelques jours de production d'un seul laboratoire. Or, à l'époque, d'après ce que savait Salvatore Contorno, au moins quatre laboratoires de production d'héroïne tournaient à plein rendement à Palerme et à Mazara del Vallo. Si Michele Greco trafiquait avec ardeur des centaines de kilos d'héroïne, son cousin Salvatore Greco, dit le Sénateur, était un des plus gros fournisseurs du marché américain, si l'on en croit la Drug Enforcement Agency américaine.

LES ROUTES DE L'HÉROÏNE

Salvatore Contorno était d'autant mieux accueilli dans les différents laboratoires de production d'héroïne de l'île qu'il participait lui aussi allègrement au trafic international de drogue. Il approvisionnait plus d'un grossiste en héroïne de la place de Milan et, plus récemment, avait envisagé, vu la demande, d'élargir ses activités à la cocaïne. Salvatore Contorno s'était intéressé de très près à un moyen relativement original de faire venir clandestinement ce dernier produit en Italie : ayant appris au Pérou l'art de dissoudre la cocaïne dans de l'alcool, un petit traficant sicilien se proposait d'en introduire en Italie de grosses quantités grâce à la complicité d'un pilote de ligne, de nationalité française à ce qu'il semble. S'il fut intéressé par le procédé, Salvatore Contorno n'eut pas le temps de l'expérimenter, ainsi qu'on le verra par la suite.

La fréquentation de dizaines de trafiquants de drogue avait appris une chose à Salvatore Contorno : le seul vrai problème résidait dans le transport. Les hommes d'honneur chargés d'acheminer l'héroïne sicilienne vers les États-Unis ne pouvaient pas compter sur les facilités dont jouissaient les contrebandiers levantins chargés de les approvisionner en morphine base. Ces derniers avaient en effet plus d'une route à leur disposition, dont chacune leur assurait une égale impunité. S'ils acheminaient la marchandise par la voie maritime, il leur suffisait de l'embarquer dans un port libanais et de la transborder sur des petits chalutiers de la Cosa Nostra au large des côtes siciliennes pour éviter tout contrôle douanier, tandis que la route terrestre était d'autant plus sûre qu'elle bénéficiait de la passivité, pour ne pas dire plus, de nombre d'États, à commencer par la Bulgarie.

Si la transformation de la morphine base en héroïne dans les différents laboratoires siciliens s'effectuait elle aussi avec le minimum de risque que l'on suppose, il en allait tout autrement dès lors qu'il s'agissait de livrer la marchandise, surtout aux États-Unis.

Salvatore Contorno savait que, généralement, le transport d'une cargaison d'héroïne était confié à un seul homme d'honneur qui était responsable de la marchandise depuis son départ de l'île jusqu'à son arrivée de l'autre côté de l'océan. Le poids de chaque envoi était fonction de l'habileté du passeur; il se chiffrait généralement en dizaines de kilos. Il n'était pas rare de voir plusieurs familles se regrouper et participer à une même expédition. En cas de perte du chargement, il n'y avait qu'un seul responsable : le convoyeur. C'était lui qui était alors chargé d'enquêter et éventuellement de punir les responsables de la perte de la drogue. Dans tous les cas, il devait rendre des comptes aux propriétaires de l'héroïne.

Si l'imagination des expéditeurs variait souvent – l'héroïne pouvait être dissimulée dans des meubles, glissée au milieu d'une cargaison de chaussures, ou cachée dans des piles de disques –, Salvatore Contorno savait qu'il était un moyen infaillible de faire parvenir la marchandise à bon port. Il suffisait d'obtenir la complicité d'employés du fret des aéroports de destination qui se chargeaient d'escamoter les colis d'héroïne avant leur entrée en douane. La chose était d'autant plus facile à l'aéroport John-Fitzgerald-Kennedy de New York qu'il était contrôlé depuis des années par plusieurs familles de la Cosa Nostra américaine (Lucchese, Gambino). Une méthode imparable qui permit aux familles siciliennes d'acheminer vers les États-Unis des centaines de kilos d'héroïne, voire plusieurs tonnes, en l'espace de deux ans.

LES LIENS AVEC LA BOURGADE

Malgré les fortunes colossales accumulées en l'espace de quelques mois grâce à un tel trafic, les hommes d'honneur palermitains n'arrivaient pas à se détacher de leur terre. Leur soudaine richesse ne les avait nullement éloignés de leurs terribles petites bourgades, où ils continuaient à vivre malgré les risques encourus. Certes, les fugitifs y étaient plus à l'abri que dans n'importe quelle grande ville du nord de la Péninsule, mais la sagesse aurait voulu qu'une fois fortune faite, ils se retirent dans un quelconque pays latino-américain pour y finir leurs jours sous une autre identité. Ainsi, Salvatore Contorno, à qui l'on attribue divers trafics d'héroïne et un kidnapping, aurait eu sans doute mainte fois l'occasion de s'expatrier avec femme, enfants, parents et tutti quanti.

Pourquoi ne le fit-il pas? Mystère. Sans doute était-il dans la nature de l'homme d'honneur de ne quitter sa terre que contraint et forcé par les événements. Malgré les assassinats de plusieurs membres de sa « famille », Salvatore Contorno ne pouvait se résoudre à quitter l'infâme quartier du Brancaccio, où il devait malgré tout avoir l'impression d'être en sécurité. Dans cette véritable jungle de la Cosa Nostra se trouvaient ses derniers amis, et où donc aurait-il pu se sentir plus à son aise pour affronter d'éventuels ennemis que dans ce quartier populaire de sinistre réputation?

Coincé entre une autoroute et la mer, le Brancaccio n'a pas d'autres frontières. Rien n'indique les limites de ce quartier maudit dans cet amas de HLM, de maisons en ruine, d'usines poussiéreuses et de bicoques décrépites qui gangrène la côte palermitaine. Salvatore Contorno se sentait chez lui au milieu de cette chaleur, de cette poussière et de cette puanteur de mer et de détritus qui émane du Brancaccio. Dans les rues il aimait à côtoyer ses semblables, qui s'empiffraient dès le matin d'*arancine*, étranges boules orange à base de viande de riz et de fromage frites dans on ne sait trop quelle huile, et qui déambulaient à longueur de journée devant les étals des boucheries ouverts à même la rue, passant d'un bar à l'autre, se faufilant au milieu des cages de l'oiseleur de la piazza Torrelunga pour éviter ensuite les baquets odorants du marchand d'olives, tandis que leurs femmes attendaient derrière des persiennes toujours closes qu'ils rentrent chez eux le soir venu.

Ici, Salvatore Contorno et ses pairs étaient les rois. Craints par les petits industriels de la zone qu'ils rackettaient à tour de bras, ils étaient respectés par tous les miséreux qui s'entassaient dans les HLM insalubres, souvent sans électricité, toujours privés d'eau, et que leurs habitants achevaient de dégrader en détruisant et en brûlant tout ce qui ne leur semblait pas utile, tels ce centre social ou cette crèche dont on peut encore visiter les ruines calcinées.

Protégés par les autochtones, dont on ne sait s'il convient de s'étonner de l'ignorance ou de la bêtise, les hommes d'honneur du Brancaccio étaient certains que jamais les « sbires » ne viendraient les déloger. Quand, plus récemment, on parla d'installer un commissariat de police en bordure des HLM, furieuse, la populace manifesta comme si ce projet, jugé aberrant, constituait une menace pour l'ordre public.

Salvatore Contorno savait qu'à Palerme la situation du quartier du Brancaccio était loin d'être une exception. Du quartier maritime d'Acqua dei Corsari, le bien nommé, aux dortoirs de l'Uditore, en passant par l'ancienne zone arabe de la Kalsa, les chasses gardées des différentes familles de la Cosa Nostra couvraient tout le territoire palermitain. En temps de paix, tout homme d'honneur qui se respectait pouvait y circuler aussi librement que n'importe quel autre citoyen. Il n'en allait pas de même en temps de guerre, ainsi qu'il fut donné à Salvatore Contorno de s'en rendre compte au soir du 25 juin, peu après avoir salué ses parents, comme il s'apprêtait à regagner sa tanière du Brancaccio en descendant les hauteurs de Ciaculli.

SCÈNES DE CHASSE DANS LE BRANCACCIO

L'heure était trompeuse pour qui espérait un peu de fraîcheur : l'adoucissement de la lumière était contredit par une chaleur moite qui continuait d'oppresser Ciaculli; la soirée s'annonçait aussi étouffante que la journée. Il était un peu plus de 19 h 30, le moment où d'un bout à l'autre de la Sicile se terminent les visites familiales. Salvatore Contorno venait de monter dans la Fiat 127 en compagnie du jeune Giuseppe Foglietta, l'ami de son fils qui avait longuement insisté pour faire la route avec lui. La femme de Contorno et leur rejeton étaient partis depuis quelques minutes dans une autre voiture. On avait convenu de se retrouver au Brancaccio.

En descendant la via Ciaculli jusqu'aux abords du Brancaccio, Salvatore Contorno n'avait rien remarqué d'anormal. Il avait dépassé le plus tranquillement du monde la petite fabrique de chaux qui servait d'alibi aux louches trafics d'une de ses connaissances, Francesco Mafara, un homme d'honneur qui se vantait volontiers d'être le directeur du marketing du holding de la drogue. Il venait de tourner à droite et s'apprêtait à entrer dans le Brancaccio quand une succession de petits détails apparemment anodins attira son attention.

Peu avant d'emprunter le pont qui chevauche l'autoroute Palerme-Catane en se donnant des allures foraines de montagnes russes, Salvatore Contorno dépassa une Fiat 127 qui roulait lentement, peut-être un peu trop, au volant de laquelle il reconnut un des « hommes » de la famille de Ciaculli. Les deux « hommes » se saluèrent.

Un bref coup d'œil dans son rétroviseur, et

Salvatore Contorno fut rassuré sur les intentions de l'« homme » qui roulait toujours aussi lentement.

Alors qu'il se trouvait au sommet du pont, Salvatore Contorno vit sur sa droite un autre soldat de la famille de Ciaculli, qui semblait l'observer depuis une fenêtre située au cinquième étage d'un immeuble, à quelques mètres de là, presque à sa hauteur. Peut-être était-ce lui que l'« homme » attendait ?

Quelques secondes plus tard, au bas du pont, sur la gauche de la via Giafar, Contorno vit à sa gauche un troisième « homme » de la famille de Ciaculli. Cette fois, il comprit que les choses allaient très vite se gâter. Ce troisième « homme » n'était autre que Mario Prestifilippo, un des « hommes » de confiance de Michele Greco. Adossé contre le mur d'enceinte du jardin de son père, Mario Prestifilippo faisait semblant de prendre l'air.

Salvatore Contorno n'eut pas le temps de réfléchir longuement aux raisons qui poussaient les soldats de Ciaculli à se déployer le long de la via Giafar lors de son passage : son attention fut attirée par un événement encore plus inquiétant que les autres. Devant lui, il venait d'apercevoir une motocyclette de forte cylindrée et étonnamment silencieuse. L'engin avait débouché d'une impasse séparée du pont par trois immeubles et se rapprochait à toute vitesse de la Fiat conduite par Salvatore Contorno.

Un nouveau coup d'œil et Contorno reconnut le conducteur de la moto : Giuseppe Lucchese, un des tueurs de la famille de Ciaculli. Le doute n'était plus permis. C'était bien lui qu'attendaient les soldats « pontificaux ».

A cette heure de la journée, la via Giafar est une des plus animées du Brancaccio, les trottoirs grouillent d'une mâle population venue chercher le frais après s'être livrée tout l'après-midi à des occupations frénétiques : pour les uns, la sieste; pour les autres, des activités familiales plus que débridées; et pour les plus téméraires d'entre eux tous, une baignade dans les eaux les plus sales et les plus infestées d'immondices de la baie de Palerme.

Dans cette foule, combien y avait-il d'autres soldats en embuscade? Salvatore Contorno ne le sut jamais. Il ne lui était matériellement pas possible d'inspecter tous les visages de la foule. Tout au plus lui était-il donné de reconnaître à son passage certains hommes d'honneur. Mais bien malin qui pouvait dire quelles étaient leurs intentions.

Déjà, la motocyclette était arrivée à la hauteur de la voiture. Alors, Salvatore Contorno aperçut le visage du passager de la moto. Il reconnut l'« homme » qui allait le tuer. C'était le chef de la famille de Ciaculli, Pino Greco, Scarpuzzedda. Petite Chaussure. Ce dernier venait d'armer un fusil mitrailleur Kalashnikov qu'il pointait en direction de Salvatore Contorno.

Devançant la rafale d'une fraction de seconde, Salvatore Contorno lâcha le volant et se précipita sur son passager, la tête rentrée dans les épaules, avec l'intention évidente de le protéger. Le moteur de la voiture cala, tandis que dans un vacarme assourdissant une grêle de balles perforait la carrosserie et faisait voler les vitres en éclats. Puis ce fut le silence.

Sans perdre un instant, Salvatore Contorno se redressa, jeta un coup d'œil dans le rétroviseur.

Ce n'était pas fini. La moto avait ralenti et effectuait un demi-tour à une dizaine de mètres de la Fiat criblée de balles. Pino Greco venait de recharger sa Kalashnikov. Giuseppe Lucchese lâcha les gaz, la moto démarra. En route pour un deuxième passage.

Indifférent aux cris de panique qui montaient des

trottoirs, où la foule s'éparpillait comme une volée de moineaux, Salvatore Contorno avait fait redémarrer le moteur de sa Fiat. Blessé à la joue, son passager saignait abondamment.

Salvatore Contorno ignorait si lui-même avait été touché. En tout cas il ne ressentait aucune douleur. L'heure n'était pas à l'inventaire. Il appuya sur l'accélérateur.

Salvatore Contorno n'avait pas perdu son sang-froid. Il avait un plan pour s'en sortir mais il allait lui falloir jouer serré. D'abord, gagner du temps. Enfermé dans sa voiture face à un tueur à moto, Contorno n'avait pas l'ombre d'une chance.

Après avoir parcouru une centaine de mètres, Salvatore Contorno freina net. A peine le véhicule immobilisé, il poussa violemment son passager au-dehors en lui hurlant de s'enfuir. Puis il descendit à son tour du véhicule. Sa main droite se serrait sur un revolver de calibre 38 armé de cinq balles.

Adossé à la Fiat, Salvatore Contorno s'apprêtait à repousser le deuxième assaut de Scarpuzzedda.

La situation n'était guère brillante. Au loin, Contorno avait eu le temps de remarquer l'étrange manège d'une BMW qui le précédait quand la fusillade avait éclaté. Dès les premiers coups de feu, la BMW avait fait marche arrière. Salvatore Contorno avait eu le temps de reconnaître l'homme qui était au volant de la voiture. C'était le chef de la famille du Corso dei Mille, l'« homme » qui régnait en maître sur cette partie de la ville, Filippo Marchese, dit l'Aubergine (Miliciana) en raison de son apparence, et dont la férocité n'avait d'égale que celle de son complice et ami, Scarpuzzedda.

Salvatore Contorno n'eut guère le loisir de suivre les mouvements de Filippo Marchese, déjà la motocyclette se rapprochait dangereusement. Elle était suivie d'une Golf verte conduite, on s'en serait douté, par un soldat de la famille de Ciaculli. Pino Greco avait bien fait les choses. Il avait dû lancer dans la bataille au moins une dizaine de ses hommes et plusieurs véhicules.

Comme dans une sorte de western des temps modernes, l'arme au poing, Salvatore Contorno fit face à la motocyclette, attendant le moment favorable pour ouvrir le feu.

Juché à l'arrière de la moto, le visage au vent, Pino Greco tira le premier. Il avait plus de munitions à sa disposition et son arme était de celles dont on ne se sert qu'au jugé.

Presque au même instant, Salvatore Contorno tira plusieurs coups de feu. Avec une précision couronnée de succès.

Il vit Pino Greco basculer à la renverse, apparemment atteint en pleine poitrine. En tombant, Scarpuzzedda n'avait pas lâché son arme et continuait d'appuyer sur la détente de la Kalashnikov. Tirée de bas en haut, la rafale alla rebondir contre le rideau de fer d'un magasin pour terminer sa course dans un mur, à quelques mètres au-dessus de la tête de Salvatore Contorno.

C'est alors que Salvatore Contorno dut se rendre compte qu'il n'était que légèrement blessé : des éclats de verre lui avaient écorché le front, tandis qu'en le frôlant, une rafale lui avait arraché une touffe de cheveux. Plus chanceux que ça...

Salvatore Contorno tourna les talons et se mit à courir à travers le dédale des ruelles du Brancaccio, étrangement silencieux alors que s'annonçaient à peine les prémices de la nuit.

TERRE BRÛLÉE

Il était en effet grand temps de courir.

Salvatore Contorno s'était terré dans une de ses caches – peut-être même avait-il déjà quitté l'île et se trouvait-il à Rome ? – où il eut tout le loisir de prendre connaissance, grâce aux journaux, des premiers comptes rendus de l'embuscade. Les nouvelles étaient inquiétantes. Contorno était certain, pour l'avoir vu tomber, que Pino Greco avait été mortellement atteint d'au moins une balle en pleine poitrine. Pourtant, nulle part il n'était fait état de la découverte de cadavres sur les lieux de l'embuscade. Se pouvait-il que les soldats de Ciaculli aient emporté avec eux le cadavre de leur chef ? Ce dernier n'était peut-être que blessé ?

La réponse vint quelque temps plus tard.

Au lendemain de la fusillade, on avait vu Pino Greco s'exhiber en maillot de bain sur une plage du littoral palermitain. Sur son corps, nulle trace de blessure, pas la plus petite écorchure ni la moindre brûlure. Quand on lui rapporta la nouvelle, Salvatore Contorno comprit qu'il n'avait commis qu'une seule erreur, viser Pino Greco à la poitrine. Lors de l'embuscade, le chef de la famille de Ciaculli n'avait pas manqué de cacher sous son blouson un solide gilet pare-balles qui lui avait sauvé la vie. Connaissant la réputation de Scarpuzzedda, Salvatore Contorno sut que ce n'était que partie remise. Jamais, tant que Pino Greco serait en vie, Contorno ne connaîtrait de moment de répit. La chasse commençait.

Pino Greco était un drôle de chasseur dont les techniques faisaient plus penser à la politique de la terre brûlée pratiquée par l'armée soviétique face à la

Wehrmacht qu'à des battues de chasse à courre. La légende veut que, dans sa rage, Pino Greco ait d'abord fait exécuter six ou sept parents proches ou lointains de Salvatore Contorno, tous membres du clan des Mandalà qui contrôlait une partie du Corso dei Mille et à ce titre constituait un des principaux appuis de Salvatore Contorno dans le quartier du Brancaccio. C'est sans doute pour avoir offert l'hospitalité à Salvatore Contorno ou avoir favorisé sa fuite qu'en l'espace de quelques semaines furent assassinés son oncle, Gaetano Mandalà; le beau-frère de sa belle-mère, Salvatore Corsino; son cousin, Francesco Mandalà; le fils de son cousin, Pietro Mandalà; et le mari d'une cousine, Callogero Bellini.

La rumeur publique voulait en outre qu'après avoir été blessé lors de la fusillade, Salvatore Contorno se soit fait discrètement soigner par un chirurgien de l'hôpital Civico de Palerme, le *professore* Sebastiano Bosio. Lui aussi fut assassiné. Peu de temps après, Salvatore Contorno eut l'élégance d'envoyer au quotidien palermitain *L'Ora* un télégramme dans lequel il démentait avoir jamais rencontré le *professore* Bosio et à plus forte raison niait s'être jamais fait soigner par lui.

Plus qu'une mise au point historique, il faut sans doute voir dans la publication de ce télégramme comme une sorte de pied de nez qu'adressait Contorno à ceux qui désormais étaient en train de mettre Palerme sens dessus dessous dans le seul espoir de retrouver la trace de leur gibier. Car, loin de s'avouer vaincu, Pino Greco était bien décidé à employer les grands moyens pour débusquer celui que tous les hommes d'honneur n'appelaient plus que par son surnom, Coriolan de la Forêt, en sicilien, Curiano.

CHAPITRE 6

LA CHAMBRE DE LA MORT

UNE NOUVELLE RECRUE

CONSTRUIT autour des ruines d'une ancienne banlieue, le quartier du Sperone est la prolongation naturelle du Brancaccio. C'est ici qu'est né et qu'a grandi Vincenzo Sinagra, dans une rue sans nom, que des hommes pressés ou bornés ont tout juste pris la peine de désigner d'une lettre et d'un chiffre, S-3.

Vincenzo Sinagra était un jeune Palermitain comme il en est tant d'autres, tout juste âgé de vingt-deux ans, et dont le seul horizon était borné par cet amas d'immeubles et de baraques indéfinissables jetés à deux pas d'une mer toujours plus lointaine que des décharges sauvages comblaient un peu plus chaque année.

Vincenzo Sinagra semblait destiné à devoir errer toute sa vie entre les établissements balnéaires de la via Messina, bondés dès les premiers jours de mai malgré la proximité d'au moins un panneau interdisant toute baignade, n'ayant d'autre ambition que celle de se faire remarquer par le chef de la famille mafieuse qui règne le long du Corso dei Mille sur un territoire qui s'étend du Branccacio au Sperone et qui englobe la quasi-totalité du littoral sud de la ville.

De ses courtes études interrompues au bout de trois ans de classes élémentaires, Vincenzo Sinagra avait tout juste retiré assez de connaissances pour être capable de distinguer les lettres qui formaient son nom et qu'il traçait d'une écriture malhabile évoquant autant le vieillard parkinsonien que l'analphabète appliqué.

L'enfance de Vincenzo Sinagra s'était passée en divers petits métiers qui allaient de la salaison des anchois à la coupe du bois dans une petite scierie du quartier. Dans les environs du Sperone, nombreux étaient ceux qui considéraient Vincenzo Sinagra comme un brave jeune homme, n'hésitant pas à l'appeler affectueusement par son surnom, 'Undli (Drelin Drelin), vestige d'une ancienne passion puérile pour le bruit des hochets et autres clochettes.

Ce petit nom – en sicilien *'nciuria* – servait autant à marquer l'affection qu'à le distinguer de son cousin, lui aussi baptisé Vincenzo Sinagra, mais que les hommes d'honneur appelaient Tempête. Car pour son malheur, Vincenzo « 'Undli » Sinagra avait un cousin qui faisait partie de la terrible famille du Corso dei Mille. Pour son malheur, mais aussi, paradoxalement, pour son bonheur, car c'était là sa seule possibilité de survie. Avec un peu de chance, beaucoup de patience et encore plus d'application, Vincenzo Sinagra avait lui aussi de fortes chances d'être un jour admis au sein de la Cosa Nostra, dont il pouvait espérer gravir un à un tous les échelons. Nombreux étaient les appelés, plus rares semblaient devoir être les élus. Du moins en temps de paix...

Car, avec la guerre, tout était bouleversé. Préoccupées uniquement de s'entre-déchirer, les différentes familles de la ville étaient désormais moins regardantes sur la qualité des nouvelles recrues, n'ayant d'autre souci que leur quantité. Il n'était plus question de rites d'initiation, le code d'honneur de la Cosa Nostra était jeté aux orties, les parrains avaient besoin de sang frais afin de remplacer leurs soldats tombés au champ d'honneur, mitraillés dans les rues de la ville ou lestés et jetés dans la baie. C'est ainsi que Vincenzo « 'Undli » Sinagra fut pour ainsi dire enrôlé de force par son cousin Vincenzo « Tempête » Sinagra quelques mois seulement après le début des hostilités.

Vincenzo Sinagra n'était pas près d'oublier ce jour maudit où Tempête lui mit le marché en main. La scène avait dû se passer dans un des bars du littoral où les deux cousins aimaient à perdre leurs journées en compagnie d'amis pareillement désœuvrés. Quand ils n'étaient pas occupés à rançonner quelque négociant, à piller des magasins ou à trucider leurs semblables, Tempête et sa bande passaient en effet le plus clair de leur temps à attendre, commentant à demi-mot leurs méfaits ou dissertant à n'en plus finir sur la guerre des familles. Pour avoir trop traîné avec lui, Vincenzo Sinagra n'ignorait donc plus rien des coupables activités de son cousin, dont il partageait déjà bon nombre de secrets. Il n'allait pas tarder à le regretter : Tempête ne le considérait déjà plus comme un confident et pas encore tout à fait comme un comparse. L'heure était venue de mettre les choses au point.

« Il te faut choisir, dit Tempête à son parent. Ou tu continues à travailler, ou tu t'engages à fond avec nous. »

En fait de choix, Vincenzo Sinagra connaissait trop bien son monde pour savoir qu'un refus de sa part aurait signifié la mort. Il en savait déjà trop pour vivre, pas assez pour reculer. Et pourtant, il ne pourrait pas dire qu'il n'avait pas été prévenu.

« Tu feras tout ce qu'on te dira », lui avait

expliqué en substance Tempête. Dynamiter, bastonner, tuer, Vincenzo Sinagra devait être prêt à tout faire. En échange de quoi, il lui serait versé des sommes variant entre deux cent et quatre cent mille livres. « Une fois la guerre finie, conclut Tempête, tu toucheras beaucoup d'argent et tu n'auras plus à t'en faire pour ton futur. »

Vincenzo Sinagra comprit que tout irait pour le mieux dans le pire des mondes tant qu'il se contenterait d'obéir aveuglément aux hommes de la famille du Corso dei Mille. Son avenir était tout tracé. Et chaque fois qu'ils croisaient quelque tueur patenté, Tempête ne manquait pas de dire à son cousin : « Je te souhaite de devenir aussi cruel que lui. »

LES LIENS DU SANG

De tous les hommes d'honneur que Vincenzo Sinagra eut l'occasion de croiser lors de son voyage au bout de la Cosa Nostra, c'est sans nul doute son chef, Filippo Marchese, qui l'impressionna le plus par sa cruauté sans bornes. Le jeune homme avait immédiatement compris que le chef de la famille du Corso dei Mille devait d'être surnommé l'Aubergine uniquement à son aspect trapu, mais que ses manières n'avaient rien qui puisse évoquer de près ou de loin ce légume si populaire en Sicile. Depuis 1979, l'homme dirigeait de main de maître une des familles les plus turbulentes de l'île qu'il commandait plus par la terreur que par la persuasion.

C'est sans doute grâce à l'intervention de certains membres influents du gouvernement de la Mafia que Filippo Marchese avait été nommé à la tête de la famille du Corso dei Mille dont l'ingouvernabilité semblait établie après sept ans de régence des plus mouvementés. Jusqu'à la nomination de Filippo Marchese, il ne s'était pas trouvé d'« homme » assez puissant pour imposer sa volonté aux différentes bandes qui contrôlaient le Brancaccio et le Sperone. Le régent qui s'occupa de la famille dans les années soixante-dix, un dénommé Franco Noto, fut et demeure un illustre inconnu inapte à gouverner. S'il était un « homme » capable de reprendre la situation en main, c'était bien Filippo Marchese.

Déjà renommé pour sa cruauté, Filippo Marchese avait le sinistre privilège d'être apparenté à la famille de Corleone, dont l'influence allait grandissant au sein de la Coupole. Une des parentes de Filippo Marchese était en effet fiancée à un des tueurs du clan des Corléonais, Leoluca Bagarella. S'il est une institution que les hommes d'honneur respectent, c'est bien le mariage, surtout en raison des nouveaux liens de parenté qui en découlent. Rien, sinon la mort d'un des deux promis, n'aurait pu rompre les fiançailles du tueur corléonais et de la jeune Marchese, fiançailles qui étaient bien moins intéressantes par leur promesse de bonheur que par les nouvelles alliances qu'elles annonçaient.

Filippo Marchese avait d'autant plus de prestige dans la zone est de la ville qu'il était en outre apparenté aux deux principales familles locales, les Zanca et les Tinnirello. Benedetto Tinnirello ayant épousé une des sœurs de Filippo Marchese, ce dernier devenait par la même occasion parent d'une tripotée de Tinnirello. Lesquels Tinnirello étaient liés, par plus d'un parent, aux Zanca qui eux-mêmes comptaient maints cousins chez les Vernengo... Bref, il n'est pas erroné de dire que Filippo Marchese était cousin avec pratiquement tous les hommes d'honneur de son quartier. Il était donc l'« homme » idéal pour les commander.

OÙ IL EST QUESTION DU POUVOIR D'UN PARRAIN

Vincenzo Sinagra eut maintes fois l'occasion de constater quelle était l'étendue du pouvoir de Filippo Marchese dans tout son territoire et même au-delà. Du Brancaccio au Sperone, rares étaient les négociants et les industriels qui refusaient de se laisser racketter par les hommes du Corso dei Mille. Sinagra n'en connaissait que deux ou trois, dont il avait dynamité les magasins ou plastiqué les usines. Filippo Marchese possédait divers chantiers et plusieurs commerces gérés par une armée d'hommes de paille. Un beau jour, on le vit gifler violemment le garçon du bar *Gourmet's* de la piazza Torrelunga, sous prétexte que l'endroit était mal tenu. « Tu ne sais pas qui est le maître ici ? lui hurla Filippo Marchese. C'est moi. Tiens-toi-le pour dit. » C'est ainsi que les hommes d'honneur du quartier du Brancaccio découvrirent que leur bar favori appartenait au chef de leur famille favorite.

L'importance de Filippo Marchese dans le quartier pouvait surtout se mesurer à l'aune de sa liberté d'action et de mouvement le long du Corso dei Mille. A l'époque où Vincenzo Sinagra fut enrôlé dans la famille du Corso dei Mille, Filippo Marchese était déjà recherché par la police palermitaine pour différents délits. Inutile de préciser que les enchères montaient avec le temps. Considérant l'importance de Filippo Marchese dans la hiérarchie de la Cosa Nostra, les carabiniers et les juges cédaient facilement à la tentation de l'accuser de tous les péchés du Brancaccio sinon de l'île entière. Et plus les cadavres s'accumulaient, plus les enquêteurs parlaient de Filippo Marchese. Et plus les enquêteurs parlaient de Filippo Marchese, plus ils étaient censés le chercher activement. Les mandats d'arrêt portant son nom se multipliaient. Filippo Marchese n'avait pourtant pratiquement rien changé à ses habitudes. Le statut de hors-la-loi ne l'avait nullement contraint à quitter son territoire.

S'il avait renoncé à habiter à son domicile légal, où de temps à autre les policiers se rendaient sans trop d'espoir, Filippo Marchese avait à sa disposition une impressionnante série de caches disséminées de part et d'autre de son territoire. Non seulement Filippo Marchese n'avait pas eu à déménager bien loin pour se cacher, mais encore le site de ses différents repaires était-il pour ainsi dire de notoriété publique. C'est ainsi que Vincenzo Sinagra apprit sans trop de difficulté les différentes adresses du chef de la famille du Corso dei Mille.

Quand il ne se trouvait pas dans une villa située au numéro 1317 du Corso dei Mille, Filippo Marchese aimait à loger non loin de là dans une petite baraque protégée par un jardin et qui donnait sur une usine de briques qui lui servait de boîte aux lettres et de répondeur téléphonique. En cas de besoin, l'homme avait aussi à sa disposition un petit local situé presque en face de la mer, via Messina Marina, juste à côté d'un commerce géré par un des tueurs de la famille. Outre une petite maison perdue dans la campagne, Filippo Marchese disposait également d'une villa sise en bordure des citronneraies de Villabate, à quelques kilomètres au sud du Corso dei Mille. C'est là que Filippo Marchese tenait salon et aimait à recevoir la visite de Michele Greco, le Pape, le président de la république des mafieux.

LES VOLEURS DE HOLD-UP

Quelque temps après avoir été présenté à Filippo Marchese, au début du mois d'août 1981, Vincenzo Sinagra eut l'occasion de se rendre compte de quoi était capable le chef de la famille du Corso dei Mille. Accompagné de Tempête et d'un autre de ses cousins, dénommé Antonino, Vincenzo Sinagra se rendit ainsi qu'on le lui avait ordonné au bar *California,* en bordure du quartier du Brancaccio, afin de retrouver deux petits malfrats coupables d'avoir « offensé » Filippo Marchese.

Les deux jeunes gens, Maurizio Lo Verso et Giovanni Falluca, avaient participé à l'attaque d'un fourgon postal dans la banlieue de Palerme, à Ficarazzelli. Si Filippo Marchese s'était irrité du succès de l'opération, ce n'était pas tant en raison du fait qu'elle avait été commise en bordure de son territoire mais surtout parce qu'il estimait que le hold-up lui avait été pour ainsi dire volé. « C'est moi qui ai eu le premier l'idée de ce coup, proclamait-il sur tous les toits. Ils me l'ont soufflé. Qu'on m'amène les coupables! »

Pour endormir la méfiance des deux jeunes gens qu'ils avaient attirés dans un coin du bar *California,* les cousins Sinagra leur proposèrent quelque nouveau méfait.

« On connaît quelqu'un qui travaille dans les bijoux, dit Vincenzo Sinagra. Il est bien introduit dans le milieu. Il y a la possibilité de faire plusieurs gros coups dans des bijouteries ou même en attaquant directement des représentants de commerce. Venez avec nous, on va vous les présenter. »

Et ce qui fut dit fut fait. Les trois cousins Sinagra embarquèrent les deux jeunes gouapes dans une

Fiat 126 de couleur bleue, garée en face du bar. Direction Villabate.

Le plus jeune d'entre les deux braqueurs, Maurizio Lo Verso avait été surnommé dès sa plus tendre enfance Papariedu, « Petit Papa », parce qu'on l'avait vu enfant déambuler dans le quartier en larmes, cherchant après son père. Cette hypersensibilité ne l'empêchait nullement d'être méfiant; chemin faisant ses craintes augmentaient.

« On va où ? » demanda Petit Papa.

– Ne t'en fais pas, répondit Vincenzo Sinagra, fais-nous confiance. On t'emmène voir notre ami de la bijouterie. »

En fait d'ami de la bijouterie, les cousins Sinagra, on l'aura compris, allaient livrer les deux malheureux jeunes gens à Filippo Marchese.

La dernière fois que Vincenzo Sinagra vit Falluca et Lo Verso, c'était dans une petite usine de tommettes située dans la bourgade de Villabate, où les attendaient Filippo Marchese et une dizaine d'autres personnes. Ce qu'il advint d'eux, Vincenzo Sinagra ne le vit pas. Il s'était retiré juste après avoir livré ses proies à Marchese. Mais il le devina aisément. Quelque temps plus tard, son cousin Tempête lui apprit que les corps des deux jeunes gens avaient été jetés dans deux bidons d'acide de plus de deux cents litres chacun. « C'était de l'acide de bonne qualité, précisa Sinagra. De celui qui est capable de tout dissoudre sauf les montres. »

Vincenzo Sinagra venait d'apprendre de quoi était capable le chef de la famille du Corso dei Mille. Il n'était pas au bout de ses épreuves.

LES PARRAINS-BOURREAUX

Située à l'extrémité sud du port de Palerme, la crique de Sant'Erasmo est une sorte de frontière entre le centre historique de la ville et les nouvelles banlieues. Il y a là un petit môle abritant une poignée de barques de pêche qui attendent d'être mouillées, couchées sur le flanc à même les caillasses d'une grossière anse. Plus loin sur une place triangulaire, entre deux stations à essence, une petite casemate a été aménagée en bar.

C'est là que traîne à toute heure du jour et de la nuit l'étrange faune dont faisait partie Vincenzo Sinagra, des hommes de tous âges, débraillés, dépenaillés et désœuvrés que rien ne semble pouvoir détacher de ces quelques baraques abritant entre autres réjouissances une misérable salle de billard encore plus graisseuse que la rôtisserie qui lui fait face.

L'institut religieux Padre Messina occupe la partie septentrionale de la baie. En face de l'institut, devant une avancée de terre où sont déchargés régulièrement des milliers de mètres cubes de détritus de tous ordres, il y a un petit pâté de maisons de couleur sale et que l'on pourrait croire abandonnées. C'est là que Vincenzo Sinagra avait rendez-vous, au matin du 8 novembre 1981.

Quelques miséreux vivaient dans les parties les plus habitables de l'édifice, tandis que les appartements les plus insalubres étaient laissés à l'abandon. C'est précisément vers un de ces appartements que se dirigea Vincenzo Sinagra une fois qu'il eut poussé la petite grille rouillée du numéro 8 de la via Ponte Marina. Il s'engagea dans un couloir où l'on était forcé de respirer la poussière nauséabonde qui stagnait dans l'air. Après avoir évité quelques tas de vieilles bûches, Sinagra arriva dans une petite cour à peine éclairée. Il se dirigea vers une sorte de bicoque branlante vouée à la démolition.

Après s'être faufilé dans un escalier aussi répugnant que le reste de l'endroit, Vincenzo Sinagra accéda à l'appartement du premier étage où son cousin Tempête lui avait dit de l'attendre. Il était un peu moins de dix heures du matin quand Sinagra fit son entrée dans la grande pièce de l'appartement. L'endroit n'avait d'impressionnant que sa désolation : une table, quelques chaises, des murs écaillés, un plafond en lambeaux, rien apparemment n'indiquait les terribles cérémonies qui s'y déroulaient et qui lui avaient valu d'être baptisée la « chambre de la mort ».

Dans la chambre de la mort l'attendait le troisième des cousins Sinagra de la bande, le dénommé Antonino, que Tempête avait également appelé en renfort. Les deux hommes savaient parfaitement pourquoi ils étaient là. Tempête le leur avait expliqué.

Au même moment, Tempête et un autre tueur de la famille du Corso dei Mille, Antonio Rotolo, faisaient leur entrée dans le bar de l'établissement balnéaire Virzi, situé à moins d'un kilomètre de la crique de Sant'Erasmo. Ils avaient rendez-vous avec Antonino Rugnetta, homme d'honneur de son état.

En bon contrebandier, Antonino Rugnetta n'était pas homme à laisser passer une bonne affaire. S'il trafiquait l'héroïne comme tout un chacun, Antonino Rugnetta était un des derniers hommes d'honneur de la place de Palerme à s'occuper encore de cigarettes. Tempête et Rotolo le savaient.

« Viens avec nous, dirent-ils à Rugnetta, on a un chargement de cigarettes à te montrer. L'affaire est intéressante. C'est pas loin d'ici. » Ils n'eurent pas à en dire plus, Rugnetta accepta de les suivre. Il abandonna, momentanément pensait-il, son auto devant les bains Virzi pour rejoindre Tempête et Rotolo qui avaient pris place à bord d'une Fiat 131. Antonino Rugnetta ignorait que le véhicule avait été volé la veille, et ne pouvait pas se douter à quel macabre usage il était destiné.

Antonino Rugnetta avait d'autant moins de raisons de s'en faire qu'il s'était toujours tenu à l'écart des querelles de chapelle et de « famille », se contentant de faire son métier le mieux du monde, c'est-à-dire aussi malhonnêtement que possible. Jamais il n'avait eu de démêlés avec ses pareils, et les seules lois qu'il ait enfreintes étaient celles de l'État italien. C'est donc l'esprit léger qu'il s'engagea en compagnie d'Antonio Rotolo et de Tempête dans l'appartement du numéro 8 de la via Ponte Marina où, comme on l'a vu, l'attendaient de pied ferme Vincenzo Sinagra et son parent.

A peine était-il entré dans la chambre de la mort que les quatre hommes se précipitèrent sur Antonino Rugnetta, qui se retrouva ficelé sur une chaise en quatre tours de main. Que pouvaient-ils donc bien lui vouloir ?

Comme tout homme d'honneur qui se respecte, Antonino Rugnetta n'était pas sans savoir que ce genre de guet-apens était toujours motivé par une quelconque affaire de Famille, d'Honneur ou d'Argent. N'ayant commis aucun affront et n'ayant lésé personne, en tout cas pas à notre connaissance, sa perplexité devait être grande. Nul doute qu'elle décupla quand, quelques minutes plus tard, il vit entrer dans la pièce une dizaine d'hommes d'honneur aux mines peu engageantes. Il faut dire que l'éclairage ambiant ne devait guère être à leur avantage.

Quoique nettement moins préoccupé pour son

sort qu'Antonino Rugnetta, Vincenzo Sinagra n'avait pas dû manquer d'être lui aussi impressionné par l'arrivée de la délégation des hommes d'honneur. Au passage, il reconnut Filippo Marchese « Milicina », l'Aubergine, le chef de la famille du Corso dei Mille, qui avait pris le soin de s'entourer des tueurs les plus habiles de sa bande, dont Pietro Vernengo. Vincenzo Sinagra ne connaissait pas toutes les personnes qui venaient de prendre position face au prisonnier, il n'eut d'ailleurs pas le temps de trop les dévisager. Sa présence n'étant plus jugée indispensable, on le pria de s'éloigner pour quelques minutes. « Va nous attendre dans la pièce d'à côté ! » lui avait-on ordonné.

Sans qu'on eût besoin de l'en prier davantage, Vincenzo Sinagra passa immédiatement dans une pièce voisine. D'où il était, il pouvait sans trop de mal entendre tout ce qui se disait à côté. D'entrée, la discussion vira à l'interrogatoire.

« Où est Curiano ? demanda une voix.

– Qui ça ?

– Curiano ! Coriolan de la Forêt ! Où est-il ? Dis-nous où il se cache ! »

C'était donc cela. Filippo Marchese avait attiré Antonino Rugnetta dans ce piège uniquement dans l'intention de lui faire dire où se trouvait son ami Salvatore Contorno, le chanceux Coriolan de la Forêt, qui semblait s'être comme volatilisé après avoir échappé à la fusillade que l'on sait. Antonino Rugnetta avait autrefois fait quelques affaires avec Contorno. De là à penser qu'il savait où se cachait son ancien partenaire, il n'y avait qu'un pas qu'avaient franchi allégrement Filippo Marchese et sa troupe de tueurs.

« Croyez-moi, supplia Antonino Rugnetta. Je ne sais pas où il se cache. Si je le savais, je vous le dirais. Si vous me relâchez, je vous jure que je le retrouverai. Je vous le livrerai sans aucune hésitation. »

C'est alors que Vincenzo Sinagra s'aperçut que d'où il était il pouvait contempler toute la scène dans son horreur par une fente qui s'ouvrait entre les deux pièces.

Un des hommes était assis devant une table sur laquelle étaient disposés du papier et un crayon pour le cas où il aurait à prendre des notes. Les autres hommes d'honneur tournaient autour du prisonnier qui gigotait dans le fol espoir de se délivrer de ses entraves.

Voyant qu'il n'y avait sans doute plus rien à tirer d'Antonino Rugnetta, l'homme qui s'était donné des allures de greffier se leva. Vincenzo Sinagra vit son visage. Un visage qu'il n'était pas près d'oublier, qu'il reverrait maintes fois ultérieurement, y compris sur une photo d'identité judiciaire que lui montreraient par la suite des carabiniers et au bas de laquelle il découvrirait le nom de Pino Greco.

La présence du chef de la famille de Ciaculli en ces lieux pourtant relativement éloignés de son territoire n'avait de quoi étonner que les ignorants. Pino Greco, Scarpuzzedda, avait une bonne raison de se trouver ce jour-là dans la chambre de la mort.

On se souvient que lors de la fusillade du Brancaccio, Salvatore Contorno avait failli le tuer, et qu'il n'avait été sauvé que par son gilet pare-balles. Depuis ce jour, Pino Greco, aidé de son sanguinaire compère Filippo Marchese, traquait sans relâche Coriolan de la Forêt, ne négligeant aucune piste. S'il avait cru un court instant qu'Antonino Rugnetta pourrait le conduire à Coriolan, Pino Greco dut très vite déchanter. Abandonnant papier et crayon seulement quelques minutes après le début de l'interrogatoire, Scarpuzzedda se dirigea vers le prisonnier avec un air que l'on suppose encore moins réjouissant qu'à l'ordinaire.

Vincenzo Sinagra affirme avoir vu Pino Greco contourner le prisonnier et s'arrêter derrière lui; puis Pino Greco aurait passé une corde autour du cou d'Antonino Rugnetta, il aurait noué les extrémités du lien autour d'un bâtonnet qu'il aurait tourné sur lui-même, communiquant à la corde un effet des plus fatals. Toujours selon Vincenzo Sinagra, dans le même instant deux autres tortionnaires se chargeaient de limiter les tressautements de la victime en s'arrimant à ses pieds le temps nécessaire à sa mort par strangulation. Qu'elle soit vraie ou fausse – les juges et les policiers tendent à lui accorder quelque crédit –, cette version se trouve en tout cas corroborée par un fait indiscutable : à la suite de l'interrogatoire, il ne restait du malheureux Antonino Rugnetta qu'un corps dont le cou portait des traces de strangulation.

Il convenait de se débarrasser de ce corps au plus tôt.

DU TRANSPORT DES CADAVRES OU COMMENT S'EN DÉBARRASSER

Si, pour toute personne dépourvue d'expérience ou d'imagination, tuer une personne semble être une chose abominablement longue, compliquée, délicate et pénible, se débarrasser de son cadavre tient alors du prodige. Il est évident que si l'on avait demandé alors de but en blanc au sinistre Vincenzo Sinagra de se débarrasser du cadavre d'Antonino Rugnetta, il eût été bien embarrassé de régler ce problème avec la même dextérité que son cousin Tempête.

« Tu peux venir », aurait dit Tempête à Vincenzo Sinagra une fois Antonino Rugnetta à l'état de cadavre.

Vincenzo Sinagra vit alors un des tortionnaires couper les liens qui maintenaient le cadavre sur sa chaise et le pousser à terre avant de prendre une longue corde de chanvre. Il lui fallait agir avant que le cadavre ne soit figé. Le corps fut promptement ficelé de la manière la plus simple : les chevilles et les mains furent reliées dans le dos à la nuque du mort par quelques mètres de cordage.

En assistant à cette opération, Vincenzo Sinagra eut alors l'explication d'un des mystères qui agitaient depuis peu la police palermitaine, et par voie de conséquence la presse locale. Ce n'était pas le premier cadavre que les policiers découvraient ainsi ficelé. Intrigués par cette étrange présentation mortuaire, les enquêteurs virent en elle une forme de torture particulièrement cruelle. Ils croyaient en effet que les victimes étaient ainsi attachées de leur vivant, afin qu'elles meurent par autostrangulation. On avait même baptisé les suppliciés du nom d'*incaprettati*, les comparant à du bétail hâtivement ficelé par quelque berger des montagnes.

Vincenzo Sinagra comprit qu'en réalité si les cadavres étaient ainsi arrangés, c'était pour pouvoir être transportés avec autant de facilité que s'il s'était agi de vulgaires bagages.

C'est ainsi que le corps d'Antonino Rugnetta fut aisément soulevé de sorte à être glissé dans un immense sac poubelle. Vincenzo Sinagra et son cousin Tempête avaient été désignés par Filippo Marchese pour se débarrasser de ce colis plutôt encombrant. Ils le dressèrent donc sans aucun ménagement et le transportèrent péniblement au-dehors de la chambre de la mort.

La Fiat 131 qui avait servi au dernier voyage accompli par Antonino Rugnetta de son vivant allait aussi servir à son premier voyage mortuaire. Une fois la voiture devant la maison, avec un sans-gêne remarquable, les deux cousins Sinagra hissèrent le sac poubelle-linceul dans le coffre arrière du véhicule. Si quelqu'un remarqua leur manège, personne n'y trouva rien à redire. Il était un peu plus de dix heures et demie quand la voiture, ayant à son bord les deux cousins et leur macabre cargaison, prit la direction du centre de la ville.

L'exploit, ou plutôt l'inconscience, des deux Sinagra était d'autant plus remarquable qu'alors les carabiniers multipliaient les barrages routiers volants dans l'espoir, sinon d'arrêter la guerre des « familles », du moins d'enrayer le massacre en interceptant quelques soldats. Ce jour-là, les deux cousins eurent une chance insolente, puisque non seulement ils ne furent arrêtés par aucun barrage routier, mais encore ils n'eurent aucune difficulté à garer leur véhicule en plein centre de Palerme, à deux pas de la caserne des « gardes des finances » de la via Cavour, non loin d'un panneau interdisant tout arrêt même momentané.

Il va sans dire que le fait d'abandonner le corps de leur victime dans le coffre arrière d'un véhicule volé, garé de surcroît à deux pas d'un important poste de police, était une bravade plus digne de pratiques terroristes que des antiques coutumes de la Cosa Nostra. D'ailleurs, pour bien souligner la portée de son geste, le chef de la famille du Corso dei Mille, Filippo Marchese, prit soin de téléphoner à la rédaction locale du *Giornale di Sicilia* afin que soit découvert au plus tôt le cadavre d'Antonino Rugnetta.

S'il espérait lire l'annonce de la macabre découverte dans les journaux de l'après-midi, Filippo Marchese dut être bien déçu. Par une curieuse ironie du sort, son coup de téléphone n'avait servi à rien. Alertés trop tard, les policiers de la brigade criminelle n'eurent pas le temps de s'emparer du corps du délit. La voiture ayant été parquée dans une zone où tout stationnement était interdit, elle fut emmenée à la fourrière presque immédiatement après avoir été abandonnée. L'embarquement des voitures mal garées était, on l'aura compris, une des rares fonctions que la police de la ville assurait avec un zèle louable parce que plus rare en d'autres occasions.

Le soir même après avoir enfin récupéré son bien, le propriétaire du véhicule eut la désagréable surprise en ouvrant le coffre arrière d'y trouver le cadavre d'Antonino Rugnetta conditionné de la plus étrange des manières, refroidi, figé, empaqueté et présenté sous plastique.

A QUOI SERVENT LES MÉDECINS ?

Dans les mois qui suivirent, Vincenzo Sinagra allait découvrir un peu plus encore la véritable nature de ses amis et le peu de cas qu'ils faisaient de la vie humaine. Son cousin Tempête, au détour d'une conversation, l'avait d'ailleurs fort involontairement renseigné sur la fureur homicide de l'organisation.

« Un médecin fait partie de notre “ famille ”, expliqua Tempête à son cousin. C'est lui qui soigne nos blessés. Comme ça les sbires n'en savent rien. Il nous rend aussi d'autres services. »

Et Tempête déclara sur le même ton de confidence :

« Quand par malheur dans un attentat nos *killers* ratent une personne et que cette dernière est transportée à l'hôpital, c'est notre ami le médecin qui est chargé d'achever le travail. C'est lui qui élimine les blessés. »

Puis après réflexion, Tempête ajouta, faisant montre d'une logique aussi désarmante que particulière : « ... Après tout, il faut bien que les docteurs servent à quelque chose. »

Si Vincenzo Sinagra n'entendit jamais parler par la suite de mourants achevés dans leur lit d'hôpital par un quelconque médecin, la remarque de son cousin Tempête ne l'étonna pas outre mesure. Il savait que l'influence de Filippo Marchese dans la ville de Palerme était proportionnelle à la terreur qu'inspirait son nom.

PATHOLOGIE D'UN BOSS

Quand Filippo Marchese donnait un ordre, personne n'osait le contredire. Tout dans son attitude indiquait qu'il ne supporterait pas de discussion : le ton autoritaire employé pour aboyer ses commandements, l'expression furieuse de son visage, son regard, qui ne devait pas être moins éloquent, avaient de quoi dissuader toute velléité dialectique chez ses hommes. D'autant que tout le monde savait de quoi il était capable.

Pour l'avoir vu torturer puis tuer de ses mains au bas mot une demi-douzaine de personnes, Vincenzo Sinagra était convaincu que Filippo Marchese prenait plaisir à jouer les bourreaux. Outrepassant ses prérogatives de chef de famille, Filippo Marchese condamnait à mort pour un rien, et chaque fois que cela lui était possible, il participait personnellement à l'exécution de la sentence. Il exigeait de ses hommes une tenue irréprochable devant la mort. C'est ainsi que, lors d'une de ces séances de strangulation, Filippo Marchese tança Vincenzo Sinagra après avoir remarqué en lui comme un malaise, par ailleurs facilement compréhensible. « Ne fais pas cette tête, lui aurait aboyé aux oreilles Marchese. C'est pas la peine de changer d'expression. »

Inutile de dire que Sinagra se reprit sur-le-champ et afficha un visage aussi inexpressif que possible, tandis que Marchese achevait d'étrangler sa victime. S'il n'avait pas obéi, Sinagra n'aurait peut-être jamais pu raconter son histoire. C'est en tout cas ce qu'il dut penser, car il savait le prix exact que Filippo Marchese attachait à la vie de ses contemporains. Tempête s'était chargé de lui expliquer la chose dans le détail. Les exemples de la folie sanguinaire du chef de la famille du Corso dei Mille ne manquaient pas.

Salvatore Buscemi était un homme d'honneur un peu trop arrogant qui avait l'habitude de fréquenter les restaurants de la zone de Sant'Erasmo, où il s'était fait remarquer par ses mauvaises manières et sa fâcheuse manie de partir sans régler l'addition. Les restaurateurs lésés payaient tous la protection de Filippo Marchese. Un beau jour, alors qu'il déambulait dans la rue, une voiture passa, on entendit une rafale d'arme automatique, et l'homme s'écroula mort. Fusillé!

Giuseppe Finocchio était le président d'une équipe de football qui aimait un peu trop les femmes. Il avait importuné de ses assiduités une gente dame, sans doute elle aussi convoitée par Filippo Marchese. Pas de quartier, comme l'autre : fusillé!

Pietro Pagano était un miséreux qui avait l'habitude de dérober quelques pierres et autres tuyaux dans les chantiers de Filippo Marchese. Allez, lui aussi : fusillé!

Ginetto Tagliavia était trop indépendant et ne respectait personne. Tel était en tout cas l'avis de Filippo Marchese. La dernière fois que Vincenzo

Sinagra vit Ginetto Tagliavia, ce dernier se trouvait piazza Sant'Erasmo et venait de déguster un plat d'oursins que lui avait servi un vendeur ambulant. Quand deux des tueurs de Filippo Marchese s'approchèrent de lui et le prièrent de le suivre, Ginetto Tagliavia ne dit rien. Il blêmit seulement. S'il ne fut pas fusillé, ainsi que l'apprit Vincenzo Sinagra par la suite, c'est parce qu'il fut étranglé et que son corps fut dissous dans de l'acide.

CONVERSATIONS DE BISTROT

Tempête prenait comme un malin plaisir à narrer les menus détails de ces assassinats à son cousin. Il ne lui épargnait aucune précision et lui révélait jusqu'aux noms des membres des différentes équipes de tueurs employées à chacune des exécutions. Tempête avait bien souvent participé aux rondes sanglantes des escadrons de la mort du Corso dei Mille. Il n'en faisait nullement mystère à son cousin. Vincenzo Sinagra vérifiait chaque jour un peu plus combien il était facile de tuer, à Palerme en tout cas.

Un jour de décembre 1981, alors que les deux cousins déambulaient devant le bar de la piazza Sant'Erasmo, ils virent deux des tueurs de la famille du Corso dei Mille descendre le plus tranquillement du monde d'une voiture et se joindre à eux. On pouvait entendre retentir dans le lointain l'écho des sirènes des voitures de police. Les deux « hommes » n'avaient pas l'air perturbé outre mesure. Comme il est d'usage, on décida d'aller prendre un café tout en devisant pour ne rien dire. Au-dehors, l'activité policière se faisait plus frénétique. Plusieurs voitures passèrent, toutes sirènes hurlantes, signe qu'une tragédie venait d'avoir lieu. Au bout de quelques minutes, le petit groupe se sépara; ce n'est qu'après le départ des deux hommes d'honneur que Vincenzo Sinagra eut l'explication de la scène.

« Ils viennent de tuer un contrebandier nommé Orazio Fiorentino », expliqua Tempête à son cousin.

L'assassinat avait eu lieu non loin de là, à moins de cinq cents mètres à vol d'oiseau, via Alloro, en plein centre historique, dans l'ancien quartier arabe de la Kalsa. L'homme avait été abattu alors qu'il circulait en Vespa. Les deux tueurs l'avaient tiré à la volée, alors qu'ils le dépassaient en voiture. La même voiture d'où ils étaient descendus quelques instants plus tard afin de trinquer avec les cousins Sinagra.

« Pourquoi l'ont-ils tué ? »

La réponse était tragiquement simple. Orazio Fiorentino était un vieux de la vieille qui, toute sa vie, avait fait profession de contrebandier. Le trafic des cigarettes ayant pratiquement disparu de la place de Palerme, Orazio Fiorentino avait « osé » demander à un des « hommes » de Filippo Marchese l'autorisation de se lancer dans le commerce de l'héroïne.

« Fiorentino était considéré comme un personnage sans envergure, dit Tempête à son cousin, il n'aurait jamais dû demander à être inséré dans le trafic de l'héroïne. C'est pour cela que Marchese l'a condamné à mort. »

Le fils d'Orazio Fiorentino connaissait Vincenzo Sinagra de vue et de réputation. Il espérait que ce dernier pourrait lui être d'un quelconque secours dans le deuil qui l'affligeait. C'est pourquoi il lui demanda de lui procurer dans les plus brefs délais une arme à feu. Naturellement, Vincenzo Sinagra en référa immédiatement à son cousin Tempête.

« Il veut venger son père, dit Tempête. Surveille-le de près. Dès qu'il a découvert le nom des *killers,* fais-le moi savoir et on le tue. »

Heureusement pour lui, le jeune Fiorentino ne soupçonna pas un instant la vérité. Ou s'il le fit, il se garda bien de mettre Vincenzo Sinagra dans la confidence de ses découvertes. Au bout de quelques semaines, Vincenzo Sinagra renonça à surveiller le malheureux jeune homme.

Il venait en effet d'être appelé à de plus sinistres tâches par le terrible chef de la famille du Corso dei Mille, Filippo Marchese.

CHAPITRE 7

LE CIMETIÈRE MARIN

MAIN BASSE SUR LE LITTORAL

DÈS le début du printemps, toute la zone est de la ville devient encore plus insupportable qu'en hiver. La chaleur, conjuguée à la violence de la lumière, achève de donner leur véritable dimension à ces ruelles sordides et malodorantes dignes d'un quelconque port moyen-oriental. Loin d'adoucir le décor, les bleus du ciel et de la mer écrasent toutes les autres couleurs au point d'obliger les yeux à se plisser un peu trop fréquemment.

Arrive le joli mois de mai et c'est l'enfer. Ce jardin où il faisait si bon vivre à l'aube du XXe siècle, ces arpents d'un paradis massacré, qui fleuraient jadis le jasmin et le citronnier, semblent transformés en une sorte de chaudron où on ne sait trop quel diable ferait macérer les autochtones, des hommes ventrus jusqu'aux chats faméliques, dans des effluves de bitume surchauffé mêlés à des relents indéfinissables autant que répugnants.

Vincenzo Sinagra avait tellement l'habitude de cuire dans un tel bain qu'il fut sans doute insensible à la folle canicule qui marqua le début du mois de mai 1982.

Sans être un homme d'honneur à part entière, Vincenzo Sinagra pouvait déjà se vanter d'avoir la confiance de Filippo Marchese, l'homme qui régnait désormais en tyran sur tout le quartier. Le chef de la famille du Corso dei Mille n'appelait plus Vincenzo Sinagra que par son petit nom, 'Undli, à la plus grande fierté de ce dernier. Vincenzo Sinagra prétendit par la suite réserver ce genre de privauté à son seul chef, à qui il obéissait sans jamais rechigner.

C'est ainsi qu'en l'espace de quelques mois, Vincenzo Sinagra fut amené à participer à différentes attaques à main armée – un dépôt d'articles électroménagers, un marchand de vins, une bijouterie – et au plasticage de quelques boutiques dont le propriétaire refusait de se laisser racketter. S'il ne retira pratiquement aucun bénéfice matériel de telles opérations – une seule fois, Filippo Marchese lui donnera l'équivalent en lires de dix mille francs français –, Vincenzo Sinagra dut caresser le rêve de sortir de chacun de ces méfaits grandi peut-être aux yeux du reste de la bande, en tout cas du chef de la famille du Corso dei Mille. S'il n'avait toujours pas été initié aux rites de la Cosa Nostra, Vincenzo Sinagra n'en n'avait pas moins l'impression de faire partie sinon des meubles en tout cas de la petite armée de Filippo Marchese.

Six mois à peine s'étaient écoulés depuis que Vincenzo Sinagra avait assisté à sa première strangulation, et maintenant Filippo Marchese semblait ne plus avoir de secrets pour lui.

La plupart des subtilités de la guerre en cours échappaient à Vincenzo Sinagra. Il savait pourtant que désormais le monde des hommes d'honneur se divisait en deux, les « gagnants » et les « perdants ». Il avait également compris que sa « famille » s'était alignée sur les premiers et que, sous la houlette de Michele Greco et de ses alliés corléonais, elle avait entrepris de massacrer systématiquement les seconds. Pour le reste, la logique de certaines exécutions lui échappait à peu près totalement. Il convient de préciser que Vincenzo Sinagra n'était pas le seul dans ce cas : à la veille de l'été 1982, on tuait pour à peu près n'importe quel motif à Palerme. Un peu comme si la férocité des hommes d'honneur avait augmenté avec la température.

MORT PAR HASARD

Si tel était le cas, il avait dû faire chaud très tôt le 26 mai 1982. Ce matin-là, Rodolfo Buscemi, un jeune maçon plein d'ambition, avait quitté de bonne heure son appartement situé dans le quartier du Sperone. C'était un jeune homme brun, qui cachait son regard derrière les verres épais d'une paire de lunettes correctrices. Il venait de retrouver son beau-frère, Matteo Rizzutto, et tous deux avaient pris place à bord d'une Fiat 127, que l'on retrouverait par la suite garée viale dei Picciotti, non loin de la chambre de la mort de la piazza Sant'Erasmo de terrible mémoire.

Il était un peu moins de dix heures quand Rodolfo Buscemi et son beau-frère furent abordés dans la rue par Tempête, qu'accompagnaient un deuxième cousin de Vincenzo Sinagra, le dénommé Antonino, et un autre homme d'honneur baptisé Salvatore Rotolo. Enfants du même quartier, tous quatre ne se connaissaient pas que de vue, mais aussi de réputation.

La matinée était chaude, et par conséquent peu propice à la furie du travail. La rue ne semblait pas hostile, alors on parla. De tout, de rien. De l'air du temps, du temps qui passe et de tout ce qui peut s'ensuivre. Après cet échange de banalités, le désœuvrement aidant, Tempête fit de la manière la plus décontractée possible une proposition que Rodolfo Buscemi ne pouvait manquer de trouver anodine.

« J'ai fait faire des travaux dans une maison à côté, dit Tempête au maçon. Viens y jeter un coup d'œil.

– Mais, et mon beau-frère... ?

– Qu'il vienne aussi, on en a pour cinq minutes tout au plus. »

Chemin faisant, le petit groupe croisa un troisième homme d'honneur de la famille du Corso dei Mille, dont on oublierait le nom d'autant plus facilement qu'il ne serait jamais formellement identifié par les carabiniers. Ce jeune homme, dont l'aspect sympathique est établi, n'avait, lui non plus, pas grand-chose à faire ce matin-là. Pourquoi ne viendrait-il pas lui aussi inspecter les travaux ? Soit.

Il était un peu plus de dix heures du matin quand les deux beaux-frères et le trio qui les escortait firent leur entrée dans le répugnant édifice qui occupait le numéro 8 de la via Ponte Marina, où se trouvait, on s'en souvient, la chambre de la mort.

On ne sera nullement surpris d'apprendre que Vincenzo Sinagra se trouvait déjà à l'étage, attendant comme à son habitude l'arrivée des futurs suppliciés et de leur escorte.

A peine Rodolfo Buscemi et son beau-frère eurent-ils pénétré dans l'appartement qu'ils virent avec terreur leurs accompagnateurs sortir des revolvers ou des pistolets, ils n'eurent pas vraiment le loisir de distinguer, et les braquer dans leur direction. Ils n'avaient pas encore eu le temps de réaliser ce qui leur arrivait que déjà on les ligotait solidement avant de les bâillonner puis de les asseoir sur deux sièges.

« Ne vous en faites pas, leur dit une voix qui se

voulait rassurante au possible, il ne vous arrivera rien. Certaines personnes veulent juste vous parler. »

Si Rodolfo Buscemi ne pouvait manquer d'avoir une idée, même très vague, de l'identité des « personnes » désireuses de s'entretenir avec eux, son beau-frère, lui, était d'autant plus terrifié qu'il ne comprenait rien à l'affaire. Tout cela était à n'en point douter un malentendu. Pourquoi l'avait-on enlevé, lui qui ne s'était jamais mêlés des affaires de la Cosa Nostra ? Une seule réponse s'imposait : tout simplement parce que ce matin-là il accompagnait Rodolfo Buscemi. Quoi qu'il en soit, les deux jeunes gens n'allaient pas tarder à être fixés sur leur sort.

Il y avait une heure de cela, un de leurs ravisseurs, Antonino Sinagra, était parti avertir les inquiétantes « personnes » en question que tout était prêt pour la conversation. L'attente était sur le point de se terminer puisque déjà Rodolfo Buscemi et son beau-frère entendaient des pas dans l'escalier.

La porte de l'appartement s'ouvrit sur une demi-douzaine d'hommes d'honneur avec à leur tête un Filippo Marchese qui avait, on en est convaincu, son air des mauvais jours. Derrière lui, son compère Pino Greco, le chef de la famille de Ciaculli, ne devait pas afficher une mine plus réjouissante.

« Qu'on l'emmène dans l'autre pièce », aurait dit Marchese en désignant le beau-frère, qui visiblement l'intéressait moins que Rodolfo Buscemi. Et l'on fit disparaître de la vue de Marchese le beau-frère, sa chaise, ses liens et son bâillon que l'on entreposa dans une pièce voisine.

L'interrogatoire de Rodolfo Buscemi pouvait commencer.

Qui donc t'a rendu si hardi de troubler mon breuvage, aurait pu lui demander Filippo Marchese avec de meilleures raisons que le loup face à l'agneau de la fable. Car Rodolfo Buscemi, lui, menaçait directement les intérêts du mafieux : n'avait-il pas tenté de rançonner des commerçants de Bagheria et de Villabate que Filippo Marchese et Pino Greco rackettaient déjà ?

« Pour qui travailles-tu ?

– Qui t'as permis de racketter des commerçants qui sont sous notre protection ?

– Quel est le nom de tes complices ? »

Rodolfo Buscemi ne savait que répondre à cette grêle de questions.

Oui, c'est vrai, il reconnaissait les faits. Il avait bien tenté de racketter des commerçants de Villabate et de Bagheria, mais il ne savait pas que ces derniers étaient déjà « protégés ». Il disait même ne pas savoir de quelles familles dépendaient les deux bourgades intéressées.

Dans son coin, s'il ne disait rien, Vincenzo Sinagra n'en pensait pas moins. Il connaissait par cœur la subdivision des différentes zones de Palerme et n'était pas sans savoir à quelle famille mafieuse appartenait chacune d'entre elles. Tout homme d'honneur, ou prétendu tel, était censé connaître sa géographie mafieuse. En conséquence de quoi, Sinagra en déduisit que Buscemi était un menteur. Comment pouvait-il ne pas savoir que la zone de Bagheria était sous la protection de Pino Greco; et celle de Villabate, d'un des alliés de Filippo Marchese ?

« Qui sont tes complices ? insistait-on.

– Je n'en ai pas », répondait de plus en plus mollement Rodolfo Buscemi. Puis, à bout, il lâcha un nom :

« Antonino Migliore.

– Connais pas, dit Tempête. Comment il est ? »

Vingt-six ans, une paire de moustaches, résidant près de la piazza Scaffa, ou du Corso dei Mille. C'était un peu maigre comme indications, mais cela suffirait à Filippo Marchese pour le retrouver rapidement. L'interrogatoire était clos.

En tant que chef de la famille du Corso dei Mille, c'était à Filippo Marchese de décider du sort de Rodolfo Buscemi. Ce dernier habitait en effet en plein territoire marchésien. En tant que partie lésée, Pino Greco avait aussi son mot à dire : un des commerçants rackettés dépendait, on l'a vu, de la famille de Ciaculli. On est donc fondé à croire Vincenzo Sinagra quand il déclare avoir vu Marchese et Pino Greco se partager la sinistre tâche de mettre fin aux jours de Rodolfo Buscemi avec la cordelette qu'ils réservaient à de tels usages.

Connaissant leur tempérament sanguinaire, il faut également croire Sinagra quand il affirme qu'après l'exécution de Rodolfo Buscemi les deux compères passèrent dans la pièce d'à côté afin d'étrangler pareillement le beau-frère, le pauvre Matteo Rizutto, qui n'avait vraiment pas eu de chance.

« Je n'ai plus d'acide, lança Filippo Marchese à Tempête, impossible de dissoudre les corps. Occupez-vous de les faire disparaître. » Puis le chef de la famille du Corso dei Mille sortit de la chambre de la mort en compagnie de Pino Greco, pour aller vaquer à d'autres affaires.

COMMENT S'EN DÉBARRASSER (SUITE)

Avant de quitter la chambre de la mort, les trois cousins Sinagra et leurs comparses prirent le soin de glisser les cadavres de Rodolfo Buscemi et de Matteo

Rizzutto dans deux immenses sacs poubelles. Ils avaient prévu de se débarrasser des cadavres le soir venu. En attendant, ils les abandonnèrent sans aucune garde dans l'appartement. Ils savaient que personne ne viendrait fouiner dans cet endroit propre à n'attirer que des rats et des ennuis.

Il faisait déjà nuit noire quand Vincenzo Sinagra et son cousin Antonino pénétrèrent dans le petit port de Sant'Erasmo situé au pied de l'institut religieux Padre Messina, juste en face de la chambre de la mort. Quelques minutes plus tard, ils achevaient de préparer une barque de pêcheurs avant de la pousser vers les flots noirs et tranquilles. L'embarcation appartenait au frère d'Antonino Sinagra, qui ne faisait pas partie de l'organisation et ignorait donc à quel funeste usage elle était destinée.

Pendant ce temps, à quelques dizaines de mètres de là, de l'autre côté de la piazza Sant'Erasmo, Tempête et deux autres hommes d'honneur se chargeaient de hisser les deux cadavres dans le coffre arrière d'une Fiat Ritmo volée pour l'occasion. A cette heure, et malgré la chaleur, il ne devait pas y avoir grand monde dans les rues du quartier. Le soir, les Palermitains préfèrent déambuler dans une ou deux artères du centre ville, quand ils ne prennent pas le frais sur leur balcon, apparemment indifférents à tout ce qui peut les entourer. Quand bien même on aurait remarqué leur étrange manège, Tempête et ses compères s'en moquaient comme de leur premier assassinat. Après tout, ils avaient bien le droit de transporter deux énormes paquets dans le coffre arrière d'une voiture, pour les décharger dans une barque quelques dizaines de mètres plus loin.

Une fois cette chose faite, tous les Sinagra présents s'embarquèrent tandis qu'un de leurs complices restait à terre afin de faire disparaître la Ritmo mortuaire.

Dans la barque, il y avait deux *commune* récupérés dans une décharge publique. Les *commune* sont de lourds seaux de pierre comme on n'en fait plus, généralement réservés au nettoyage des sols et dont le fond a été troué afin de permettre l'écoulement des eaux sales. Bref, c'était aussi le genre d'objet propre à faciliter l'immersion des cadavres au fond de la baie de Palerme.

Si l'on veut refaire aujourd'hui le parcours de la barque funéraire, il convient de diriger la poupe de son embarcation vers le fanal qui indique la fin des travaux de prolongation du môle ouest de la crique de Sant'Erasmo. Une fois arrivé là, il faut ajuster son cap de telle sorte que la boussole indique une route de 0° 30′. On devra ensuite arrêter sa barque dans une zone située à une certaine distance d'un phare, entre 0,80 et 1,50 mille marin; on excusera l'imprécision.

C'est là que les cousins Sinagra jetèrent les deux cadavres. S'il est des amateurs assez courageux pour se lancer à l'eau dans l'espoir de vérifier ce dernier détail, ils devront être dotés d'équipements leur permettant de descendre plus d'une vingtaine de mètres plus bas que les scaphandriers des carabiniers qui durent rebrousser chemin au bout de cinquante mètres, dans l'obscurité abyssale qui entoure le cimetière marin de la famille du Corso dei Mille.

LES ESCADRONS DE LA MORT

Combien y eut-il de ces voyages funéraires? On ne le saura sans doute jamais. Était-ce là le seul cimetière marin de la baie de Palerme? Ce mystère-là non plus ne sera sans doute jamais résolu. Aujourd'hui, la mer, les courants et les poissons aidant, il ne doit rester guère de traces du passage des bourreaux de Palerme.

Si l'on en croit Vincenzo Sinagra, il y eut au moins une autre de ces terribles processions. C'était à peine une semaine après l'immersion des deux cadavres dont on vient de relater la triste et courte croisière.

L'identité du défunt ne réserve guère de surprise : il s'agit de ce triste sire d'Antonio Migliore, complice de racket et d'infamie de Rizzutto. De même ne sera-t-on guère étonné d'apprendre le nom des bourreaux, Filippo Marchese et Tempête, le terrible cousin de Vincenzo Sinagra, pas plus que de savoir que le moyen choisi pour mettre fin aux jours du supplicié fut la strangulation.

Si l'on prend la liberté d'évoquer cet épisode, au risque de lasser le lecteur qui ne manquera pas d'être écœuré par la répétition de tant d'horreurs, c'est qu'il est significatif, non seulement du climat qui régnait alors le long du Corso dei Mille et dans tout Palerme, mais aussi de la vie quotidienne des hommes d'honneur en ce temps-là.

Antonio Migliore fut « intercepté » alors qu'il attendait sagement dans sa Fiat devant le passage à niveau du Brancaccio. Les cousins Sinagra et le tueur que l'on connaît déjà sous le nom d'Antonio Rotolo se chargèrent de l'opération, dont la simplicité ne laisse pas d'étonner. Sous la menace de trois pistolets, Antonio Migliore fut contraint de prendre place sur le siège arrière de son véhicule tandis que Sinagra et consorts s'installaient dans l'espace restant. Et le véhicule démarra dans l'indifférence qu'affichaient grossièrement badauds et automobilistes présents sur les lieux.

Chemin faisant, un des Sinagra demanda à Migliore s'il connaissait feu Matteo Rizzutto. Un autre, sans doute pour le calmer, lui dit qu'on allait lui donner de bonnes nouvelles du disparu, que sa famille et ses amis n'avaient pas renoncé à revoir vivant. « On va t'emmener voir un de tes oncles qui veut te parler de la disparition de Buscemi », dit-on à Migliore.

En fait d'oncle, on aura compris que la personne qui tenait tant à parler au pauvre Migliore n'était autre que Filippo Marchese. Pour on ne sait trop quelle raison, par paresse ou par souci du changement, le chef de la famille du Corso dei Mille avait demandé qu'on amène la victime non pas dans la chambre de la mort mais dans une petite villa protégée par un jardin, non loin de la via Giafar à cinq minutes du passage à niveau du Brancaccio.

Il n'y a rien à dire sur l'interrogatoire du pauvre Migliore, qui reconnut tout ce que Marchese voulait, ni même sur sa fin tragique. En revanche, on retiendra le dialogue final.

« Débarrasse-toi du cadavre, aurait dit Filippo Marchese à Vincenzo Sinagra.

– Où est-ce que je le dépose ? prétend avoir demandé Sinagra. Si vous voulez, je peux même le laisser piazza Politeama. »

Filippo Marchese s'accorda un petit temps de réflexion. Peut-être même fut-il séduit par l'idée atterrante d'abandonner un cadavre en plein centre de Palerme avec autant de négligence que s'il s'agissait d'un papier gras. Il n'en répondit pas moins.

« Non, il vaut mieux le faire disparaître. Jette-le à la mer comme les autres. »

Et ce qui fut dit fut fait.

CE QU'IL ADVIENT DES AUTOMOBILISTES TROP SCRUPULEUX

Plus l'été avançait, et plus à Palerme l'horreur le disputait à l'absurde. Le sixième jour du mois de juin était commencé depuis moins d'une dizaine d'heures que déjà l'habituelle touffeur pesait sur le quartier du Brancaccio, au plus grand mépris de la foule d'hommes qui peuplait le Corso dei Mille à la hauteur de la piazza Torrelunga. Carmelo Lo Jacomo faisait partie des promeneurs qui traînaient à toute heure du jour leur désœuvrement, dans l'attente d'on ne sait trop quelle rencontre et dans l'espoir de commettre quelque méfait. S'il avait quelque péché sur la conscience, Carmelo Lo Jacomo n'en déambulait pas moins le plus calmement du monde.

Et pourtant, il devait bien avoir quelque chose à se reprocher, Carmelo Lo Jacomo, puisque Filippo Marchese avait envoyé une poignée de ses hommes d'honneur afin qu'ils le lui amènent. Vivant, il allait sans dire.

On embarqua Carmelo Lo Jacomo sous la menace des armes puis on le fourra dans une voiture de type Mini Minor qui démarra à toute allure. Pour les habitants du quartier ou les badauds, cet enlèvement ne semblait pas poser plus de problème que les précédents, et tout aurait pu se passer sinon pour le mieux en tout cas comme à l'accoutumée si, en s'éloignant de la piazza Torrelunga, le véhicule des ravisseurs n'avait heurté une autre voiture, une Mini Minor elle aussi, mais qui se trouvait être garée. Comble de malchance, le propriétaire de la voiture endommagée avait tout vu. Visiblement mécontent, le brave homme avait couru jusqu'à son véhicule, l'avait fait démarrer et avait entrepris de poursuivre les chauffards, inconscient du danger qu'il courait.

Arrivé à la hauteur du largo Grandi, la première Mini Minor s'arrêta. La seconde fit de même.

Sûr de son bon droit, le conducteur du second véhicule, un ancien carabinier à la retraite dénommé Antonio Peri, ne souhaitait sans doute qu'une chose : établir un constat, afin de pouvoir être remboursé par son assurance.

Il est probable qu'Antonio Peri n'eut même pas le temps de formuler son désir à haute et intelligible voix : un des passagers de la première Mini Minor venait de sortir de la voiture. L'homme d'honneur se dirigea calmement vers Antonio Peri et, sans rien dire, lui tira trois balles dans la tête.

Quelques secondes plus tard, de nouveaux coups de feu retentissaient. Ils venaient cette fois du premier véhicule. Carmelo Lo Jacomo avait été exécuté à son tour après avoir, semble-t-il, tenté de s'enfuir.

Si les hommes de Filippo Marchese pouvaient abandonner le cadavre d'Antonio Peri, il n'en allait pas de même pour celui de Carmelo Lo Jacomo. La mort du premier ne manquerait pas d'être attribuée à une rixe entre automobilistes; en revanche, la découverte du second cadavre risquait peut-être de compromettre le chef de la famille du Corso dei Mille. Dans le doute, il valait mieux amener le corps de Lo Jacomo à Filippo Marchese, qui saurait assurément ce qu'il fallait en faire.

L'histoire veut que Filippo Marchese ait été plus que contrarié par la mort prématurée de Carmelo Lo Jacomo. Non seulement la maladresse de ses hommes avaient retiré une victime à Filippo Marchese, mais encore elle l'avait empêché de passer le supplicié à la question et donc d'apprendre éventuellement quelques informations fort précieuses pour le maintien de sa sanglante tyrannie sur la zone du Corso dei Mille et au-delà. La chose était d'autant plus fâcheuse qu'en fin de compte se posaient à nouveau des problèmes de pompes funèbres.

DE L'ACIDE POUR DISSOUDRE LES CADAVRES

Sans partager tous les secrets de son terrible chef, Vincenzo Sinagra savait que Filippo Marchese avait l'habitude de dissoudre les corps de certaines de ses victimes dans d'énormes bidons contenant des dizaines de litres d'un acide de couleur marron clair. Il s'agissait d'un liquide extrêmement corrosif employé, semble-t-il, par des artisans argentiers et acheté en contrebande à une société située dans les environs de Cinisi, non loin de Palerme. Pour avoir assisté à quelques dissolutions de cadavres, Vincenzo Sinagra pouvait affirmer que les vapeurs d'un tel acide étaient pratiquement irrespirables, et quand on répandait le liquide à terre, il restait pendant longtemps comme une marque blanche. Mais c'était là un des moyens les plus efficaces dont disposait Filippo Marchese pour effacer toute trace de ses forfaits. Du moins quand l'acide était de bonne qualité.

Ce n'était pas toujours le cas. Ainsi, quelque temps après l'immersion du cadavre du malheureux Carmelo Lo Jacomo dans un bidon de deux cents litres d'acide, on pouvait encore voir des restes humains stagner. C'est en tout cas ce que prétend Vincenzo Sinagra, qui dit avoir été appelé en renfort afin de faire disparaître ce qui restait de Carmelo Lo Jacomo.

Sans trop s'attarder sur cette scène d'un intérêt limité, il suffit de savoir qu'elle eut lieu dans une villa située dans la campagne palermitaine. Supervisés au début par Filippo Marchese, les cousins Sinagra auraient vidé le contenu du bidon à terre, puis, munis de gants de plastique, auraient fourré ce qui restait dans un sac poubelle. Lequel sac fut jeté nuitamment dans le cimetière marin, lesté comme il se doit du traditionnel seau de pierre.

LE GÉNÉRAL DALLA CHIESA

Est-il besoin de préciser que la folie sanguinaire que Filippo Marchese avait communiquée à toute la famille du Corso dei Mille était loin d'être une exception en ce début de l'été 1982. A quelques cas près, tous les hommes d'honneur des autres familles de la ville semblaient eux aussi en proie au même délire homicide. Un peu plus d'un an s'était écoulé depuis l'assassinat des deux secrétaires de la Coupole, Stefano Bontate et Salvatore Inzerillo, et la guerre des gangs, commencée avec la mort des deux chefs de famille, semblait ne devoir jamais se terminer. Bien au contraire.

Désormais, il était non seulement impossible de comptabiliser le nombre exact de morts ou de disparus, mais encore la logique de certains assassinats semblait échapper aussi à leurs exécutants. Si la plupart des morts résultaient de la guerre impitoyable que livraient les Corléonais de Michele Greco à une poignée d'irréductibles fidèles à la mémoire de leurs chefs défunts, Stefano Bontate et Salvadore Inzerillo, il n'en restait pas moins qu'un nombre appréciable de Palermitains étaient exécutés pour des raisons qui peuvent sembler dérisoire : l'un parce qu'il avait offensé, peut-être sans le savoir un chef de famille, ou tel autre à la suite d'un malentendu.

Le nombre officiel des assassinats dépassait déjà abondamment la centaine quand le gouvernement italien décida qu'il était temps de rétabir l'ordre à Palerme. Pour cela, on dépêcha dans l'île le général des carabiniers Carlo Alberto Dalla Chiesa qui venait de s'illustrer plus au nord dans la lutte antiterroriste. Arrivé le dimanche 2 mai 1982 à l'occasion des funérailles du député communiste Pio La Torre et de son chauffeur Lenin Mancuso, massacrés à coups de Kalashnikov, le général Dalla Chiesa allait occuper la fonction de préfet anti-Mafia pendant tout juste cent jours, avant de tomber à son tour dans une sanglante embuscade.

Rien ne permet d'affirmer avec certitude que la nomination du général Dalla Chiesa à la tête de la préfecture de Palerme ait provoqué une quelconque irritation chez Filippo Marchese ou chez tout autre homme d'honneur de la ville. En revanche, nous savons que quelques mois après le débarquement du général dans l'île, le chef de la famille du Corso dei Mille envisageait très sérieusement son élimination. Avec la bénédiction « papale » du secrétaire de la Coupole, Michele Greco, à n'en pas douter. Plus que toute autre exécution, celle du général Dalla Chiesa ne pouvait pas ne pas être soumise à l'approbation du gouvernement de la Cosa Nostra.

IL FAUT TUER DALLA CHIESA

Contrairement à la grande majorité des Italiens, Vincenzo Sinagra n'apprit sans doute l'existence même du général Dalla Chiesa que très tardivement. Sinagra ne lisant vraisemblablement pas les journaux, tout porte à croire qu'il fut informé de la présence du général à Palerme au moment précis où se tramait un complot afin d'attenter aux jours de ce dernier. C'est son cousin Tempête qui lui parla le premier de Dalla Chiesa. « On doit tuer Dalla Chiesa, aurait dit Tempête à Vincenzo Sinagra. Filippo Marchese l'a décidé, il est furieux contre le général. »

Vincenzo Sinagra ne sut jamais quelles étaient les causes de l'ire de Marchese. Quelque temps plus tard, il eut la confirmation du complot de la bouche même de Salvatore Rotolo, l'homme d'honneur qui avait été désigné par Filippo Marchese pour préparer l'opération.

Surnommé Anatredda (le Canard, en sicilien), Salvatore Rotolo était un des tueurs de la famille du Corso dei Mille. Vincenzo Sinagra avait eu l'occasion de le rencontrer dans la chambre de la mort à l'occasion de plus d'une exécution, ou sur la jetée de Sant'Erasmo à l'occasion de quelque transport de cadavre. Filippo Marchese appréciait fort les talents d'artificier de Salvatore Rotolo qui confectionna maintes bombes destinées à intimider commerçants et industriels récalcitrants à toute forme de racket. La confiance que le chef de la famille du Corso dei Mille accordait à Salvatore Rotolo était telle qu'il l'employait également à diverses missions de confiance; celui-ci dut ainsi servir de garde du corps à des boss particulièrement menacés ou encore espionner le général Carlo Alberto Dalla Chiesa.

On imagine avec quelle facilité Salvatore Rotolo put suivre les déplacements du général quand on sait que, vers la fin, ce dernier semblait ne plus s'entourer du même luxe de précautions que celui qui avait accompagné dans le passé sa lutte contre les terroristes des Brigades rouges. La mission de Rotolo était relativement simple : il était chargé de surveiller une villa, qui surplombait Palerme du haut d'une des pentes du mont Pellegrino et que le général Dalla Chiesa avait l'habitude de fréquenter régulièrement.

On ignore comment Filippo Marchese apprit que le général fréquentait cette demeure « où se trouvaient des gens très bien »; en revanche, il est établi que le chef de la famille du Corso dei Mille pensa que c'était là l'endroit rêvé pour tendre une embuscade. Il ne fallut que quelques jours à Salvatore Rotolo pour se rendre compte que, la villa étant « gardée à vue », une attaque frontale était impossible. Par contre, après plusieurs filatures méthodiques Salvatore Rotolo était arrivé à la conclusion qu'il était plus aisé d'assassiner le général Carlo Alberto Dalla Chiesa alors qu'il se trouvait sur une des plages du littoral palermitain dans l'intention de se baigner.

Le plan de Salvatore Rotolo ne fut pas retenu, puisque le général Carlo Alberto Dalla Chiesa fut assassiné en plein centre de Palerme, le 3 septembre 1982, ainsi que son épouse et leur unique garde du corps, qui les suivait dans une voiture blindée. Rien ne permet d'affirmer que Filippo Marchese ait été l'artisan de cette dernière embuscade, de même ne connaîtra-t-on sans doute jamais avec certitude l'identité de la dizaine d'hommes d'honneur déployés lors de l'embuscade. Mais les juges et les policiers sont certains que le commanditaire de ces exécutions ne peut être que le secrétaire de la Coupole, Michele Greco, qui avait sans doute chargé plusieurs de ses proches, dont Filippo Marchese, d'élaborer différents scénarios en vue d'éliminer ce général aussi encombrant à Palerme qu'isolé à Rome.

« Je crois que j'ai compris la nouvelle règle du jeu,

déclara le général Carlo Alberto Dalla Chiesa peu de temps avant sa mort. On tue désormais un homme de pouvoir lorsque se produit cette combinaison fatale : il est devenu trop dangereux mais on peut le tuer parce qu'il est isolé. » En lisant ces déclarations extraites d'une interview publiée par le quotidien romain *La Repubblica*, plus d'un homme d'honneur dut se dire que le général n'avait plus longtemps à vivre.

L'hostilité, voire la haine, que vouaient désormais les politiciens romains et palermitains au général Dalla Chiesa n'était en effet un secret pour personne, et surtout pas pour le secrétaire de la Coupole, Michele Greco, qui comptait plus d'un ami au sein de la Démocratie chrétienne, ainsi qu'on l'a vu. Quant au danger représenté par Dalla Chiesa, le Pape et les autres hommes d'honneur de la ville l'avaient découvert dès le début juillet avec la présentation aux autorités judiciaires d'un rapport de police, dit des 162.

LE RAPPORT DES 162

Signé par les différentes autorités policières de la ville, ce rapport de près de deux cents pages dénonçait les activités criminelles de cent soixante-deux Palermitains considérés, à raison, comme les membres les plus influents et les plus dangereux de la Cosa Nostra. Non seulement les faits dénoncés par les policiers étaient pour la plupart exacts, mais encore pour la première fois le nom de Michele Greco figurait sur un mandat d'arrêt.

Pour la justice, le secrétaire de la Coupole était jusqu'alors un riche propriétaire terrien, ami des grands du monde palermitain, qui venait juste d'être mêlé au recyclage d'une forte somme d'argent provenant, pensait-on, d'un trafic de drogue. Jusqu'alors, Michele Greco avait tout fait pour protéger son anonymat, et les hommes d'honneur de la ville savaient que le redoutable secrétaire de la Coupole n'avait pas hésité à faire exécuter un des siens qui avait eu le malheur de l'impliquer dans le cadre d'un interrogatoire policier. C'est dire si le rapport des 162 avait dû irriter le Pape.

Ce rapport était d'autant plus dangereux pour la Cosa Nostra que, pour la première fois, certains hommes d'honneur avaient brisé la fameuse loi du silence, l'*omertà*, acceptant de jouer le rôle d'indicateurs de police. La précision des faits rapportés par les carabiniers s'explique seulement par l'existence de trois sources internes à la Cosa Nostra, dont on a de bonnes raisons de croire qu'il s'agit de personnages qui nous sont désormais familiers : Salvatore Contorno, le vaillant Coriolan de la Forêt, toujours en fuite; l'*ingegnere* Ignazio Lo Presti, le cousin du Gabelou Nino Salvo, assassiné depuis; et enfin, le chef de la famille de Riesi, Giuseppe Di Cristina, dont on a déjà narré la triste fin. Face à la dégradation de la situation palermitaine, ces trois hommes d'honneur avaient séparément accepté de se confier aux carabiniers à condition de n'avoir pas à déposer devant les tribunaux et que jamais leur nom ne soit mentionné.

Ces délations sans précédent étaient le véritable péril qui guettait la Cosa Nostra. Car, pour le reste, la présentation du rapport des 162 aux autorités judiciaires et les mandats d'arrêt qui en découlèrent n'eurent que peu de retombées sur la vie quotidienne des hommes d'honneur. Ceux des cent soixante-deux qui n'étaient pas déjà passé à la clandestinité n'eurent qu'à se trouver un autre logement dans leur quartier pour continuer de sévir. Et ils eurent même pour ce faire quelques jours de répit à leur disposition.

Quelques jours avant qu'elle n'ait lieu, toute la communauté des hommes d'honneur de l'île fut avertie de la présentation du rapport des 162 aux autorités judiciaires. Avant même que sonne l'heure de la mobilisation policière, chacun avait déjà pris ses dispositions afin d'échapper à la rafle. C'est ainsi que Filippo Marchese avait ordonné aux hommes d'honneur de la famille du Corso dei Mille d'éviter de dormir chez eux pendant un certain temps. Tempête informa de cela son cousin Vincenzo Sinagra, en lui disant qu'il allait se réfugier dans un hôtel sûr, situé non loin de Palerme.

« Toi aussi, fais comme moi. Découche. »

Vincenzo Sinagra répliqua qu'il n'y avait que peu de chances que son nom figure sur les mandats d'arrêt en principe destinés à des mafieux de plus d'envergure. « Ça ne fait rien, coupa Tempête, on t'a peut-être vu en compagnie d'un d'entre eux. » On ne saurait être trop prudent.

COMPLICITÉS POLICIÈRES

Quand Vincenzo Sinagra apprit que Filippo Marchese savait tout du rapport des 162 avant même que les juges aient pu en prendre connaissance, il ne fut pas étonné outre mesure. Il savait que d'importantes complicités au sein de la police et peut-être même de la justice palermitaine protégeaient les coupables activités du chef de la famille du Corso dei Mille.

Son cousin Tempête lui avait fait comprendre que la famille possédait un allié de taille au sein même du palais de justice de la ville, mais Vincenzo Sinagra ne sut jamais de qui il s'agissait. Peut-être était-ce un des substituts au procureur, ou encore même un de ces juges d'instruction qui étaient censé les combattre ?

Pour rares qu'ils soient, les exemples de collusion entre certains magistrats et les familles de la Cosa Nostra sont plus fréquents qu'on ne le pense. A Palerme, un juge venait d'être relevé de ses fonctions pour une sombre histoire de corruption, tandis qu'on n'allait pas tarder à découvrir chez le substitut au procureur de la République de Trapani des armes aux numéros de matricule effacés et dotées de silencieux, ainsi que des dizaines de millions de lires en grosses coupures, alors qu'à l'autre bout de l'île, dans l'abominable cité de Catane, c'est tout le fonctionnement de la justice qui allait être entaché de l'ombre du doute. Il faut toutefois reconnaître que çà et là, une poignée de magistrats intègres – dont ne cessera de louer le courage et l'abnégation – constituaient le fer de lance de la lutte anti-Mafia, comme on le verra par la suite.

Vincenzo Sinagra savait également que la famille du Corso dei Mille s'était assuré les services d'un certain nombre de policiers. Tempête lui avait expliqué que Filippo Marchese payait régulièrement trois dirigeants de la police palermitaine, un commissaire, un lieutenant et un colonel qui travaillaient au quartier général des forces de l'ordre, à la *Questura* de la via Roma. Pour s'être livré pendant quelques temps à la contrebande de cigarettes et de drogue en compagnie de Pietro Vernengo, Tempête était également bien placé pour pouvoir évoquer les complicités dont bénéficie la Cosa Nostra à l'intérieur d'un autre corps de police, la *Guardia di Finanza*, chargée en principe du contrôle des frontières.

Si l'on en croit Vincenzo Sinagra, certains policiers proches de l'organisation n'hésitaient pas à accorder des faveurs à certains hommes d'honneur. Vincenzo Sinagra en sait quelque chose, lui qui ne fut ni le seul ni le premier à bénéficier de ces largesses.

A la suite d'une querelle qui s'était terminée par une fusillade, heureusement sans conséquence, Vincenzo Sinara s'était vu retirer sa carte d'identité, et il était régulièrement convoqué au premier district de la police palermitaine, où il craignait fort d'être arrêté. Fâcheuse affaire, qui nécessitait l'intervention de la « famille ».

Un beau jour, Vincenzo Sinagra se rendit donc au commissariat du premier district accompagné d'un des hommes d'honneur du Corso dei Mille, un des frères Savoca, réputé pour ses amitiés policières. « Attends-moi là », lui aurait dit Savoca devant la porte de la caserne avant de s'engouffrer dans l'entrée.

Quelques minutes plus tard, Vincenzo Sinagra vit son compère lui faire signe de monter depuis une fenêtre située aux étages supérieurs. Une fois arrivé à l'intérieur du commissariat, Vincenzo Sinagra fut accueilli « chaleureusement » par un des amis de Savoca, un maréchal des logis qui lui rendit sa carte d'identité en déplorant la présence d'un cachet limitant les déplacements du titulaire au seul territoire italien. Ah! si seulement Sinagra s'était fait reconnaître avant, les choses ne se seraient sans doute pas passées ainsi, aurait ajouté en substance le policier.

Quelques semaines plus tard, Vincenzo Sinagra revit ce policier complaisant dans le quartier du Corso dei Mille. Le maréchal des logis était entré dans le bar de la piazza Sant'Erasmo les mains vides; il en ressortit avec un assortiment de gâteaux soigneusement emballés. Puis il se rendit à la poissonnerie du dénommé Tagliavia, homme d'honneur présumé, pour en repartir les bras chargés de nourritures marines. « Il est des nôtres », aurait dit Tempête, qui lui aussi assistait de loin à la scène.

De telles complicités héritées du passé étaient jusqu'alors chose commune dans l'univers des hommes d'honneur. Elles allaient très vite s'avérer de plus en plus difficiles à obtenir. Avec la venue du temps des assassins, plus rien n'allait être comme avant.

LE TRIANGLE DE LA MORT

Jamais de mémoire de Palermitain on n'avait connu de mois d'août aussi éprouvant. A croire que le sirocco, né dans les déserts de Libye et qui tyrannisait de temps à autre la ville, était monté à la tête des hommes d'honneur. En l'espace de cinq jours, la police avait déjà ramassé onze cadavres, et il était impossible de tenir le compte des disparus, dont le nombre était peut-être plus important. Détail troublant, toutes les exécutions semblaient désormais concentrées dans une seule zone, délimitée par les agglomérations de Casteldaccia, Bagheria et Altavilla et qu'on baptisa « triangle de la mort ». Image injuste du seul point de vue géographique – les trois bourgades étant situées sur une ligne qui évoque irrésistiblement la ligne brisée – mais qui donne une idée saisissante de la guerre civile larvée qui n'allait pas tarder à exploser sur cette petite fraction du littoral parlermitain.

A hauteur de Bagheria, la *statale* 113 n'avait déjà plus le visage serein d'une petite route de province sicilienne sillonnée de petits triporteurs décorés de peintures naïves comme les chars siciliens, leurs ancêtres. Le général Carlo Alberto Dalla Chiesa avait ordonné à ses troupes de quadriller le triangle de la mort, et des carabiniers armés de mitraillettes étaient postés çà et là afin de tenter de contrôler le labyrinthe de chemins vicinaux grossièrement découpé au milieu des citronneraies de la côte. C'est là que se trouvaient les résidences secondaires de la plupart des hommes d'honneur de la ville. C'est ainsi que Filippo Marchese, pour ne parler que de lui, disposait de plus d'un refuge dans le triangle de la mort; pourtant la présence des carabiniers du général Dalla Chiesa dans ces parages ne semblait pas l'importuner outre mesure.

C'est que pour l'heure le chef de la famille du Corso dei Mille avait d'autres soucis. Un de ses beaux-frères venait juste d'être assassiné et Filippo Marchese, qui avait semble-t-il assisté à l'assassinat, avait juré de venger son parent. C'était une question d'honneur mais aussi de sécurité. Filippo Marchese avait autant de raisons de mourir que d'ennemis et il croyait que sa seule possibilité de survie était de se montrer plus féroce et plus impitoyable que ceux qui le traquaient. Peu de temps après l'assassinat de son beau-frère, Filippo Marchese avait déjà un nom, c'était celui de Cesare Manzella, un ancien ouvrier de Fiat âgé de trente-huit ans et qui semblait en savoir long sur l'affaire.

Malgré l'important déploiement policier, Cesare Manzella fut enlevé au matin du 8 août et conduit dans un magasin désaffecté situé dans une contrée nommée Balate, non loin de Villabate, en bordure du triangle de la mort. Là, en présence d'une dizaine d'hommes d'honneur, dont Vincenzo Sinagra et le chef d'une autre famille, il fut interrogé par Filippo Marchese. L'homme disait ne rien savoir de l'histoire mais assurait qu'un mécanicien de Bagheria dénommé Ignazio Pedone était au courant du complot. « Qu'on m'amène ce Pedone! » ordonna Filippo Marchese. Le temps d'aller à Bagheria et de revenir, soit un peu plus de dix minutes, et son ordre était exécuté.

Le malheureux mécanicien n'en savait guère plus que son compère. Si on l'en croyait, il aurait seulement réparé la voiture d'un gros homme, assassin présumé du beau-frère de Filippo Marchese. C'en était assez pour qu'il mourût. Selon Vincenzo Sinagra, les malheureux Cesare Manzella et Ignazio Pedone furent étranglés immédiatement après leur interrogatoire. Mais cette fois, Filippo Marchese n'avait pas l'intention de dissoudre leurs cadavres dans de l'acide, ni encore moins de les faire jeter à la mer. Il avait eu une idée plus abominable encore.

LE DÉFI

Le déploiement des carabiniers du général Dalla Chiesa dans le triangle de la mort avait été perçu par les hommes d'honneur comme un véritable affront. Ils ne pouvaient pas ne pas réagir. Déjà, des coups de téléphone anonymes étaient adressés à différents commissariats afin de revendiquer certaines exécutions. En signalant l'emplacement des cadavres, les « *killers* du triangle de la mort », comme ils s'appelaient, ne manquaient pas de préciser : « ... L'opération que nous avons baptisée “ Carlo Alberto ” en hommage au préfet est presque terminée, nous répétons : presque terminée. »

L'idée de défier ainsi les carabiniers séduisait d'autant plus Filippo Marchese qu'il avait déjà par le passé tenté de leur livrer un cadavre, sans grand succès, ainsi qu'on l'a vu. Cette fois, le chef de la famille du Corso dei Mille avait l'intention de ne rien laisser au hasard, afin de réussir son mauvais coup.

La nuit était déjà tombée sur le triangle de la mort quand le téléphone de la caserne des carabiniers de Casteldaccia résonna. Bien que situé en plein cœur du nouveau champ de bataille de la Mafia, à deux minutes de Bagheria, l'endroit était étonnamment calme. Le carabinier de service qui décrocha le téléphone dut être fort surpris d'entendre une voix avec un fort accent sicilien lui dire : « Devant votre caserne, on a garé une Fiat 127 verte. Amusez-vous un peu à aller voir ce qu'il y a dedans. »

En regardant dans la voiture, les carabiniers de Casteldaccia ne s'amusèrent pas du tout. Ils découvrirent les cadavres d'Ignazio Pedone et de Cesare Manzella, que Filippo Marchese venait de faire livrer. Quand il apprit la nouvelle, le général Carlo Alberto Dalla Chiesa ne manqua sans doute pas d'être terrifié par l'indécence des hommes d'honneur. Il ne comprit peut-être pas que si Cesare Manzella et Ignazio Pedone avaient été tués pour des raisons qui lui échapperaient toujours, le fait que leurs cadavres aient été déposés devant une caserne de carabiniers le concernait en revanche au premier chef. Dans la symbolique de la Mafia, c'était, à n'en point douter, plus qu'un avertissement, presque l'annonce d'une mort. La sienne. Et moins d'un mois plus tard, le général Carlo Alberto Dalla Chiesa, sa femme et leur garde du corps étaient assassinés à coups de Kalashnikov en plein centre de Palerme. Rares furent ceux qui, à l'époque, comprirent que cette exécution était la preuve qu'une crise sans précédent menaçait jusqu'à l'existence même de la Cosa Nostra.

La nouvelle d'un [illegible] à l'église où la mort [illegible] quand le [illegible] des cardinaux et [illegible] de Bagheria. [illegible] était communément appelé « La [illegible] dire, fort [illegible] entendre que vous avez [illegible] fait [illegible]. Devant [illegible] » Arrivé [illegible] un peu [illegible] aller voir [illegible].

En regardant [illegible] Mas-salia, que [illegible] Mattarella [illegible]. Quand il apprit la nomination du général Carlo Alberto Dalla Chiesa, [illegible] d'être [illegible] par [illegible] des hommes [illegible]. Il ne [illegible] peut [illegible] Ignazio [illegible] avaient [illegible] qui [illegible] toujours [illegible] avait été [illegible] devant [illegible] ouvertement [illegible]. Dans la symbolique de la Mafia, [illegible] plus qu'un avertissement, presque [illegible] mois [illegible] le général Carlo Alberto Dalla Chiesa, sa femme et leur garde du corps étaient assassinés [illegible] en plein centre de Palerme. [illegible] que [illegible] Cosa Nostra.

CHAPITRE 8

LA CITADELLE ASSIÉGÉE

LA JUSTICE EN ÉTAT DE SIÈGE

SITUÉ piazza Vittorio Emanuele Orlando, à la limite du centre historique, le palais de justice de Palerme est un curieux amalgame de béton et de marbre dont on a pris le soin de blinder tout ce qui pouvait l'être. En cette fin du mois de mars 1984, soit près de trois ans après le début de la guerre des familles, cet immeuble, dont la forme initiale faisait penser à un bunker géant, avait plus que jamais l'air d'une citadelle assiégée.

Deux plans inclinés ont été coulés sur les marches latérales du palais afin de permettre l'accès direct aux voitures blindées où s'entassent juges d'instruction et carabiniers chargés de les protéger. A l'époque, l'entrée du bâtiment était encore libre. Par la suite, on allait interdire à tout véhicule de parquer aux alentours. Dans le même esprit, les visiteurs et les justiciables allaient dorénavant devoir, une fois le seuil franchi, passer par une batterie de photocopieuses, et là, remettre un document d'identité à des carabiniers impassibles préposés à la duplication. Après quoi, on accéderait enfin à une immense salle des pas perdus où règne, tous les matins ouvrables, une activité digne d'une ruche.

Dans le hall central du palais de justice, les jours de semaine entre neuf heures et treize heures, a lieu une sorte de foire à la Mafia. C'est ici que se retrouvent ceux des hommes d'honneur qui peuvent encore se montrer et leurs avocats. Les premiers se reconnaissent à leur allure bovine et à leur tenue vestimentaire, qui varie selon les sujets entre le style nouveau riche et un mauvais goût plus sicilien; leurs défenseurs sont, pour la plupart, toujours bien vêtus, lin en été, laine légère en hiver, avec une recherche plus palermitaine. Il faut voir comment ces derniers traitent leurs affaires en plein milieu du palais de justice, où les attendent des heures durant les proches parents de mafiosi assassinés, disparus, quand ils ne sont pas emprisonnés. Les délégations des familles légales des hommes d'honneur sont généralement composées de petites vieilles tout de noir vêtues, accompagnées de petits paysans taciturnes.

Dans le couloir qui encercle le hall, sur la gauche, une dizaine de jeunes gens montent la garde devant les bureaux des juges d'instruction. Ils ont en moyenne vingt-cinq ans d'âge et sont pour la plupart des carabiniers. Leur uniforme est des plus particuliers : jeans Benetton, T-shirt Cerrutti, avec, en bandoulière, un sac de cuir fin dans lequel ils dissimulent une arme de fort calibre, généralement un 357 Magnum. Au-dehors, il n'est pas rare de les voir se promener un pistolet mitrailleur au poing, prêts à ouvrir le feu à la moindre menace. On les dit champions de tir instinctif. Souhaitons que leur compagnie soit agréable. Nuit et jour, ils se relaient afin de protéger les juges d'instruction, qui, par leur courage et leur opiniâtreté, sont devenus les ennemis mortels des hommes d'honneur. L'idée de vivre avec une dizaine de ces zigs continuellement plantés derrière votre porte, que ce soit celle du cabinet d'instruction ou celle plus privée de vos toilettes, aurait de quoi vous démoraliser même si vous étiez le plus optimiste des magistrats.

« En Sicile, l'État se résume à une poignée d'hommes assiégés, expliquait le doyen des juges d'instruction du tribunal de Palerme, le *consigliere* Rocco Chinnici. Il suffit de sortir de ce bunker, d'aller dans les ruelles misérables où tout le monde est racketté, de se promener au milieu de cette foule désœuvrée et désespérée, là où un tueur à gages ne coûte que quelques lires, pour comprendre combien peut être seul aujourd'hui celui qui lutte contre la Mafia. » Chef des juges d'instruction palermitains, le *consigliere* Chinnici était un gros homme qui dissimulait une volonté de fer sous des allures d'ogre débonnaire. C'est sous son impulsion que les magistrats palermitains avaient pris la tête de la croisade anti-Mafia. Son assassinat allait marquer la justice palermitaine pour de longues années.

Quand le gouvernement de la Mafia prend une décision, celle-ci doit être exécutée à tout prix. Or, en ce début de l'été 1983, la Coupole avait décidé que le *consigliere* Rocco Chinnici devait être assassiné, sans doute parce qu'il serrait d'un peu trop près le Pape, Michele Greco. Comme tous les magistrats, Rocco Chinnici n'était pas ce que l'on pourrait appeler une cible facile. Constamment entouré d'une demi-dizaine de gardes du corps, l'homme limitait au maximum ses déplacements. Pour avoir la peau du *consigliere,* les hommes d'honneur employèrent les grands moyens. Le 29 juillet 1983 à 8 h 08, alors que le *consigliere* Chinnici sortait de chez lui, un véhicule piégé au moyen d'une cinquantaine de kilos de TNT explosait, déchiquetant le magistrat, trois de ses gardes du corps et le concierge de l'immeuble.

A partir de la mort du *consigliere* Chinnici, les juges d'instruction du tribunal de Palerme comprirent que la retraite, dans tous les sens du terme, leur était impossible. Plus moyen de faire marche arrière : depuis quatre ans ils avaient infligé trop de revers aux hommes d'honneur. Si la Cosa Nostra voulait vraiment la mort de l'un d'entre eux, rien ne pouvait s'y opposer. Ce n'était qu'une question de temps et de moyens.

Alors, sans illusion, les juges renforcèrent la sécurité à l'intérieur du palais de justice, créèrent un « pool » d'instructeurs qui auraient à traiter les mêmes dossiers. Et la vie reprit de plus belle. Les matinées furent toujours aussi animées. Dans les couloirs, les avocats continuèrent de comploter avec leurs clients, tandis que de temps à autre passait un juge d'instruction entouré d'une nuée de gardes du corps et on ne pouvait s'empêcher de se demander s'ils n'allaient pas tous être massacrés peu après leur sortie du palais.

Les après-midi, quand le palais de justice semblait à peu près désert, à l'heure où avocats et hommes d'honneur achevaient de faire la sieste, cloîtrés dans leurs bureaux blindés, les juges d'instruction travaillaient dans le plus grand secret. Quand ils ne reçevaient pas leurs informateurs – des policiers ou des employés de banque –, les magistrats instructeurs procédaient aux interrogatoires de futurs inculpés ou à leur confrontation.

De tous les juges du palais, Giovanni Falcone était sans conteste le plus redouté des mafieux de la ville. C'était un homme apparemment très doux qui portait la barbe et dont l'aménité forçait tout naturellement l'admiration. Giovanni Falcone avait plus de raisons de mourir que tout autre magistrat du palais. Non seulement il fut un des premiers à s'être lancé, au mépris de sa vie, dans la lutte anti-Mafia, mais encore il fut un de ceux qui obtint le plus de résultats. Giovanni Falcone avait compris que le seul moyen de combattre les hommes d'honneur était de les frapper au portefeuille et avait donc entrepris avec succès une série d'enquêtes bancaires qui allait conduire à la condamnation pour trafic de drogue d'une centaine de mafieux.

LES ENQUÊTES BANCAIRES

Avant de se lancer à corps perdu dans le trafic de drogue, la Cosa Nostra tirait ses revenus d'activités certes illicites mais d'un rendement moindre. Avant, les différentes familles vivaient du racket imposé aux commerçants de chaque quartier parlermitain, de la spéculation immobilière et de la contrebande de cigarettes. Pour importantes que soient les sommes concernées par de telles pratiques, ce n'était pourtant rien par rapport aux bénéfices amassés dans le cadre du commerce des drogues dites dures.

La saisie d'une valise renfermant six cent mille dollars à l'aéroport de Palerme en 1979 avait permis aux enquêteurs de mesurer pour la première fois l'importance des nouveaux revenus de la Cosa Nostra. Selon les estimations de la Drug Enforcement Agency américaine (DEA), la Mafia réalise sur chaque kilo d'héroïne qu'elle envoie à New York, deux cent cinquante mille dollars de bénéfice. Au bas mot. Car en coupant un kilo d'héroïne, on obtient trente-trois mille doses, soit un million et demi de dollars. On comprend dans ces conditions qu'alléchés par un gain aussi rapide que facile bon nombre de promoteurs immobiliers, bijoutiers et autres commerçants affiliés à la Cosa Nostra aient préféré renoncer aux bénéfices de leur profession d'origine pour se lancer dans le commerce de l'héroïne.

A l'aube des années quatre-vingt, il y avait au moins cinq laboratoires d'héroïne en Sicile, capables de raffiner chacun au moins cinquante kilos de morphine base, produisant une quantité équivalente d'une poudre blanche aussi pure que mortelle. Les laboratoires ne tournant pas à plein rendement, on estime qu'environ deux tonnes de drogue étaient exportées chaque année aux États-Unis, de quoi fournir une bonne partie de la consommation américaine. En échange, des dizaines de millions de dollars furent déversés sur Palerme et ses environs.

Au début, les hommes d'honneur insouciants plaçaient leurs « narco-dollars » sur leurs comptes en banque quand ils ne payaient pas directement leurs achats avec une poignée de billets verts à l'effigie de George Washington. C'est le juge Falcone qui s'aperçut le premier du parti qu'il pouvait tirer de l'étude des comptes bancaires de certains hommes d'honneur et des capitaux qui y transitaient. C'est ainsi qu'il réussit à coincer divers promoteurs immobiliers, et non des moindres, dont Rosario Spatola, cinquième contribuable italien et cousin de Salvatore Inzerillo. La victime la plus illustre du *dottore* Falcone fut sans conteste le maire de la bourgade de Bagheria, Michelangelo Ajello, qui avait reçu sur un de ses comptes courants près de deux millions de narco-dollars provenant d'une banque de Nassau (Bahamas) via un institut de crédit helvétique.

A partir du début des investigations bancaires, vingt-quatre carabiniers se relayèrent nuit et jour afin d'assurer la protection rapprochés de Giovanni Falcone. A Palerme l'homme était déjà un mythe. Chacun savait qu'on avait fait construire une petite guérite blindée dotée d'un système vidéo devant la résidence palermitaine de Giovanni Falcone afin de mieux assurer sa sécurité. La légende voulait que toute la ville, ou presque, fût informée de la vie sentimentale du juge : chaque fois qu'il visitait sa fiancée, le quartier était placé en état de siège. On affirmait aussi que quand Giovanni Falcone se baignait des vedettes de carabiniers patrouillaient au large. L'homme ne semblait même plus maître de ses vacances. Pour se reposer, il fut contraint de passer au moins un mois d'août sur l'îlot de l'Asinara, sorte d'île du Diable à l'italienne située au large de la Sardaigne où se trouvait une prison réputée de haute sécurité.

UN INCULPÉ PAS COMME LES AUTRES

Le 30 mars 1984 à 17 h 40, le *dottore* Giovanni Falcone se trouvait dans son bureau blindé du palais de justice pour procéder à une confrontation qui s'annonçait des plus intéressantes. Le magistrat avait fait venir deux de ses collègues afin qu'ils puissent assister à la scène. Il y avait là également deux avocats, leur client – un de leur ancien collègue –, et en face de lui, un jeune homme un peu nerveux, dont on a eu l'occasion de suivre une partie des effarantes aventures, Vincenzo Sinagra, celui-là même qui exécuta une partie des basses œuvres de la famille du Corso dei Mille, le factotum de la chambre de la mort.

Vincenzo Sinagra avait été arrêté le 11 août 1983, pour avoir commis un homicide de trop. On se souvient que Vincenzo Sinagra était une sorte d'homme à tout faire de la famille du Corso dei Mille, qui pendant plus de six mois l'employa à diverses tâches, qui allaient de la dissolution de cadavres dans l'acide au racket des commerçants du quartier. Mais plus le temps passait et plus son chef, le terrible Filippo Marchese, était exigeant.

C'est ainsi que, quelques heures avant qu'il soit arrêté, on ordonna à Vincenzo Sinagra d'abattre un de ses amis d'enfance, un dénommé Diego Di Fatta, coupable d'avoir arraché le sac à main d'une dame sans en avoir référé au préalable à un membre de la famille qui contrôlait le quartier. Ce n'était pas par hasard si Vincenzo Sinagra fut choisi pour participer à l'assassinat de Diego Di Fatta : d'abord, on voulait sans doute tester la « valeur », la férocité du jeune homme, et il allait aussi servir en quelque sorte d'appât. Jamais Diego Di Fatta ne se méfierait d'un ami de toujours, d'autant qu'on avait adjoint à Vincenzo Sinagra deux de ses cousins que l'on connaît déjà sous les identités de Tempête et Antonino.

Le piège fonctionna comme prévu. Diego Di Fatta circulait à vélomoteur dans une des ruelles de l'ancien marché arabe de la Kalsa, non loin du port, quand il entendit Vincenzo Sinagra l'interpeller par son prénom. Il s'arrêta et vit deux des cousins Sinagra, Vincenzo et Tempête, descendre d'une Fiat 126. Sans doute n'eut-il même pas le temps de réaliser ce qui lui valait d'être ainsi intercepté. Arrivé à sa hauteur, Tempête lui tira plusieurs balles de P.38 dans la tête, tandis que Vincenzo Sinagra ouvrait lui aussi le feu en direction de son ami. A ce moment-là, Vincenzo Sinagra fut plongé dans un état proche de la transe. Malgré tous ses efforts, il serait incapable de se souvenir ultérieurement dans quelle partie du corps de son ami il avait vidé son arme. Paniqué, il oublia son P.38 dans la Fiat 126 qu'ils abandonnèrent non loin des lieux du crime. Résultat, le soir même, les trois cousins Sinagra étaient arrêtés et envoyés à la prison de l'Ucciardone.

LE « REPENTI »

Si quelque huit mois plus tard Vincenzo Sinagra se retrouva dans le bureau du juge Giovanni Falcone, c'était aussi à titre de témoin de l'accusation. Horrifié rétrospectivement par tout ce qu'il avait déjà vécu, ébranlé par l'assassinat de son ami Di Fatta, Vincenzo Sinagra avait en effet accepté de collaborer avec la police et la justice de son pays alors qu'il se trouvait détenu à l'hôpital psychiatrique de Montelupo Fiorentino en Toscane. Depuis, il avait eu l'occasion de répéter ses confidences à maints juges et policiers. C'est précisément ce qu'il s'apprêtait à faire de nouveau, mais cette fois en présence d'un de ces « hommes » qu'il accusait.

Ce n'est qu'après avoir surmonté de fortes réticences que Vincenzo Sinagra avait accepté de témoigner contre les hommes d'honneur de sa famille. Il le faisait, disait-il, non dans l'attente d'une hypothétique réduction de peine, mais parce qu'il souhaitait le pardon des proches de ses victimes. Vincenzo Sinagra savait de quoi était capable son ancien parrain; il avait compris que Filippo Marchese bénéficiait d'importantes complicités au sein même du palais de justice de Palerme. Voilà pourquoi Vincenzo Sinagra n'accepta de révéler tout ce qu'il savait qu'une fois transféré hors de l'île, en l'occurrence dans cet asile psychiatrique pénitentiaire où des experts n'allaient pas tarder à le juger sain de corps et d'esprit.

Après avoir surmonté ses terreurs, Vincenzo Sinagra accepta de rentrer en Sicile le temps d'indiquer aux enquêteurs les lieux exacts où avaient été perpétrés les atrocités dont il avait parlé. Puis il lui fallut répondre aux centaines de questions que lui posaient une poignée de magistrats avides de savoir. Si, avant de rencontrer les juges d'instruction palermitains, il ignorait le nom de la plupart d'entre eux, il est pourtant un nom dont Vincenzo Sinagra avait déjà entendu parler, c'était celui de Giovanni Falcone.

Vincenzo Sinagra savait que son chef Filippo Marchese nourrissait une haine des plus profondes à l'égard de ce magistrat en qui il voyait un ennemi mortel. Filippo Marchese considérait Giovanni Falcone comme le principal responsable de toute la répression qui commençait à frapper les différentes famille de la Cosa Nostra. Le chef de la famille du Corso dei Mille était convaicu que c'était grâce à l'intervention du juge que des lois autorisant la saisie des patrimoines des hommes d'honneur allaient être votées au Parlement de Rome.

LE PATRIMOINE DE LA COSA NOSTRA

La colère de Filippo Marchese est d'autant plus compréhensible quand on sait que les hommes d'honneur ont un sens de la propriété très développé. Le fait que la Cosa Nostra soit à l'origine une organisation de type féodal suffit à expliquer l'attachement quasi pathologique qui lie certains hommes d'honneur à leur terre. Il n'est donc pas étonnant de découvrir qu'une bonne partie de l'argent amassé dans le trafic de la drogue a été réinvesti dans l'achat de somptueuses villas du littoral palermitain ou dans des centaines d'hectares de terres cultivables.

C'est ainsi que le secrétaire de la Coupole, Michele Greco, est devenu en quelques années l'un des plus gros propriétaires terriens de l'île. Ironie ou coïncidence, une des sociétés agricoles que Michele

Greco avait montées grâce à l'argent de la drogue, la Derivati Elaborati di Agrumi, portait les mêmes initiales que la police américaine chargée de la répression des stupéfiants : DEA.

Si la plupart des hommes d'honneur qui trafiquaient l'héroïne disposaient d'un nombre impressionnant de villas en Sicile – au minimum une pour chaque saison –, parfois il arrivait qu'ils placent leurs fortunes dans des propriétés à l'étranger. Pizzerias en Espagne, latifundia en Amérique latine, le patrimoine des hommes d'honneur était à l'image de leurs mœurs; on connaît même l'exemple d'un parrain qui voulait s'associer avec un bandit napolitain pour acheter une usine de mozzarella en... Normandie.

Les hommes d'honneur ne répugnaient pas non plus à réinvestir leurs narco-dollars dans l'industrie sicilienne. C'est ainsi que l'on vit des promoteurs immobiliers, des bijoutiers, des marchands de sanitaires, des fabricants de chaux ouvrir les comptabilités de leurs sociétés à la manne de l'argent de la drogue. C'est parce que les enquêteurs avaient compris que l'industrie sicilienne jouait un rôle clef dans le blanchissage de l'argent de la drogue que fut votée la loi permettant la saisie de tous les biens des mafieux et de leurs complices. Après avoir été un des plus fervents militants en faveur de l'adoption de cette loi, le juge Falcone l'appliqua d'une manière plus que zélée peu de temps après que le Parlement italien lui eut donné raison.

Vincenzo Sinagra savait que Filippo Marchese avait chargé plusieurs de ses hommes de suivre les moindres déplacements du juge afin de l'éliminer. Mais jusqu'à présent, le chef de la famille du Corso dei Mille n'était pas arrivé à ses fins. Ce qui avait pour but de décupler sa colère, et Vincenzo Sinagra se souvient avoir entendu Filippo Marchese déclarer à son comparse Pino Greco, le chef de la famille de Ciaculli : « Il faut tuer Falcone, il commence à nous casser les couilles. »

Le fait de se trouver en présence du juge qui non seulement avait osé défier le chef de la famille du Corso dei Mille mais encore avait échappé à ses tueurs avait sans doute renforcé la confiance de Vincenzo Sinagra. Et il en avait bien besoin.

Car la tâche qui attendait Vincenzo Sinagra ce 30 mars à 17 h 40 dans un bureau blindé du palais de justice était loin d'être aisée. La confrontation qui allait suivre s'annonçait pénible. Il n'est jamais facile d'accuser un homme, surtout quand on pense qu'il est dangereux.

AVOCAT OU COMPLICE

L'accusé était un gros Palermitain qui clignait un peu trop souvent des yeux pour qu'on ne pût y voir l'expression d'un tic nerveux. Par une tragique ironie du sort, l'homme avait été conduit dans le bureau du juge Falcone menottes aux poignets entre deux carabiniers alors qu'habituellement il y avait ses entrées en tant que défenseur. Salvatore Chiaracane, c'était là son nom, était en effet un des avocats du barreau de Palerme. Il avait construit toute sa carrière en défendant les causes de certains hommes d'honneur devant les tribunaux de la ville, et avait eu à s'occuper, entre autres, des intérêts de Vincenzo Sinagra. Ce même Vincenzo Sinagra qui l'accusait aujourd'hui d'être un des *consiglieri* du chef de la famille du Corso dei Mille.

Le procès-verbal rédigé lors de la confrontation établit que c'est l'accusé qui le premier prit la parole.

« Je voudrais, dit l'avocat Salvatore Chiaracane, que M. Sinagra répète en ma présence les divagations qu'il a déjà eu l'occasion de proférer à mon encontre, profanant de la sorte ce à quoi je tiens le plus, à savoir l'exercice de ma profession d'avocat. »

On imagine facilement l'indignation qui animait l'avocat Chiaracane au moment où il prononçait ces paroles retranscrites et adaptées par un greffier avec une rigueur toute judiciaire. L'heure était d'autant plus à la plaidoirie qu'en fait c'était l'avenir de la défense légale des hommes d'honneur qui était en train de se jouer dans le bureau du juge Falcone.

Sans être un des ténors du barreau palermitain, Salvatore Chiaracane appartenait à cette génération montante d'avocats qui attirait à elle la clientèle toujours grandissante des mafieux au détriment de leurs aînés. Les avocats de la nouvelle Mafia étaient de drôles de gens. Ils savaient que c'était là un des moyens les plus sûrs de faire fortune à Palerme, à condition toutefois de respecter un code très strict. Une des règles essentielles voulait ainsi qu'un avocat ne parlât jamais d'argent avec les hommes d'honneur qu'il était censé défendre. C'était toujours ces derniers qui faisaient le premier pas, s'arrangeant pour faire parvenir régulièrement des sommes plus que confortables à leurs conseils. Et quand les hommes d'honneur réglaient les frais de leur défense, c'était « toujours bien ». Mais là encore, les avocats devaient faire attention à ne jamais accepter de trop grosses sommes d'argent, moins par crainte d'apparaître comme des complices des mafieux aux yeux de la loi que par terreur des services qui ne manqueraient pas d'être réclamés en échange d'émoluments trop copieux.

Les avocats devaient également faire très attention à chacun de leurs mots, à la manière dont ils s'adressaient à des hommes d'honneur qui s'exprimaient, on l'a vu, à l'aide d'un étrange sabir riche de sous-entendus et donc propice à engendrer de tragiques malentendus.

A toutes ces contraintes il leur fallait désormais ajouter la plus grande des prudences. Car depuis que la guerre faisait rage dans Palerme et ses faubourgs, juges et policiers essayaient d'appliquer une politique de terre brûlée afin d'isoler les hommes d'honneur de leurs complices. Voilà pourquoi certains avocats, comme Me Chiaracane, se retrouvaient aujourd'hui dans le collimateur de la justice.

Lors de précédents interrogatoires, Vincenzo Sinagra avait déclaré que Me Chiaracane était bien plus que le défenseur de Filippo Marchese, l'accusant d'être un « compère », voire un de ses *consiglieri,* dont l'avis était si précieux pour les affaires de la famille. L'heure était venue de prouver d'aussi graves accusations.

« Je répète que j'ai connu l'avocat Chiaracane, dit Vincenzo Sinagra, alors que je fréquentais mon cousin [Tempête] et le dénommé Salvatore Rotolo. » Pour conférer plus de poids aux accusations de Sinagra, on fit préciser sur le procès-verbal que la fréquentation de tels hommes d'honneur était « à des fins illicites ».

Sinagra raconta alors qu'il avait souvent accompagné Rotolo et Tempête jusqu'à la porte du cabinet Chiaracane, où il les attendait le temps nécessaire. Il n'y avait certes là aucun délit, le Code n'interdisant pas à un avocat de recevoir dans son cabinet ses clients, fussent-ils des hommes d'honneur. La chose était déjà plus délicate quand lesdits clients étaient d'aussi mauvaise réputation et recherchés par la police autant que l'était Filippo Marchese.

« Quand j'allais voir Filippo Marchese dans une villa que j'ai indiquée précédemment, poursuivit Vincenzo Sinagra, j'ai eu l'occasion de le voir fréquemment en compagnie de l'avocat Chiaracane. Ils avaient l'habitude de déambuler dans le jardin. » Vincenzo Sinagra ne fut pas le seul témoin de ces rencontres entre le chef de la famille du Corso dei Mille et son défenseur. Étaient également présents divers hommes d'honneur dont il avait déjà eu l'occasion d'évoquer la « geste délictueuse », pour reprendre l'expression figurant dans le procès-verbal.

Pour sa défense, Salvatore Chiaracane a toujours déclaré que ses rencontres avec Filippo Marchese étaient le fruit du hasard, que s'il s'était rendu dans ladite villa c'était uniquement dans l'intention de converser avec l'épouse du chef de la famille du Corso dei Mille, son client, celui-ci se trouvant incidemment être là. L'argument était d'autant plus faible que Vincenzo Sinagra affirma n'avoir jamais eu l'occasion de rencontrer la signora Marchese, ce que l'on croit volontiers. Peut-être eût-il mieux valu pour lui que Salvatore Chiaracane reconnût les faits, arguant de ce qu'après tout Filippo Marchese était son client.

S'il n'y avait eu que ces fâcheux tête-à-tête, l'avocat Chiaracane aurait peut-être eu une chance de s'en tirer à bon compte. Nombre de ses confrères avaient l'habitude de rencontrer en divers endroits de Palerme des hommes d'honneur qui étaient passés à la clandestinité et l'on peut affirmer sans crainte d'être contredit que Salvatore Chiaracane ne fut pas le seul avocat à fréquenter régulièrement Filippo Marchese.

A Palerme, il y avait déjà plus d'une centaine d'hommes d'honneur clandestins. Grâce aux déclarations de « repentis » comme Sinagra, leur nombre allait très vite doubler. Être clandestin à Palerme, on l'a vu, ne représentait pas un exploit particulier mais impliquait en revanche certaines contraintes, comme celle de se montrer relativement discret afin de ne pas trop compromettre ces citoyens au-dessus de tout soupçon dont la complicité était indispensable aux hommes d'honneur. Car pour les clandestins, il n'était pas question de changer de vie ou de fréquentations. Les mafieux avaient beau se moquer de la justice de leur pays comme de l'existence de leur prochain, ils n'en tenaient pas moins à rester dans la légalité aussi longtemps que faire se pouvait. D'où le rôle fondamental de certains avocats.

Pour l'anecdote, on retiendra que c'était grâce à ces mêmes avocats que l'on pouvait se tenir informé des rebondissements incessants qui secouaient la communauté des hommes d'honneur. C'est ainsi que la rumeur, sans doute fondée, de la mort de Filippo Marchese ne tarda pas à circuler quelque temps plus tard, quatre mois après que certains défenseurs du chef de la famille du Corso dei Mille l'eurent rencontré pour la dernière fois.

En fréquentant régulièrement Filippo Marchese, Salvatore Chiaracane n'était donc pas plus coupable que certains de ses collègues. Si ces derniers ne furent pas inquiétés c'est que peut-être les enquêteurs n'avaient pas réussi à trouver contre eux de témoignage aussi convaincant que celui de Vincenzo Sinagra, mais c'est sans doute aussi parce que le gros avocat semblait avoir par moments quelque peu outrepassé les limites de sa fonction. A preuve le degré d'intimité qui semblait le lier au terrible chef de la famille du Corso dei Mille et qui se serait traduit au début de chacune de leurs rencontres par forces étreintes et embrassades dont témoigna Vincenzo Sinagra.

Le délit d'étreinte n'étant pas prévu par le Code

pénal, il devait y avoir des choses autrement plus graves dans les déclarations de Vincenzo Sinagra pour justifier la comparution du prévenu Chiaracane. En effet, si l'on en croit l'ancien factotum de Filippo Marchese, l'avocat servait principalement les intérêts de la « famille » en aidant ceux des hommes d'honneur de celle-ci qui étaient concentrés à l'époque dans la prison de la ville, l'Ucciardone.

LES HOMMES D'HONNEUR DE L'UCCIARDONE

Le délit d'homicide volontaire pour lequel Sinagra et ses cousins avaient été arrêtés était de ceux qui justifiaient normalement l'isolement total avant comparution devant le procureur. Les cousins Sinagra, qui furent placés dans les quartiers de l'Ucciardone réservés à cet effet, savent désormais qu'à la prison de Palerme l'isolement est un vain mot. Non seulement on leur communiqua les saluts d'autres hommes d'honneur pareillement détenus, mais encore ils eurent tout loisir de babiller comme si de rien n'était.

Les cousins discutèrent sans nul doute de la fâcheuse tournure que prenaient leurs affaires. Puis on en vint à discuter de la « famille ». Dehors, apparemment la vie continuait plus violente que jamais. C'est ainsi que Vincenzo Sinagra apprit de la bouche de son cousin Tempête que Filippo Marchese avait fait exécuter un médecin légiste du nom de Paolo Giacone, seulement coupable d'avoir identifié une empreinte digitale qu'un parent du chef de la famille du Corso dei Mille avait eu l'imprudence de laisser sur les lieux d'un crime.

Quelques heures seulement après son arrestation, Vincenzo Sinagra reçut la visite de deux hommes d'honneur, Francesco Spadaro et Giuseppe Zanca, qui venaient lui dicter les instructions de son chef. Les deux mafieux devaient bénéficier d'importantes complicités car, non seulement ils avaient l'air de jouir d'une relative liberté de mouvement à l'intérieur même de la prison, mais encore ils avaient pratiquement l'accès libre au quartier d'isolement. « Tiens-toi tranquille, dirent-ils à Sinagra, on avisera plus tard. »

Quelque temps après, peut-être le lendemain ou le surlendemain, les deux hommes d'honneur retournèrent visiter Vincenzo Sinagra. Ils commencèrent par lui reprocher d'avoir oublié l'arme qui avait servi à abattre le malheureux Di Fatta dans une voiture que les policiers devaient forcément trouver. Par sa faute, lui et ses cousins Tempête et Antonio se trouvaient dans une fâcheuse posture.

« Ils me dirent, expliqua par la suite Sinagra, qu'il n'y avait qu'une seule chose à faire. Selon les instructions de l'avocat Chiaracane, il fallait simuler la folie. Je devais dire : " Je veux aller à la pêche "; Antonino [Sinagra] : " Je veux ma maman "; et Tempête : " Je veux un bateau. " »

Ces simples phrases répétées à tout bout de champ devant juges et policiers entraînèrent un changement immédiat du statut des cousins Sinagra, qui furent placés dans des lits de contention en attendant des examens psychiatriques plus ou moins sérieux. En leur ordonnant de simuler la folie, les dirigeants de la Cosa Nostra savaient ce qu'ils faisaient : à l'époque, bon nombre d'hommes d'honneur pareillement arrêtés avaient été placés en hôpital psychiatrique, avant d'être libérés, pour avoir manifesté de graves troubles mentaux. Le tout était de prendre son rôle suffisamment au sérieux. Ce qui, contrairement aux apparences, était plus facile à dire qu'à faire.

On a beau avoir vu et avoir fait ce que Vincenzo Sinagra a vu et a fait, on peut n'en avoir pas moins conservé sa raison entière. C'est ainsi qu'après avoir assisté à maintes strangulations, après avoir jeté à la mer autant de cadavres et dynamité encore plus d'édifices Vincenzo Sinagra se trouva fort embarrassé lorsqu'il lui fallut tenir le rôle du fou. Quelque temps après avoir commencé de délirer, Vincenzo Sinagra donna les premiers signes de fléchissement. Il n'en pouvait plus de passer ses journées ficelé dans un lit de contention avec pour seuls voisins ses deux cousins pareillement conditionnés. De temps à autre, des hommes d'honneur venaient leur rendre visite. Les mafieux se mettaient alors devant une des fenêtres de la pièce où se trouvaient liés les trois Sinagra qu'ils exhortaient à tenir bon : « C'est le seul moyen de vous en sortir », leur disaient-ils avant de les quitter.

Tempête expliqua à Vincenzo Sinagra qu'un de leurs visiteurs n'était autre que Giovanni Bontate, le frère de Stefano Bontate assassiné par les Corléonais de la façon que l'on sait. « Giovanni Bontate appartenait à la vieille Mafia, expliqua Tempête. Il s'est allié avec nous parce qu'il n'avait pas d'autre choix après la mort de son frère. C'est un personnage influent susceptible d'avoir des contacts fréquents avec les avocats. »

Giovanni Bontate, on s'en souvient, n'était déjà pas en bons termes avec son frère Stefano, chef de la famille de Santa Maria di Gesù, de la fin des années soixante à l'aube des années quatre-vingt. A la mort de ce dernier, Giovanni Bontate n'eut donc aucun mal à rejoindre le camp adverse. Alors qu'il se trouvait déjà détenu à l'Ucciardone, Giovanni Bontate, en signe d'allégeance, devint officiellement le filleul du nouveau chef de famille et l'on fêta l'événement comme il se doit à la prison de Palerme, où le champagne coula à flots dans les cellules réservées aux hommes d'honneur.

Giovanni Bontate semblait prendre très à cœur les intérêts des trois cousins Sinagra, sans doute à la demande de Filippo Marchese, leur chef. C'est ainsi que lors d'une visite ultérieure il promit à Vincenzo Sinagra de tout faire pour l'aider. « Je vais te donner une lame de rasoir, lui aurait dit Giovanni Bontate, comme ça tu pourras t'infliger des blessures superficielles afin de donner plus de poids à tes manifestations de folie. »

Malgré tous ces encouragements, Vincenzo Sinagra n'en pouvait plus de jouer la démence. Après un court séjour à l'asile psychiatrique de Sant'Erasamo de Naples, Vincenzo Sinagra retourna à la prison de Palerme où il devait être soumis à de nouvelles expertises. A bout de nerfs, il adressa un message à Giovanni Bontate par l'intermédiaire d'un détenu qui travaillait à l'infirmerie. « Je ne veux plus faire le fou », envoya-t-il dire. La réponse ne tarda pas.

Quelque temps plus tard en effet, deux hommes d'honneur se penchèrent sur le lit de contention de Vincenzo Sinagra. Leur expression devait être aussi terrible que le message dont ils étaient les porteurs. « Tu continues à faire le fou, dirent-ils au malheureux jeune homme, sinon on t'arrache la tête. » Vincenzo Sinagra comprit immédiatement que cette dernière expression loin d'être une simple image traduisait avec précision le sort qui lui serait imparti dès lors qu'il cesserait de délirer en public.

Alors, terrifié, Vincenzo Sinagra continua d'exprimer inlassablement son désir d'aller à la pêche chaque fois qu'il lui était donné d'être interrogé par un juge. Le reste du temps, il attendait dans son lit de contention, échangeant toujours les mêmes propos avec ses deux cousins, se plaignant sans cesse de son sort.

« Tu nous a ruinés, se lamenta un jour Antonino Sinagra à l'adresse de son cousin Tempête. C'est toi qui nous a poussés à faire partie de la nouvelle Mafia. Et aujourd'hui nous voilà en prison.

– Tais-toi, répondit alors Tempête. Reste tranquille, tout va bien. Zu Michele sait ce qu'il faut faire. » Zu Michele, l'oncle Michele, était à n'en pas douter le chef suprême de la Mafia, le secrétaire de la Coupole, Michele Greco soi-même, dont les hommes d'honneur savaient qu'il avait à Palerme plus de pouvoir que pape en Vatican.

Vincenzo Sinagra, lui, s'en moquait de Zu Michele, ce qu'il voulait savoir, c'est quand il sortirait de prison, et de quelle manière. Ses cousins lui avaient dit que l'avocat Chiaracane s'occupait de leurs affaires; il leur demanda donc pourquoi ce dernier n'était jamais venu leur rendre visite.

La question n'était pas dénuée de bon sens et Me Chiaracane ne se priva pas de la répéter quand, quelques mois plus tard, il comparut en présence de Vincenzo Sinagra devant le juge Falcone. La réponse fournie par Sinagra était élémentaire, peut-être même un peu trop : « C'est pour éviter que l'on comprenne que l'avocat et nous sommes la même chose », expliqua en substance Sinagra en employant une terminologie on ne peut plus mafieuse. Si l'on veut bien admettre le bien-fondé des assertions de Vincenzo Sinagra, on préférera pourtant croire qu'il est d'autres raisons plus vraisemblables à l'absence de visite de l'avocat. Me Chiaracane s'occupait à l'époque de la défense d'une ribambelle d'hommes d'honneur et avait fort à faire, notamment dans le cadre d'un procès-fleuve; il n'avait sans doute guère de temps à consacrer aux cousins Sinagra, accusés somme toute d'un banal délit comme il y en avait des dizaines à l'époque.

CELUI QUI DOIT MOURIR...

La prison de l'Ucciardone, on l'a vu, était à l'époque entièrement dominée par les mafieux qui y faisaient entrer ce qu'ils voulaient quand ils le voulaient. Au début, Vincenzo Sinagra ne manqua pas de s'en étonner auprès de son cousin Tempête. Après tout, l'Ucciardone ne dépendait-elle pas officiellement du ministère de la Justice italien, qui était censé y faire régner les lois de la République? Tempête se moqua de la stupidité de son cousin avant de lui illustrer les différentes manières de contourner la loi.

Vincenzo Sinagra retint la leçon. Il ne se priva pas quelque temps plus tard de la répéter lors de sa confrontation avec Me Chiaracane, l'accusant de connivence avec certains des détenus de l'Ucciardone.

Après avoir accusé l'avocat d'avoir livré au moins un petit paquet de drogue à un des prisonniers, Vincenzo Sinagra affirma. « Tempête m'a dit que Me Chiaracane faisait entrer dans la prison de l'Ucciardone tout ce que Filippo Marchese voulait. »

L'accusation était de taille : elle faisait de l'avocat un des serviteurs les plus zélés et les plus redoutables du chef de la famille du Corso dei Mille. L'homme ne pouvait pas la laisser passer sans rien dire.

D'un ton que l'on devine indigné, Me Chiaracane déclara :

« Que Dieu te pardonne pour ce que tu dis! »

Comme s'il avait vu dans cette phrase une quelconque menace mafieuse, Vincenzo Sinagra répliqua non sans emphase :

« Je sais que je dois mourir. Mais, *avvocato,* souvenez-vous, Samson meurt en compagnie de tous les Philistins. Je suis un repenti et fier de l'être. »

Un des magistrats présents à la confrontation profita du tour que prenait la discussion pour essayer de porter un coup fatal à l'avocat en demandant à Vincenzo Sinagra :

« Savez-vous si Me Chiaracane faisait partie de la Mafia ? »

– Pour moi, l'appartenance de Me Chiaracane à la Mafia est évidente, répliqua en substance Vincenzo Sinagra, et ce pour plusieurs raisons. Non seulement, comme j'ai eu l'occasion de vous l'expliquer, je l'ai rencontré plusieurs fois en compagnie de Filippo Marchese, mais encore Tempête et Salvatore Rotolo m'ont dit qu'il était des nôtres. » Pour donner plus de poids aux déclarations des deux hommes d'honneur qu'il citait, Vincenzo Sinagra ajouta : « Son père était un mafieux, il était le parrain de Filippo Marchese et commandait la zone de Piazza Torrelunga. »

Offusqué, l'avocat répliqua que Sinagra n'était pas digne de mentionner le nom de son père et il dénonça ces accusations en les qualifiant d'« infamie ». Par la suite, d'autres hommes d'honneur parleraient d'un ancien chef de famille nommé Pietro Chiaracane et qui régnait au début des années cinquante sur la zone indiquée par Vincenzo Sinagra. On ignore s'il s'agit du père de l'avocat, mais on remarque qu'en Sicile le simple fait d'avoir un parent mafieux suffit à faire de vous un suspect des plus présentables.

LE GRAND AIR DE LA FOLIE

Si la principale faiblesse des accusations que Vincenzo Sinagra proféra à l'encontre de Me Chiaracane réside dans le fait qu'elles soient, pour la plupart, de seconde main, il n'en demeure pas moins qu'une série de coïncidences troublantes viennent étayer ses dires. Ainsi, des détenus se chargeaient d'avertir Vincenzo Sinagra chaque fois qu'un magistrat avait l'intention de l'interroger par surprise, ce qui suppose des complicités sinon au palais en tout cas au barreau palermitain. C'est ainsi que Sinagra put sans trop de mal jouer son rôle de déséquilibré devant des juges par trop crédules.

« Je me présentais devant le juge vêtu de manière bizarre, expliqua Sinagra, avec un bandeau sur la tête et le regard toujours dans le vide. [...] Je ne prêtais pas attention à ce qui se passait dans la pièce. » Et comme Sinagra refusait de répondre à toute question, régulièrement le magistrat instructeur suspendait l'audience et ordonnait le retour de l'inculpé à son lit de contention. Cette tactique semblait porter ses fruits puisque Vincenzo Sinagra fut plus d'une fois expédié à l'autre bout de la Péninsule dans divers établissements psychiatriques où il faisait l'impossible pour ne pas trop détonner.

Tout allait pour le mieux jusqu'à ce jour de novembre 1983, où, dans une cellule de l'hôpital psychiatrique de Montelupo Fiorentino, Vincenzo Sinagra craqua pour de bon. La lassitude produite par son rôle de fou l'emporta sur la peur des représailles, alors l'ancien factotum de Filippo Marchese demanda à parler à un juge d'instruction. Il était prêt à dire tout ce qu'il savait sur la terrible famille du Corso dei Mille.

LE LABYRINTHE DES « FAMILLES »

Ce que Vincenzo Sinagra avait à dire tient sur plus de trois cents pages de procès-verbaux établis devant une poignée de juges palermitains. Sans aucune retenue, le malheureux jeune homme leur narra par le détail la vie de la famille de Filippo Marchese, décrivant avec une minutie écœurante les moindres exécutions, n'hésitant pas quand il le fallait à conduire les carabiniers sur les lieux des crimes afin de leur faire mieux comprendre les terribles rituels auxquels se livraient les hommes d'honneur.

C'est ainsi que le jeune homme mena les enquêteurs dans cette fameuse chambre de la mort où il avait vu Filippo Marchese et son compère Pino Greco étrangler de leurs mains au moins quatre personnes. Sur les lieux, les policiers saisirent plusieurs armes à feu, quelques grammes de cocaïne, dont on suppose qu'ils servaient à stimuler l'ardeur des bourreaux, ainsi qu'une cordelette portant dans ses fibres des traces de poils et de sang provenant d'au moins trois individus différents.

Si le récit des assassinats et des exactions commises par les hommes de Filippo Marchese que leur fit Vincenzo Sinagra correspondait jusque dans les moindres détails aux constatations passées des enquêteurs, il n'y avait qu'un point faible dans les accusations de Sinagra : les noms. Le jeune homme était incapable de nommer correctement la plupart de ses victimes ou complices, à l'exception bien sûr de ses proches, ce pour des raisons aisément compréhensibles.

Bien qu'ayant fait partie pendant plus de six mois de la famille du Corso dei Mille, Vincenzo Sinagra eut toujours du mal à se repérer dans la jungle de la Cosa

Nostra. S'il connaissait de vue la plupart des hommes d'honneur de son quartier, il ignorait bien souvent jusqu'à leur nom. Par la suite, il participa à bien des exécutions sans jamais connaître l'identité des victimes. Le délicat problème de l'identification devenait pratiquement insoluble dès lors que Vincenzo Sinagra était appelé à croiser des hommes d'honneur provenant d'autres familles que la sienne.

Pour sa décharge, il convient de dire que rares étaient les personnes capables à l'époque de s'orienter décemment dans le labyrinthe des familles palermitaines. Bien malin le généalogiste qui aurait su tracer l'arbre des parentés mafieuses où bien souvent des liens de cousinage étaient doublés voire triplés par des mariages ou des parrainages dont la seule logique était de renforcer la cohésion « familiale ». La difficulté était d'autant plus grande que, faute d'imagination, il n'était pas rare de voir une dizaine de membres d'une même famille affublés d'un seul et même prénom. L'état civil les distinguait en mentionnant l'identité de leur père, ou de leur grand-père le cas échéant. Entre eux, l'emploi quasi obligatoire d'un surnom facilitait la reconnaissance. Quant à la piétaille de l'acabit de Vincenzo Sinagra ou de ses cousins, elle n'avait pas besoin de savoir l'identité des hommes d'honneur, il lui suffisait de les connaître de vue et de savoir de quoi ils étaient capables.

IDENTIFICATION D'UN « HOMME »

C'est ainsi que Vincenzo Sinagra ignora longtemps la véritable identité de Pino Greco, le chef de la famille de Ciaculli qu'il avait pourtant vu à maintes reprises en compagnie de Filippo Marchese, notamment à l'occasion de quelques exécutions. Son cousin Tempête lui avait vaguement précisé que Scarpuzzedda était un Greco, ajoutant en passant qu'il se prénommait Giovannello.

Tempête était-il dans l'ignorance de la réalité, ou plus simplement avait-il l'intention de se moquer de son cousin ? Toujours est-il que le fait de désigner Pino Greco du nom de son cousin Giovannello était au mieux un lapsus des plus significatifs, au pire une sinistre plaisanterie. Surtout quand on connaît la haine que se vouaient déjà les deux jeunes gens.

Les carabiniers qui interrogèrent Vincenzo Sinagra ne manquèrent pas d'être fort troublés par la présence d'un « Giovannello » Greco dans son récit. Tout ce que leur narra Sinagra collait parfaitement avec l'état de leurs connaissances sur la Cosa Nostra et les différents camps qui s'affrontaient, sauf précisément le fait de voir un « Giovannello » Greco acoquiné à celui qui était censé être un de ses ennemis mortels, Filippo Marchese. Après avoir présenté à Vincenzo Sinagra un album photograhique où étaient rassemblées toutes les figures connues du milieu palermitain, les carabiniers poussèrent des soupirs de soulagement. Sinagra avait formellement identifié la photo de son « Giovannello » Greco, qui était en réalité celle du Pino Greco qui dirigeait la famille de Ciaculli.

LES ATRIDES AU PAYS DE LA MAFIA

Si l'on prend la liberté de revenir sur la triste figure de Pino Greco et d'évoquer le différend qui l'opposa au non moins redoutable Giovannello Greco au risque d'embrouiller une histoire qui est déjà fort compliquée, c'est que derrière cet épisode se cache un des faits d'armes les plus terribles de la Cosa Nostra et celui-ci n'est pas sans évoquer de plus antiques Atrides.

L'histoire ne dit pas à quand remonte le différend qui allait faire s'opposer les deux cousins dans une lutte quasi épique. De même son motif nous est-il encore inconnu à ce jour. On ne sait qu'une seule chose : la haine des deux cousins qui explosa au printemps 1981, peu après le début de la guerre des familles fut cimentée par au moins une vingtaine de morts. Pour la plupart, des parents ou des amis de Giovannello Greco.

Tout comme son cousin Pino, Giovannello Greco était un homme d'honneur de la triste famille de Ciaculli. Son tort fut sans doute d'avoir choisi le camp des adversaires des Corléonais alors que son parent, le Pape, Michele Greco, avait entrepris leur extermination systématique. Au sein de la communauté des hommes d'honneur, personne n'ignorait combien profonde était l'amitié qui avait lié Giovannello Greco au défunt Salvatore Inzerillo, dont on connaît les sentiments anti-Corléonais. Cette amitié coupable fut peut-être ce qui valut à Giovannello Greco d'être banni de sa « famille » et condamné à mort par le reste du clan des Greco.

Il serait long et fastidieux d'énumérer ici la liste des assassinats qui suivirent le bannissement de Giovannello Greco. Il suffit de savoir que, n'arrivant pas à tuer son cousin, Pino Greco entreprit d'exterminer systématiquement les proches ou les compères de celui-ci où qu'ils soient. De la prison de l'Ucciardone aux banlieues milanaises en passant par les venelles palermitaines, les tueurs de Pino Greco semblaient quadriller la Péninsule, frappant impitoyablement les proches de Giovannello : là, un détenu était sauvagement poignardé d'une trentaine de coups de couteau; ici, on découvrait le corps carbonisé d'un jeune homme d'honneur; tandis qu'à Palerme on assassinait des vieillards jusqu'alors sans histoire.

LA BATAILLE DE CIACULLI

L'épisode qui nous intéresse survint au plus fort de ce massacre, au matin du jour de Noël 1982, pour être précis. Ce jour-là, Giovannello Greco et un homme d'honneur de ses amis Giuseppe Romana, dit « l'Américain » décidèrent de mettre un terme à la furie sanguinaire du cousin Greco. Ils se rendirent donc tout deux dans le fief de Scarpuzzedda, à Ciaculli, dans l'intention de lui « souhaiter un mauvais Noël », comme on dit ici.

Si on ignore les détails de l'action, on sait en revanche grâce au témoignage de plusieurs hommes d'honneur que Pino Greco échappa par miracle à l'embuscade que lui tendit son cousin aidé de « l'Américain ». Dans les heures qui suivirent, le Tout-Palerme des hommes d'honneur sut qu'il y avait eu du grabuge sur les hauteurs de Ciaculli et chacun rentra chez soi pour attendre, armé jusqu'aux dents, la suite des événements.

La suite fut terrible. Quelque temps après, le complice de Giovannello Greco, « l'Américain », fut assassiné à Fort Laudale en Californie où il s'était réfugié. Mais c'est en Sicile même que les effets de la vengeance de Pino Greco se firent le plus durement sentir. Le terrible Scarpuzzedda avait en effet entrepris une vaste opération de représailles connue dans l'histoire de la Cosa Nostra sous le nom de « revalorisation de Ciaculli ».

Pino Greco, on s'en souvient, était malgré son jeune âge le chef de la famille de Ciaculli. A ce titre, il pouvait faire ce que bon lui semblait sur son territoire. Estimant sans doute que le bourg de Ciaculli n'était plus sûr, il décida donc d'en expulser *manu militari* tous ceux dont la présence était sinon suspecte en tout cas indésirable. Il est impossible de chiffrer le nombre exact des déportations – on parle de dizaines de cas –, ni même de savoir dans quelles conditions elles furent effectuées – il y eut, semble-t-il, quelques bavures. La plupart des personnes expulsées n'appartenaient pas directement à la Cosa Nostra; leur tort était de compter dans leur propre famille des hommes d'honneur qui s'étaient alignés sur les adversaires de Pino Greco. Le cas le plus célèbre fut celui d'une veuve qui, après avoir refusé de décamper, vit sa maison murée par les hommes de Pino Greco et dut s'enfuir précipitamment pour éviter de demeurer à jamais prisonnière du ciment. Aujourd'hui encore, sa maison sans porte ni fenêtres est une des curiosités de Ciaculli.

Afin d'inciter ses anciens amis à un départ définitif, Pino Greco leur envoya plusieurs messages, dont cette missive qui fut saisie par les enquêteurs. « Très cher, pouvait-on lire au début de la lettre manuscrite, tu as un mois de temps pour quitter Ciaculli avec toute ta famille. Ensuite, tu as un an pour vendre tout ce que tu as. Si après un mois tu es toujours là, de graves malheurs retomberont sur toi et tes proches. Adieu. Palerme, le 7 janvier. »

La normalisation de Ciaculli fut achevée dans le courant de l'année 1983. A l'instar de Palerme, le bourg était plus que jamais soumis à la terreur des Greco. Le nom de Michele Greco, le Pape de la Coupole, figurait déjà sur nombre d'avis de recherche internationaux, et l'on commençait à peine à soupçonner quel était le terrible rôle de son parent Pino Greco. Il ne faudrait pourtant pas croire que la Cosa Nostra avait gagné la guerre commencée quelques années auparavant contre l'État italien. La réalité était tout autre. Très vite, dans l'ombre des palais de justice et des casernes de carabiniers, des hommes d'honneur, ou certains de leurs serviteurs comme Vincenzo Sinagra, n'allaient pas tarder à accepter de témoigner contre leurs anciens maîtres. Après le temps des assassins, l'heure des repentis était enfin venue.

CHAPITRE 9

L'HOMME DE RIO

UN CURIEUX PASSAGER

LOIN, très loin de Palerme, emmitouflé dans un plaid, le regard dissimulé par une lourde paire de lunettes de soleil aux verres fumés, un homme d'une soixantaine d'années se trémoussait dans un fauteuil au premier rang de la classe affaires du jumbo-jet qui reliait Rio à Rome. La pâleur quasi cadavérique de son visage trahissait une nouvelle crise : palpitations du cœur, nausées, suées froides; mais le médecin qui se trouvait à ses côtés n'avait pas l'air préoccupé. Après avoir pris le pouls de l'homme aux verres fumés, il se tourna vers un troisième passager pour lui signifier que tout allait, sinon bien, en tout cas pour le mieux.

Le mystérieux malade du vol Rio-Rome n'était pas un passager comme les autres à en juger en tout cas par le luxe de précautions qui avait entouré son embarquement et celui de son escorte, une dizaine d'Italiens – à n'en point douter des policiers en civil : qui d'autre pouvait emprunter un vol régulier armé jusqu'aux dents?

Le visage de l'homme était, aux dires des témoins, de ceux qui forcent le « respect », il était de ceux qu'on oublie difficilement sans que l'on puisse dire exactement pourquoi. La tradition orale voulait que ses traits eussent été modifiés plusieurs fois par des chirurgiens esthétiques latino-américains, lui donnant cet air d'Indio mexicain – menton prognathe, front haut et pommettes saillantes – dont il semblait si fier, si l'on en croit les propos prêtés à sa troisième épouse par différents journaux italiens et brésiliens.

Verrier de son état, plusieurs fois condamné à de lourdes peines de prison, et incarcéré, aux États-Unis, au Brésil et en Italie, pour différents trafics dont celui de la drogue, l'homme faisait partie de ceux que les Palermitains appellent dans leur jargon les *pezzi da novanta*, les « pièces de 90 », tant en raison de la puissance de feu qu'ils sont à même de mobiliser qu'à cause de leur stature, morale et physique. Ce n'était pas la première fois qu'il se trouvait dans une situation délicate, pourtant cette fois, tassé dans le fauteuil club du jumbo de l'Alitalia, l'homme semblait comme transfiguré. Il avait perdu sa légendaire arrogance, celle qui l'avait poussé à déclarer à un journaliste : « Si être mafioso veut dire se comporter avec dignité, sans nuire à personne, alors je suis mafioso. »

C'était quelques mois avant son arrestation à São Paulo par une police brésilienne remarquablement incorruptible : « Il nous a dit qu'il était immensément riche et nous a proposé tout l'argent qu'on voulait en échange de sa liberté », affirma un porte-parole de la police pauliste. En l'espace de quelques semaines, une chose terrible avait pourtant brisé la fierté de cet homme, car ce n'était plus que l'ombre de Tommaso Buscetta, don Masino pour les intimes, le « boss des Deux Mondes » pour les Palermitains, qui se trouvait dans le Rio-Rome du 14 juillet 1984.

COMPLICITÉS SUD-AMÉRICAINES

On sait dans quelles conditions Tommaso Buscetta avait quitté Palerme près de trois ans auparavant pour aller se réfugier au Brésil. C'est un homme d'honneur déçu et amer qui s'était enfui de la Sicile à la veille de la guerre des familles, peu de temps avant les assassinats de ses amis Stefano Bontate et Salvatore Inzerillo. Pressentant le pire, Tommaso Buscetta avait préféré abandonner sa terre natale plutôt que d'être obligé de choisir entre la folie sanguinaire des Corléonais et celle apparemment moins excessive de leurs adversaires qualifiés de « perdants » parce qu'ils se faisaient massacrer les uns après les autres.

A la fin des années soixante, Tommaso Buscetta avait déjà eu l'occasion de passer quelques années au Brésil, ainsi qu'on l'a vu. Ce qu'il y avait fait et ce qu'il y ferait dix ans plus tard demeure en revanche un mystère que même les enquêteurs italiens ne sont pas arrivés à résoudre. Apparemment, Tommaso Buscetta vécut durant son dernier séjour brésilien sinon chichement du moins très modestement. Il n'avait, semble-t-il, amassé aucune fortune. Et s'il l'avait fait, il le cachait bien. Son seul bien, Tommaso Buscetta le partageait avec son beau-frère Homero Guimares. Il s'agissait d'une propriété foncière de vingt-cinq mille hectares allouée par le gouvernement brésilien à des conditions qui frisaient la donation. Située dans la partie septentrionale du pays, non loin de São Paulo, la propriété était une de ces *fazendas* qu'il fallait, par un travail de titan, arracher à la forêt vierge.

L'homme d'honneur semblait en tout cas bénéficier d'appréciables complicités à en juger par la facilité avec laquelle le gouvernement paraguayen lui accorda en mars 1981 un passeport en bonne et due forme au nom de Tommaso Roberto Felice. La chose n'est pas étonnante si l'on accorde quelque crédit à la légende qui fait de lui le prince du trafic international de cocaïne, production régionale des plus lucratives. Si tel était le cas, on serait forcé d'admettre avec certains enquêteurs que Tommaso Buscetta était un fieffé malin qui savait dissimuler ses narco-dollars dans quelque banque suisse au détriment d'un train de vie familiale qu'il faut bien qualifier de raisonnable.

Officiellement, Tommaso Buscetta se prétendait commerçant en bois. Et on put le voir au début de son séjour visiter diverses scieries, portant un intérêt semble-t-il prononcé à tout ce qui concernait le traitement et le commerce des arbres abattus. Cette nouvelle passion, que l'on ne saurait qualifier de vocation tant elle arriva tardivement, était-elle réelle ? Buscetta, Dieu et les arbres seuls le savent. Ce que nous savons, en revanche, c'est que parallèlement à cette activité de colon de la forêt amazonienne, l'homme d'honneur n'avait pas renoncé à la fréquentation de ses semblables.

LA « LITTLE ITALY » BRÉSILIENNE

En ce temps-là, il y avait au Brésil une forte communauté d'hommes d'honneur palermitains qui, associés à divers malandrins napolitains, trafiquaient joyeusement tout ce qui pouvait l'être. Au sein de cette « Little Italy » *carioca* ou pauliste, un des hommes les plus influents était sans conteste le dénommé Antonio Salamone qui, on s'en souvient, avait conservé de puissants intérêts en Sicile. Chef de la famille qui prenait ses racines dans la bourgade de San Giuseppe

Jato située non loin de Palerme, Antonio Salamone faisait aussi partie du gouvernement de la Cosa Nostra, la Coupole. Antonio Salamone connaissait Tommaso Buscetta depuis des années. Rien d'étonnant donc à ce que les deux hommes aient été en contact dès l'arrivée de Tommaso Buscetta au Brésil.

Vers la fin du mois de juillet 1982, alors qu'à Palerme la guerre des familles faisait rage, Tommaso Buscetta reçut en sa résidence *carioca* un étrange coup de téléphone d'Antonio Salamone.

« Il est possible que Gaetano Badalamenti vienne te rendre visite au Brésil, lui aurait dit en substance Antonio Salamone. Évite de le voir, cela ne pourrait t'apporter que des ennuis. »

Tommaso Buscetta savait que Gaetano Badalamenti était considéré de pire manière qu'un pestiféré par la communauté des hommes d'honneur. On se souvient que ce parrain aux allures un peu frustes qui dirigeait jusqu'en 1978 la Coupole fut brutalement démis de ses fonctions et perdit la charge de chef de la famille de Cinisi, avant d'être expulsé de la Cosa Nostra pour des raisons restées mystérieuses. Pour des motifs tout aussi obscurs, Gaetano Badalamenti jouissait encore d'un certain prestige au sein de la communauté des hommes d'honneur. Les mauvaises langues et les policiers disent que c'est en raison des puissants réseaux de trafic d'héroïne que l'homme continuait de contrôler. Buscetta, qui avait connu Gaetano Badalamenti à la prison de l'Ucciardone dix ans auparavant, s'était toujours refusé à appliquer la consigne de mise en quarantaine qui aurait dû frapper l'ancien chef de la famille de Cinisi, et il continuait à le fréquenter envers et contre tous.

C'est pourquoi Tommaso Buscetta répondit sèchement à Antonio Salamone :

« Si Gaetano Badalamenti veut venir au Brésil, je ne peux certes pas l'en empêcher. »

COMPLOTS ANTICORLÉONAIS

Quelques jours plus tard, Tommaso Buscetta ne fut donc nullement surpris de recevoir un appel téléphonique intercontinental de Gaetano Badalamenti, même s'il ne put s'empêcher de se demander par quel miracle le parrain de Cinisi était arrivé à trouver le numéro téléphonique de sa demeure à Rio. Tommaso Buscetta dut peut-être penser que dénicher un numéro confidentiel représentait une difficulté mineure pour un homme capable d'acheter à des trafiquants turcs des tonnes de morphine base qu'il revendait aux États-Unis après transformation en héroïne.

« Je voudrais venir au Brésil pour vous parler », lui aurait dit Gaetano Badalamenti.

Qu'à cela ne tienne.

Peu après, Tommaso Buscetta se rendit donc à l'aéroport international de Rio afin d'accueillir Gaetano Badalamenti, impatient d'en savoir plus sur les motifs du voyage de ce dernier. Il n'allait pas tarder à l'apprendre. A peine débarqué, Gaetano Badalamenti dévoila ses intentions.

Point n'était besoin qu'il fît de dessin à Tommaso Buscetta. Ce dernier savait comme tout un chacun dans quel état se trouvait la Cosa Nostra, et surtout par la faute de qui. Afin de remédier à cette situation, Gaetano Badalamenti fit à Tommaso Buscetta une proposition que celui-ci ne pouvait que refuser.

« Je suis venu, lui dit-il, pour vous convaincre de rentrer en Italie. En vertu de votre ascendant, vous devez diriger la révolte contre les Corléonais. »

Tommaso Buscetta n'ignorait pas la cruauté avec laquelle la famille des Corléonais, aidée par le secrétaire de la Coupole Michele Greco, trucidait tous ceux qui osaient se dresser contre elle. Mais il fit poliment remarquer à Gaetano Badalamenti le côté légèrement suicidaire de son idée.

« Il est tout simplement fou de penser que je puisse par mon seul ascendant renverser une situation irrémédiablement compromise », répliqua Buscetta.

L'ENNEMI

Tommaso Buscetta ne se faisait guère d'illusion quant aux soudaines marques d'amitié que lui manifestait Gaetano Badalamenti depuis son arrivée à Rio. En bon homme d'honneur, il avait compris que tout ce qui intéressait le parrain de Cinisi, c'était de pouvoir exploiter le nom de Tommaso Buscetta qui telle une bannière aurait dû servir à rassembler les adversaires des Corléonais.

Gaetano Badalamenti semblait avoir placé en Tommaso Buscetta ses derniers espoirs. C'est en tout cas ce que l'on pouvait déduire du service qu'il lui demanda après avoir fait une nouvelle fois l'apologie de son ascendant.

Gaetano Badalamenti voulait que Tommaso Buscetta exploitât les amitiés qu'il avait nouées en prison avec différents membres des milieux catanais et milanais pour que soit assassiné un détenu. Et pas n'importe quel détenu : Luciano Leggio, le chef de la famille de Corleone, l'homme dont on dit qu'il dirige la Cosa Nostra depuis sa prison et dont on sait qu'il avait su s'attirer la haine de Gaetano Badalamenti par force humiliations et vexations. L'opération était d'autant plus délicate à exécuter que les hommes d'honneur savaient que derrière la guerre qui ravageait Palerme se dressait l'ombre immense et terrible de Luciano Leggio.

« C'est une entreprise folle que je n'ai pas les moyens de réaliser, répondit Tommaso Buscetta. Je ne suis pas en mesure de demander à qui que ce soit de réaliser un acte aussi compliqué. »

Terrifié par les projets de son compère, Tommaso Buscetta n'en continua pas moins de fréquenter Gaetano Badalamenti durant les semaines qui suivirent. L'histoire ne dit pas tout ce que les deux hommes d'honneur trafiquèrent ensemble; il est plus d'un juge pour penser que leur commerce ne se limita pas à un simple échange d'idées sur le monde, et que de l'union de leurs forces naquit un important réseau international de contrebande de drogue. Dans l'incapacité d'approfondir ce dernier point, nous nous contenterons d'illustrer leurs rapports amicaux.

C'est ainsi que l'on sait avec certitude que Tommaso Buscetta se trouvait devant un poste de télévision de l'hôtel Regen de Belem en compagnie de Gaetano Badalamenti et du fils de ce dernier, Leonardo, le soir du 3 septembre 1982. Tous trois étaient descendus au Regen sous de faux noms et affirmaient se trouver à Belem dans l'intention de visiter une scierie. Glissons sur l'alibi, puisque seul le fait qu'ils se trouvaient en train de regarder le journal télévisé nous intéresse.

Le Brésil a beau être séparé de la Sicile par la largeur d'un océan et d'un bout de mer réunis, il est des nouvelles concernant la vie sicilienne que même une station de télévision locale brésilienne ne peut laisser passer. C'est ainsi que ce soir-là Tommaso Buscetta, Gaetano Badalamenti et consorts apprirent que le général Carlo Alberto Dalla Chiesa, préfet anti-Mafia de Palerme, venait d'être trucidé à coups de Kalashnikov, ainsi que sa femme et leur garde du corps. On devine la consternation des deux hommes d'honneur à l'annonce de la nouvelle, et ce non pas tant en raison d'une sorte d'affection qu'ils auraient pu porter à la personne du général Dalla Chiesa ni même à cause de sentiments humanitaires, mais bien parce qu'ils pressentaient les jours tragiques qui ne manqueraient pas de suivre.

Puisqu'il débarquait à peine de Sicile, Gaetano Badalamenti était le mieux placé pour commenter l'événement. Il y voyait une démonstration de l'arrogance des Corléonais qui auraient réagi de la sorte au défi lancé par le général Dalla Chiesa depuis son arrivée à Palerme il y avait cent jours de cela. Toujours selon Gaetano Badalamenti, cette opération aurait également servi les intérêts d'un homme politique, que le parrain de Cinisi ne nomma point mais dont il précisa : « Il s'est débarrassé de la présence trop encombrante du général en se servant de la Mafia. »

Gaetano Badalamenti avait aussi sa petite idée sur la provenance des tueurs. Il était certain que l'on avait employé des hommes de la famille de Catane pour exécuter l'opération. L'idée n'était pas sotte : les Catanais étaient notoirement proches des Corléonais. L'emploi de tueurs catanais était d'autant plus justifié que l'attentat ayant été commis en plein centre ville, la prudence la plus élémentaire voulait qu'il eût été réalisé par une équipe venue du dehors afin d'empêcher toute identification de la part d'éventuels témoins palermitains.

Si l'on en croit Gaetano Badalamenti, l'usage d'un commando catanais lors de l'opération Dalla Chiesa était d'autant plus explicable qu'il correspondait en fait à un échange de faveurs. Quelque temps auparavant, le 16 juin 1982 à 10 h 45, les hommes d'honneur proches des Corléonais avaient en effet rendu un fier service au chef de la famille de Catane, le terrible Nitto Santapaola, en assassinant un de ses ennemis jurés, son ancien second Alfio Ferlito. L'opération avait nécessité une infrastructure à peu près égale à celle déployée pour trucider le général Dalla Chiesa : le malheureux Alfio Ferlito fut tué en compagnie des cinq policiers qui l'escortaient lors d'un transfert de détenus, en plein milieu du boulevard périphérique palermitain.

LA MORT DES ENFANTS

Tommaso Buscetta savait qu'il était dangereux pour lui d'être vu en compagnie de Gaetano Badalamenti. Si les Corléonais venaient à apprendre que les deux hommes d'honneur se fréquentaient, ils auraient pu en déduire qu'il se tramait on ne savait trop quel complot et, prenant les devants, auraient pu commettre quelque massacre dont ils avaient le secret. C'est pourquoi, avant même que Gaetano Badalamenti ait débarqué au Brésil, Tommaso Buscetta lui avait recommandé à plusieurs reprises de garder secret son voyage. Gaetano Badalamenti lui avait juré la plus grande discrétion, pourtant, quelque temps plus tard, Tommaso Buscetta commença à douter de la parole du parrain de Cinisi, en tout cas sur ce point.

L'arrivée de Gaetano Badalamenti coïncida avec une série de catastrophes familiales qui allaient très vite ébranler Tommaso Buscetta. D'abord, il y eut la disparition de son beau-frère Homero Guimares, le frère de sa femme Christina. Homero Guimares était très lié à Tommaso Buscetta avec qui il avait sans doute partagé bien des méfaits. Peu de temps auparavant, Homero Guimares avait été blessé lors d'une fusillade avec des policiers brésiliens qu'il avait pris pour des mafieux venus exécuter son beau-frère.

Tommaso Buscetta voyait dans la disparition de son beau-frère une première manœuvre de ses adversaires. Jamais de mémoire de truand brésilien on n'avait en effet vu des personnes disparaître corps et âme après avoir été assassinées. Il s'agissait en revanche d'une coutume typiquement sicilienne, et Tommaso Buscetta comprit immédiatement que les Corléonais avaient tué son beau-frère, qui n'aurait pas manqué de se manifester d'une manière ou d'une autre s'il avait été encore en vie.

La tragédie de Tommaso Buscetta ne faisait que commencer.

Le 11 septembre 1982, la veille de l'anniversaire de sa femme, Tommaso Buscetta téléphona à Palerme afin d'avoir des nouvelles de son fils Antonio qui sortait tout juste de prison. C'est sa belle-fille, Iolanda de Almagro qui lui répondit. La jeune femme était en larmes. Son mari avait disparu depuis trois jours. La nouvelle fut d'autant plus rude pour Tommaso Buscetta que le jeune Antonio n'était pas le seul de ses enfants à être porté disparu : Benedetto Buscetta qui accompagnait le pauvre Antonio fut lui aussi englouti dans l'enfer palermitain. Sans trop d'espoir, Tommaso Buscetta conseilla à sa belle-fille de signaler la disparition des deux enfants aux policiers. Sait-on jamais, ils avaient peut-être été arrêtés ? Lorsque, quelque temps après, il téléphona une seconde fois à sa belle-fille, Tommaso Buscetta vit ses craintes confirmées : la police n'avait arrêté ni Antonio ni son frère Benedetto Buscetta. Les deux jeunes gens avaient été enlevés par les Corléonais et étaient sans doute déjà morts à l'heure qu'il était. C'était en tout cas ce qu'on pouvait leur souhaiter.

Lorsque quelques jours plus tard, Gaetano Badalamenti vint présenter ses condoléances à Tommaso Buscetta, il ne manqua pas une nouvelle fois de faire pression sur son compère pour qu'il se décidât enfin à prendre la tête de la révolte anti-corléonaise. Corleone *delenda est*, aurait pu dire cet homme d'honneur un peu fruste s'il avait connu quelques rudiments de l'histoire de son pays.

Prudent, Tommaso Buscetta déclina une nouvelle fois l'offre. Il dit à son compère qu'il ne nourrissait plus guère d'illusions sur le sort de ses fils et qu'il plaçait désormais tous ses espoirs en la clémence des Corléonais. Tommaso Buscetta avait décidé de ne rien entreprendre pour venger ses enfants; il espérait que face à son inertie, les Corléonais renonceraient à le frapper et surtout qu'ils laisseraient en paix ceux de ses enfants qui étaient encore en vie.

Proposant à Tommaso Buscetta d'appliquer la loi du talion, Gaetano Badalamenti lui offrit pour le venger de faire disparaître le jeune Giuseppe Greco, fils du secrétaire de la Coupole, Michele Greco. Indigné, Tommaso Buscetta déclina l'offre, en partie parce qu'à sa connaissance le jeune homme ne semblait pas faire partie de la Cosa Nostra et passait le plus clair de son temps à produire des films censés être désopilants, comme *Pain, chocolat et paprika*, dont les seuls attraits étaient ceux qu'exhibait une jeune créature aux allures de soubrette. Gaetano Badalamenti eut beau lui répondre que Giuseppe Greco avait bel et bien été « combiné » de sorte à être un homme d'honneur, Tommaso Buscetta refusa de se laisser aller à employer les méthodes de ceux qui venaient de lui tuer deux de ses enfants.

Laissant Tommaso Buscetta à sa douleur, Gaetano Badalamenti quitta pour quelque temps le Brésil. Prostré dans son appartement de Rio, Tommaso Buscetta dut sûrement maudire son compère responsable de ses nouveaux maux, tout en priant pour que le pire n'arrivât point. En vain, car en Sicile plus que partout ailleurs, le pire est toujours sûr.

LE MASSACRE DES PARENTS

Palerme n'était pas près d'oublier le lendemain du réveillon de Noël de l'an de peur 1982. Quelque chose de terrible s'apprêtait à secouer la communauté des hommes d'honneur, mais la ville faisant comme si de rien n'était avait encore le cœur à la fête. Vers la fin de l'après-midi du 26 décembre, aux alentours de 17 h 30, tout le personnel de la pizzeria *New York Place* était pour ainsi dire sur le pied de guerre, s'apprêtant à passer une des soirées les plus animées de la saison des fêtes et ne se doutant pas de la tournure qu'elle n'allait pas tarder à prendre.

Située via del Artigliere, aux abords du parc de la Favorita, la pizzeria *New York Place* était un immense local toujours bondé, géré depuis peu par le seul Giuseppe Genovese, le gendre de Tommaso Buscetta. A Palerme, chacun savait que la pizzeria appartenait au clan Buscetta et qu'elle avait été dirigée jusqu'à leur disparition par les deux frères Antonio et Benedetto. Jusqu'alors, l'établissement avait connu une relative tranquillité, bien qu'il fût situé sur un territoire contrôlé d'abord par la famille de Giardino Inglese puis par celle du quartier de Resuttana, toutes deux alliées aux Corléonais. Une fois seulement, un homme d'honneur de cette dernière famille avait prétendu racketter l'établissement, mais la chose en était restée là. Qui donc aurait pu deviner les véritables intentions du jeune homme qui pénétra dans la pizzeria ce 26 décembre peu après 17 h 30 et commanda à la caisse six pizzas à emporter ? Son attitude était, il est vrai, des plus suspectes puisque sa commande était encore en train de cuire dans le four à bois quand il sortit précipitamment au-dehors. Quelques minutes plus tard, l'impudent revint accompagné d'un autre jeune homme avec qui il se dirigea droit sur les cuisines.

« On veut voir le patron », lança un des deux jeunes quand la caissière se plaignit de leur attitude pour le moins arrogante. A peine arrivés dans les cuisines, les deux jeunes gens sortirent des armes à feu et se mirent à tirer sur tout ce qui bougeait. Dans un premier temps, Giuseppe Genovese et un de ses proches parents dénommé Antonio D'Amico tombèrent raides morts, puis ce fut au tour d'Orazio D'Amico d'être assassiné alors qu'il tentait de s'emparer de l'arme de l'un des tueurs. Pour la police, la raison du triple assassinat tenait en un seul nom : Tommaso Buscetta. La première victime était, on l'a vu, son gendre; les deux autres étaient les fils de sa première femme.

On se souvient que la famille de Tommaso Buscetta était avant tout composée d'artisans vitriers. Le père était, dit-on, un orfèvre en la matière. Tommaso Buscetta aimait à se souvenir qu'il y avait des années de cela, lui-même était expert en la fabrication de miroirs ciselés, et que l'entreprise familiale avait même reçu plusieurs prix. Si Tommaso Buscetta avait délaissé l'entreprise familiale, il n'en allait pas de même pour le reste du clan, qui avait réussi à faire de la petite échoppe paternelle une entreprise estimable et qui avait pignon sur la via delle Alpi, en bordure du centre ville, dans un quartier moderne. Tout ce que la famille Buscetta comptait d'honnête, hommes, femmes, enfants s'occupaient à la bonne marche de l'affaire qui était dirigée par Vincenzo, frère de Tommaso.

Vincenzo Buscetta était un brave artisan dont le seul malheur était d'avoir le frère que l'on sait. Convaincu de son bon droit, sûr que son honnêteté le protégerait, il n'avait pas cru bon d'adopter de précautions après le massacre de la pizzeria *New York Place.* D'ailleurs, même s'il l'avait voulu, qu'aurait-il pu faire sinon disparaître à tout jamais ?

Tous les jours ouvrables, on pouvait donc le trouver régulièrement à son bureau de la via delle Alpi ; il suffisait pour cela de franchir une petite grille sur laquelle on pouvait lire un panneau annonçant : CRISTAUX, MIROIRS, VITRES ANTI-PROJECTILES ». C'est ce que firent deux jeunes gens en cette matinée pluvieuse du 29 décembre, peu après onze heures. Quand ils ressortirent en courant quelques minutes plus tard, les deux compères venaient d'assassiner froidement le vieux Benedetto Buscetta et son fils Vincenzo à qui ils avaient tout juste demandé de pouvoir contempler quelque assortiment de miroirs.

C'est alors que les journaux parlèrent du retour de Tommaso Buscetta à Palerme. Généreux, journalistes et policiers lui prêtèrent une vingtaine d'assassinats commis dans le seul but d'assouvir sa vengeance. On ne saura sans doute jamais si Tommaso Buscetta est bien retourné à Palerme au lendemain de ce triste Noël, et encore moins ce qu'il y fit. Ce qu'il y a de certain, c'est qu'après les massacres de la pizzeria et de la miroiterie, l'homme n'avait plus guère d'amis dans la ville. Ses alliés avaient été décimés par les Corléonais, et ses plus proches parents maudissaient jusqu'à son nom.

Fait sans précédent en Sicile, pour la première fois une femme rendue veuve par la Mafia, en l'occurrence la femme du pauvre Vincenzo Buscetta, accepta de recevoir la presse. Ce qu'elle dit aux journalistes ne fut pas tendre pour son beau-frère : « On dit que Tommaso est rentré en Sicile, déclara-t-elle. Si je pouvais avoir une arme, je le tuerais. Non pour venger les deux morts, mais pour éliminer la cause de tous nos malheurs. » Et la veuve de conclure : « S'appeler Buscetta est une malédiction. »

UN AMI ENCOMBRANT

La malédiction qui s'acharnait sur Tommaso Buscetta au Brésil était d'un tout autre ordre et portait un nom : Gaetano Badalamenti. Dans le courant de février 1983, l'encombrant parrain de Cinisi retourna voir Tommaso Buscetta. Il commença par lui adresser ses plus sincères condoléances pour la vague de malheurs qui frappait sa famille demeurée en Sicile, puis, comme à son habitude, Gaetano Badalamenti supplia Tommaso Buscetta de bien vouloir prendre la tête de la lutte anti-corléonaise. « Votre sagesse n'a servi à rien, lui aurait dit Badalamenti, la férocité sanguinaire de nos adversaires continue à moissonner les victimes innocentes. »

Cette fois c'en était trop. Tommaso Buscetta répliqua qu'il n'avait aucune intention de quitter sa retraite. Puis il accusa Gaetano Badalamenti d'être la cause indirecte de la récente vague d'assassinats qui avait endeuillé la famille Buscetta. « C'est de votre faute, dit Buscetta. Si seulement vous n'aviez pas essayé de m'impliquer dans cette guerre absurde, rien de tout cela ne serait arrivé. »

Sans doute dans l'intention de se disculper, Gaetano Badalamenti expliqua à Tommaso Buscetta que le massacre de ses parents avait d'autres raisons plus folles encore. D'ailleurs, le clan Buscetta n'était pas le seul à avoir été cruellement frappé au lendemain de la Noël 1982. En tout, il y avait eu plus de trente assassinats et disparitions.

La cause des tueries de l'hiver 1982 ne nous est pas inconnue, puisqu'il s'agissait de l'attentat auquel avait échappé de justesse le chef de la famille de Ciaculli, Pino Greco, dans la matinée de Noël. Ne sachant qui éliminer pour se venger, le terrible Pino Greco avait décidé de frapper dans le tas de ses adversaires présumés ou potentiels. Le chef de la famille de Ciaculli était-il au courant des rencontres brésiliennes entre Buscetta et Badalamenti le proscrit? Peut-être. Dans ce cas, c'est pour punir Buscetta de ses mauvaises fréquentations qu'il aurait fait tuer cinq de ses parents.

Le mobile de cette tuerie peut sembler aberrant, voire incompréhensible, à toute personne qui aurait oublié dans quel contexte elle eut lieu. A l'époque, le désarroi des hommes d'honneur était tel que l'assassinat semblait être leur mode d'expression favori. C'est ainsi qu'au début de l'année la tradition orale rapporta que le chef de la famille de Partanna, le redoutable Rosario Riccobono, pourtant surnommé le Terroriste en raison du peu de cas qu'il faisait de la vie de ses semblables, et dix-sept hommes d'honneur de ses proches avaient été empoisonnés lors d'un mystérieux repas organisé par on ne sait trop qui. La presse locale vit derrière cet empoisonnement collectif l'ombre de Tommaso Buscetta. Ce dernier n'eut aucun mal à répondre à ses détracteurs que ses rapports avec Rosario Riccobono étaient tels qu'il aurait en bien du mal à fixer un rendez-vous avec le chef de la famille de Partanna et donc encore plus de peine à l'inviter à un repas. Si Rosario Riccobono et les siens avaient été empoisonnés, cela ne pouvait être que par quelqu'un en qui ils avaient toute confiance, dit Buscetta. Donc par un dirigeant du clan des Corléonais.

DANS LES GRIFFES DE LA POLICE BRÉSILIENNE

Sur l'insistance de sa femme, Tommaso Buscetta accepta l'idée d'abandonner Rio pour aller vivre caché sinon heureux dans leur *fazenda* des environs de São Paulo. La chose était plus facile à dire qu'à faire, et on a beau être homme d'honneur, il est certains impératifs que l'on se doit de respecter. Il leur fallait attendre la fin de l'année scolaire avant d'arracher leurs enfants à leurs classes *cariocas* pour les placer dans un établissement de São Paulo.

L'année scolaire 1983-1984 venait à peine de commencer que Tommaso Buscetta était déjà arrivé à São Paulo. Il se rendait au lycée où allaient être inscrits ses enfants quand, au petit matin du 24 octobre 1983, il fut arrêté par une quarantaine de policiers venus tout droit de Rio. Il remarqua leurs traits tirés et leurs mines fatigués comme s'ils avaient attendu plusieurs jours avant de l'arrêter.

On passera sur les péripéties de l'arrestation pour ne retenir qu'une sordide question d'argent. Le chef de la police parla par la suite d'une tentative de corruption de fonctionnaire, tandis que Buscetta affirma qu'on tenta par deux fois de lui extorquer des sommes qui variaient entre cinquante mille et un million de dollars.

Agissant sur mandats d'arrêt internationaux et sur commission rogatoire d'au moins un juge brésilien, la police locale espérait peut-être tirer quelque chose de cet homme qu'elle avait déjà eu l'occasion d'arrêter plus de dix ans auparavant. Dans ce cas, elle dut être amèrement déçue quelques jours après son arrestation, c'est un Tommaso Buscetta plus combattif que jamais qui reçut dans sa cellule quelques journalistes du cru. Ce qu'il avait à leur dire était étonnamment simple : non, il n'avait jamais fait partie de la Mafia; oui, il avait l'intention de demeurer au Brésil.

C'est à peu de chose près le même discours que Tommaso Buscetta tint aux deux magistrats palermitains, Giovanni Falcone et Vincenzo Geraci, qui vinrent quelques mois plus tard l'interroger à la prison de Rio. La légende veut pourtant qu'à la fin de cet entretien fort improductif Tommaso Buscetta ait salué de manière fort ambiguë les deux juges en leur déclarant : « J'espère que nous nous reverrons bientôt. » Au pays du demi-mot et des sous-entendus, cela ressemblait fort à un appel discret, ou alors l'homme d'honneur avait perdu sinon sa raison du moins l'usage de son parler.

Autant dire que le message fut clairement reçu par les magistrats siciliens qui n'eurent dès lors de cesse d'obtenir l'extradition de Tommaso Buscetta dans le secret espoir que ce dernier viderait son sac à peine arrivé en Italie.

SUICIDE

Le 3 juillet 1984, le tribunal suprême brésilien accordait l'extradition. Quatre jours plus tard, des policiers italiens et brésiliens tentaient une première fois de conduire Tommaso Buscetta vers l'aéroport de Rio.

Durant le trajet Tommaso Buscetta ne dut sans doute penser qu'à une seule chose. Il avait eu une idée, une idée folle que tout autre homme d'honneur que lui aurait fermement repoussée : le suicide. Dans toute l'histoire de la Cosa Nostra, on ne connaît pas de cas de suicide de mafieux, d'une part sans doute parce que l'espérance de vie moyenne d'un homme d'honneur est singulièrement limitée en raison de l'ardeur meurtrière de ses semblables, mais aussi peut-être parce que l'idée du meurtre de soi-même est étrangère à une culture mafieuse fondée uniquement sur la survie de la cellule familiale.

Si Tommaso Buscetta envisagea de se tuer, c'était mû par une logique digne de l'homme d'honneur qu'il était. Pour lui, il ne s'agissait pas d'un geste de faiblesse et encore moins d'un effondrement de sa structure psychique. De même ne fallait-il voir dans son geste aucune trace de peur d'être tué par ceux qui massacraient sauvagement sa famille depuis quelques mois. Pour lui, il s'agissait d'un geste d'« honneur » envers sa femme et leurs enfants, d'un mouvement d'amour vers ceux qui étaient devenus sa seule raison de vivre. Il pensait qu'en se supprimant il simplifierait la vie de sa famille. Alors, avant même d'arriver dans l'avion qui devait l'amener à Rome, Tommaso Buscetta croqua une fiole de strychnine qu'il avait discrètement sortie de sa poche. Puis il s'effondra, comme mort.

UN HOMME D'HONNEUR ET DE PAROLES

Si Tommaso Buscetta avait toujours sur lui une petite fiole de poison, c'était à ce qu'il disait pour le cas où il serait tombé aux mains d'ennemis aussi cruels que les hommes d'honneur des familles de Corleone ou de Ciaculli. Il n'avait eu semble-t-il aucun mal à conserver un tel poison lors de son incarcération, n'ayant à ses dires subi aucune fouille corporelle. Hélas pour lui, la strychnine n'eut pas le temps de faire son effet. Quelques heures plus tard, il était tiré d'affaire; trois jours après, on l'embarquait à nouveau sur le vol régulier qui reliait Rio à Rome.

Si l'on a pris la liberté au début de ce chapitre de s'attarder sur la présence de Tommaso Buscetta dans un avion qui le conduisait vers sa mère patrie, et si l'on prend celle d'y revenir à nouveau, c'est parce que lors de ce trajet il se passa dans la tête de Tommaso Buscetta quelque chose qui allait non seulement modifier le cours de sa vie mais aussi bouleverser l'histoire de la Cosa Nostra.

Tommaso Buscetta, on le sait, s'était toujours fait fort de respecter les commandements de la Cosa Nostra. S'il avait fait quelques entorses aux règles orales qui régissent la vie des mafieux, ce n'étaient que des peccadilles dues à l'attrait que le beau sexe exerçait sur lui. Mais jamais il n'avait violé de principe essentiel. Pour lui, jusqu'à présent, la loi du silence était de celles que tout homme d'honneur était tenu de respecter à n'importe quel prix. La police brésilienne, qui l'arrêta une première fois en 1972, en sait quelque chose. C'est en vain qu'elle tortura sauvagement Tommaso Buscetta, en lui mettant des électrodes sur toutes les parties imaginables de son corps, en lui arrachant les ongles, puis en le laissant cuire au soleil pendant de longues heures attaché à un poteau, le visage recouvert d'une capuche. Malgré toute l'habileté des tortionnaires de la DOPS, jamais Buscetta n'accepta de leur parler de la Cosa Nostra. Une dizaine d'années plus tard, alors que son corps conservait à tout jamais les traces des sévices, Tommaso Buscetta envisageait sérieusement de se confier à des policiers, cette fois de son plein gré. Là où les bourreaux brésiliens avaient échoué, quelque chose semblait avoir convaincu Tommaso Buscetta de la nécessité de briser enfin la loi du silence.

Quelque part entre Rio et Rome, à des dizaines de kilomètres au-dessus d'un vieil océan, Tommaso Buscetta avait pris sa décision. Il se pencha vers un des fonctionnaires de la *Criminalpol* italienne qui étaient chargés de l'escorter.

« *Dottore...* », dit un Buscetta visiblement mal à son aise, « ... je dois vous dire quelque chose. Approchez-vous... Quand nous serons arrivés à Rome... dans quelques heures..., j'aurai des choses très graves à vous dire, à vous et aux juges... Je ne me sens pas bien... J'ai décidé de raconter ce que je sais sur l'organisation... »

LES « CONFESSIONS » DE TOMMASO BUSCETTA

Dans un procès-verbal soustrait au greffe du tribunal de Palerme, on peut lire que l'interrogatoire de Tommaso Buscetta par le juge d'instruction Giovanni Falcone commença le 16 juillet 1984 à 12 h 30 dans un local de la *Criminalpol* du Latium. Avant toute chose, Tommaso Buscetta tint à ce que soit verbalisé le fait qu'il n'était pas un espion à la solde de la justice et que les révélations qu'il allait faire n'étaient pas « intéressées ».

« J'ai été un mafieux et j'ai commis des erreurs, peut-on lire dans le procès-verbal signé de la main de

Tommaso Buscetta. Je suis prêt à payer ma dette à la justice sans aucune réduction ou faveur. Dans l'intérêt de la société, de mes fils, des jeunes, je suis prêt à dire tout ce que je sais à propos de ce cancer nommé Mafia, afin que les nouvelles générations puissent vivre d'une manière plus digne et plus humaine. »

Il fallut plus d'un mois à Tommaso Buscetta pour raconter toute son histoire qui tient sur trois cent quarante-neuf pages soigneusement dactylographiées. Si l'homme se montra particulièrement réservé sur ses propres trafics, il n'en alla pas de même dès lors qu'il était question de tracer un cadre général de la Cosa Nostra. Il expliqua aux juges comment leur ville était contrôlée quartier par quartier et de quelle manière les différentes familles faisaient régner leur dictature sur presque toute la partie occidentale de la Sicile. Tommaso Buscetta dénonça les complicités qui protégeaient les méfaits de l'organisation qu'il avait servie pendant près d'un quart de siècle.

Si le juge Falcone se posa un instant le problème de la crédibilité de Tommaso Buscetta, il fut rapidement rassuré : tout ce que l'ancien homme d'honneur lui racontait correspondait parfaitement avec les informations amassées lors de ses précédentes enquêtes.

Au moment où l'interrogatoire se terminait, Tommaso Buscetta demanda à ce que soit enregistrée une dernière déclaration, presque un testament idéologique. Il tenait à faire savoir qu'il n'avait pas peur de la mort et qu'il ne vivait pas dans la terreur d'être occis par ses ennemis. Il disait avoir choisi sa voie de manière définitive, irréversible et qu'il s'engageait à lutter de toutes ses forces pour que la Cosa Nostra soit détruite.

Le juge Falcone qui lui faisait face ne l'écoutait peut-être déjà plus. Les juges palermitains allaient d'ici peu frapper la communauté des hommes d'honneur de la Cosa Nostra comme jamais personne ne l'avait fait.

LA RAFLE DE LA SAINT-MICHEL

A l'aube du 29 septembre, jour de la Saint-Michel, patron des forces de l'ordre italiennes, trois cents policiers et carabiniers se lancèrent à l'assaut de Palerme. Conformément aux mandats signés par une poignée de magistrats palermitains, la police fit simultanément irruption dans des dizaines d'appartements situés aux quatre coins de la ville. En quelques heures, des dizaines d'hommes d'honneur présumés furent arrêtés, puis transportés à l'aéroport de Punta Raisi où les attendait un DC-9 spécialement affrété afin de les conduire dans différentes prisons du nord de la Péninsule plus sûres que l'Ucciardone palermitaine.

La magistrature palermitaine savait qu'elle n'avait gagné qu'une bataille. Bataille dont l'importance symbolique n'échappait à personne et surtout pas à la presse internationale qui, hebdomadaires américains en tête, lui consacra ses unes.

Pourtant, sur les trois cent soixante-six personnes qui auraient dû être arrêtées ce jour-là, plus de la moitié étaient en fuite. Pour important qu'il fût, le bilan de l'opération était donc loin d'être pleinement satisfaisant. Si la Cosa Nostra avait été durement touchée, ses principales structures n'en étaient pas moins toujours opérationnelles. Lors de la rafle seulement soixante-six personnes avaient pu être arrêtées, cent quarante des hommes d'honneur recherchés se trouvaient déjà en prison, et les autres continuaient et continueront sans doute longtemps à jouer les filles de l'air. La plupart des fugitifs étaient des membres influents de la Cosa Nostra, représentants de la Coupole, chefs de « famille » ou simples tueurs. Leur pouvoir est tel que, même aidé par des dizaines de Buscettas, il faudrait encore des décennies à l'État italien pour en venir à bout.

LE BAISE-MAIN AU « REPENTI »

L'histoire veut que trois jours après la rafle de la Saint-Michel un second homme d'honneur se soit décidé à son tour à briser la loi du silence. L'homme n'est pas inconnu, puisqu'il s'agit de Salvatore Contorno, ou si l'on préfère, le Coriolan de la Forêt, l'ancien soldat de Stefano Bontate qui échappa de justesse à un attentat à la Kalashnikov en plein quartier du Brancaccio. Depuis, Salvatore Contorno s'était réfugié à Rome dans l'intention, à ce qu'il disait, d'abattre ceux de ses ennemis corléonais qui s'y trouvaient. Les carabiniers qui l'arrêtèrent ne lui en laissèrent pas le temps.

On se souvient que Salvatore Contorno peu avant son arrestation n'avait pas hésité à livrer quelques informations à la police, informations qui furent employées notamment dans le cadre du fameux rapport, dit des 162, établi sur ordre du général Carlo Alberto Dalla Chiesa. Salvatore Contorno avait tenu alors à conserver l'anonymat et figura dans le rapport de police sous l'appellation « source première lumière ». Maintenant que Tommaso Buscetta avait parlé et que cela se savait, les données du problème étaient changées. Salvatore Contorno se disait prêt lui aussi à ce que ses déclarations figurent sur des procès-verbaux. A une condition, il voulait d'abord vérifier la véracité des faits qu'il avait pu lire dans la presse italienne.

On dit que, par un beau matin de la fin du mois de septembre 1984, un cortège de voitures blindées avec à leur bord Salvatore Contorno et une escorte quitta la Toscane pour se rendre quelque part aux environs de Rome dans une demeure fortifiée où il arriva au bout de quelques heures de voyage.

On imagine sans trop de difficulté l'émotion de Salvatore Contorno lorsque, pénétrant dans l'appartement, il était sur le point d'atteindre le but de son voyage.

Salvatore Contorno fut introduit dans une pièce que l'on décrit comme austère où se trouvaient quelques policiers, deux juges et un homme d'honneur, vêtu, à ce qu'il semble, de soie comme au bon vieux temps de sa splendeur. En voyant Tommaso Buscetta, Salvatore Contorno aurait dit : « Je veux être seul avec don Masino. »

Les témoins, qui refusèrent de quitter la pièce, virent Tommaso Buscetta faire un petit signe à Salvatore Contorno comme pour lui dire d'avancer. Tommaso Buscetta était debout, Salvatore Contorno s'avança la tête baissée. Arrivé à portée de main de Buscetta, Salvatore Contorno s'agenouilla, lui prit la main et la baisa avant d'éclater en sanglots.

La légende veut qu'à ce moment Tommaso Buscetta ait posé une main sur la tête de Salvatore Contorno avant de lui dire, l'appelant par son diminutif :

« Totucio, tu peux parler. »

Tant qu'il y aura des hommes... d'honneur!

ANNEXES

CHRONOLOGIE

VINGT-CINQ ANS DE CRIMES SANS CHÂTIMENTS

ANNÉES CINQUANTE

1950. – Tommaso Buscetta fait partie depuis deux ans de la famille palermitaine de Porta Nuova. A l'époque, une vingtaine de familles, comportant chacune en moyenne trente soldats, règnent sur Palerme. Jamais la Mafia n'a été aussi puissante. Persécutée par le fascisme, réhabilitée après le débarquement allié de 1943, la Cosa Nostra contrôle pratiquement toute la partie occidentale de l'île. Elle vient de liquider le bandit Salvatore Giuliano, étouffant dans l'œuf toute aspiration séparatiste. Déjà, les parrains traditionnels, les Calogero Vizzini et autres Genco Russo s'apprêtent à passer la main à des mafieux plus jeunes et moins scrupuleux. La Mafia des champs va devenir la Mafia des villes.

25 MARS 1958. – Tommaso Buscetta est arrêté à Palerme pour participation à association de malfaiteurs et contrebande de cigarettes. Il sera relâché quelque temps plus tard. Ses papiers d'identité qui avaient été confisqués lui seront rendus par la suite après intervention d'un député.

2 AOÛT 1958. – Le chef de la famille de Corleone, le redoutable docteur Michele Navarra est assassiné sur la

route nationale 118 non loin du lieudit San Isidoro. Son assassin présumé, un des tueurs de la famille de Corleone, Luciano Leggio, dit Liggio, n'allait pas tarder à faire parler de lui de la plus terrible des manières.

ANNÉES SOIXANTE

26 DÉCEMBRE 1962. – Le chef de la famille du quartier palermitain de Noce, Calcedonio Di Pisa est assassiné place Principe di Campo Reale à Palerme. Cet assassinat qui fait suite à une période de tension au sein de la Coupole marque le début de la « grande guerre » de la Mafia. Tenue responsable de la mort de Di Pisa, la famille de Porta Nuova est dissoute, Tommaso Buscetta s'expatrie au début des hostilités.

30 JUIN 1963. – Sept carabiniers sont déchiquetés par l'explosion d'une voiture piégée sur les hauteurs de Ciaculli. Ce massacre, qui fait suite à plus d'un an de guerre des gangs, plongera la Cosa Nostra dans une crise sans précédent. Le chef de la Coupole, Salvatore Greco, dit Cicchiteddu (Petit Oiseau), se démet de ses fonctions, dissout le gouvernement de la Cosa Nostra et s'expatrie, renonçant, semble-t-il, à toute activité mafieuse. La Mafia est sur le point d'imploser, les différentes familles palermitaines ralentissent leurs activités.

10 DÉCEMBRE 1969. – Un commando d'une dizaine de personnes, dont certaines déguisées en carabiniers, fait irruption dans les bureaux du promoteur immobilier Salvatore Moncada, viale Strasburgo à Palerme, et ouvre le feu sur tout ce qui bouge. Quatre personnes sont tuées dont Michele Cavatajo, un des tueurs les plus fous de la Cosa Nostra. Le massacre de la viale Strasburgo est considéré comme l'acte qui mit fin à la « grande guerre » des années soixante et marqua la reprise des activités de la Cosa Nostra. Salvatore Riina, un « homme » de Luciano Leggio, Stefano Bontate, et Gaetano Badalamenti forment un triumvirat chargé de remettre sur pied la mafia.

ANNÉES SOIXANTE-DIX

16 SEPTEMBRE 1970. – Disparition du journaliste Mauro de Mauro. Si on ne retrouva jamais son cadavre, l'assassinat du journaliste ne fait aucun doute. En revanche, les mobiles n'ont jamais pu être totalement éclaircis; on dit à Palerme que le journaliste De Mauro est mort pour avoir posé « une mauvaise question à la bonne personne ».

5 MAI 1971. – Assassinat du procureur de la République de Palerme, Pietro Scaglione et de son chauffeur. Un des tueurs présumés n'est autre que Luciano Leggio qui, dans l'incapacité de se mouvoir, aurait fait feu depuis le siège avant d'une voiture.

30 MARS 1973. – Leonardo Vitale, homme d'honneur de la famille d'Altarello se présente à la police de Palerme dans l'intention de livrer les secrets de la Cosa Nostra. Hélas pour lui, celui que l'on surnommera le Valacchi de Falsomiele n'est pas pris au sérieux, il est interné dans un hôpital psychiatrique. Il faudra attendre plus de dix ans pour que la justice s'aperçoive de l'importance et du sérieux de son témoignage.

14 MAI 1974. – Arrestation à Milan de Luciano Leggio. Sa compagne ignorait, semble-t-il, jusqu'à son vrai nom. Avant d'être emmené par les carabiniers, Luciano Leggio demande à sa femme de ne pas croire les « choses horribles » qu'elle ne manquera pas de lire dans les journaux. Après l'arrestation de Leggio, c'est Gaetano Badalamenti, chef de la famille de Cinisi qui est élu à la tête de la Coupole.

20 AOUT 1977. – Le colonel des carabiniers Giuseppe Russo est assassiné sur la place centrale de Ficuzza ainsi qu'un professeur qui l'accompagnait. Survenu peu de temps après l'assassinat du policier Sorino, cette double exécution provoque une profonde déchirure au sein de la Coupole. Le chef du gouvernement de la Mafia, Gaetano Badalamenti, qui normalement devait être avisé de chaque assassinat impor-

tant, est systématiquement tenu à l'écart de toute décision. Il sera évincé quelque temps plus tard, démis de sa charge de *capofamiglia* et expulsé de la Cosa Nostra pour des raisons encore obscures. Le chef de la famille de Ciaculli, Michele Greco, dit le Pape, prendra sa place à la tête de la Coupole.

30 MAI 1978. – Le chef de la famille de Riesi, Giuseppe Di Cristina, est assassiné en plein cœur de Palerme à 7 h 45 du matin. Désapprouvant les nouvelles méthodes de gestion de la Cosa Nostra instaurées par Michele Greco, et pressentant déjà le pire, Giuseppe Di Cristina avait commencé à livrer les secrets de son organisation aux carabiniers, quand il fut tué.

26 JANVIER 1979. – Le journaliste Mario Francese est assassiné alors qu'il enquêtait sur le scandale de la digue Garcia. Francese avait découvert que les terrains où devait être construit la digue avaient été achetés par des mafieux pour la somme de 2 milliards de lires, puis expropriés par la région moyennant une indemnité de 17 milliards de lires.

9 MARS 1979. – Michele Reina, secrétaire de la Démocratie chrétienne de Palerme est assassiné.

11 JUILLET 1979. – Assassinat à Milan de Me Giorgio Ambrosoli qui était chargé de la liquidation de la Banque privée italienne de Michele Sindona. Avant sa mort, l'avocat essayait de dégager les responsabilités politiques qui avaient permis au banquier marron de mettre sur pied un empire financier où étaient recyclés une bonne partie des capitaux de la Mafia. Après le krach de ses banques, Michele Sindona fut arrêté et condamné aux États-Unis. Son successeur, Roberto Calvi, eut encore moins de chance que lui : on le retrouva pendu au pied d'un pont de Londres.

21 JUILLET 1979. – Boris Giuliano, chef de la brigade antigang de Palerme tombe à son tour sous les balles des tueurs de la Cosa Nostra. Enquêteur zélé, Boris Giuliano fut un des premiers à avoir découvert la « Sicilian connection » de l'héroïne. Son assassinat fait suite à l'arrestation d'un des tueurs corléonais de Luciano Leggio.

2 AOÛT 1979. – Le banquier de la Mafia et du Vatican, Michele Sindona, disparaît de New York, où il résidait, menant grand train de vie : il occupait une suite à l'hôtel Pierre. Cette disparition survient moins d'un mois avant sa comparution devant la cour fédérale de Manhattan où il devait être jugé pour krach frauduleux. L'enlèvement est revendiqué par un mystérieux groupe clandestin d'extrême gauche. En fait, Michele Sindona se rend en Sicile où il rencontre les principaux chefs de la Cosa Nostra, tente d'organiser un coup d'État, subit une intervention chirurgicale destinée à faire croire qu'il avait été blessé par balles avant de réapparaître à New York le 16 octobre 1979. Condamné à plus de dix ans de prison, Sindona sera extradé en Italie où il devait être jugé pour faillite frauduleuse et homicide volontaire.

25 SEPTEMBRE 1979. – Assassinat de Cesare Terranova, magistrat, député indépendant apparenté au parti communiste, membre de la commission anti-Mafia. Assassiné en compagnie de son chauffeur-garde du corps, Cesare Terranova s'apprêtait à prendre la tête de la lutte anti-Mafia au palais de justice de Palerme.

27 OCTOBRE 1979. – Si l'assassinat de Giuseppe Russo, conseiller communal démocrate-chrétien de la commune de Belmonte Mezzagano, retient l'attention c'est parce que la victime était le secrétaire particulier du président de la province de Palerme. Les journaux affirment que la victime est morte pour cause d'adjudications.

ANNÉES QUATRE-VINGT

6 JANVIER 1980. – L'assassinat du président de la région Sicile, Piersanti Matarella, survenu en plein Palerme, tétanise la ville. Jamais jusqu'à présent la Mafia n'avait osé frapper un dirigeant politique démocrate-chrétien aussi important. Contrairement à son père Bernardo, le président Piersanti Matarella faisait partie de cette frange de la Démocratie chrétienne qui n'hésite pas à dénoncer les

collusions de son parti avec la Mafia tout en réclamant une gestion plus saine de la vie politique sicilienne.

3 MAI 1980. – Le capitaine des carabiniers Emanuele Basile est assassiné alors qu'il venait de reprendre certaines enquêtes commencées par le défunt Boris Giuliano. Arrêtés pratiquement sur les lieux du crime, ses assassins seront acquittés en première instance, pour être condamnés en appel, mais par contumace.

6 AOÛT 1980. – Le procureur de la République du tribunal de Palerme, Gaetano Costa, est assassiné. Quelque temps plus tard, le chef de la famille de Passo di Rigano, Salvatore Inzerillo se vante d'avoir commissionné l'assassinat. Membre de la Coupole, Salvatore Inzerillo n'avait pas été informé des guets-apens tendus contre certaines personnalités palermitaines et aurait décidé d'assassiner le procureur Costa uniquement pour montrer sa force.

13 AOÛT 1980. – On parle de règlement de compte à propos de l'exécution de Vito Lipari, maire démocrate-chrétien de Castelvetrano.

6 SEPTEMBRE 1980. – *Requiescat in pace.* Frère Giacinto (dans le civil Stefano Castronovo) tombe sous les balles de tueurs profanes. Frère franciscain au couvent de Santa Maria di Gesù, Fra Giacinto fut par la suite décrit comme le gardien d'un des cimetières de la Mafia. Dans sa cellule monacale, les policiers saisiront quatre millions de lires en petites coupures et un pistolet.

23 AVRIL 1981. – Le chef de la famille de Santa Maria di Gesù, Stefano Bontate vient de fêter son quarante-troisième anniversaire quand il est assassiné au sortir de chez lui, sur le boulevard périphérique palermitain. Stefano Bontate était un des deux membres de la Coupole qui ne cachaient pas leur hostilité envers le chef du gouvernement de la Mafia, Michele Greco.

11 MAI 1981. – C'est au tour de Salvatore Inzerillo, le chef de la famille de Passo di Rigano, de tomber sous les balles de ses anciens amis au sortir d'un rendez-vous qualifié de

galant. Salvatore Inzerillo était l'autre adversaire de Michele Greco au sein de la Coupole.

25 JUIN 1981. – Salvatore Contorno, un des soldats de la famille de Santa Maria di Gesù, demeuré fidèle à la mémoire de Stefano Bontate, échappe de justesse à un attentat en plein quartier du Brancaccio. Loi du silence oblige, sur place les enquêteurs ne retrouveront aucun des témoins de cette fusillade des plus mouvementées, survenue dans une des artères les plus peuplées de la ville et à une heure de pointe. Il y a alors près d'un assassinat par jour à Palerme.

10 SEPTEMBRE 1981. – Assassinat à Palerme de Vito Jevolella, maréchal des carabiniers.

30 AVRIL 1982. – Si le député communiste Pio La Torre est assassiné, c'est parce qu'il était l'auteur d'un projet de loi anti-Mafia ordonnant la confiscation de tous les biens des amis, des complices ou des membres de la Cosa Nostra. Son assassinat n'empêcha nullement l'adoption de cette loi par le Parlement. Si Rosario Di Salvo est tué par la même occasion c'est parce qu'il était le chauffeur de Pio La Torre.

16 JUIN 1982. – Cinq carabiniers ainsi que le détenu qu'ils convoyaient sont massacrés à coup de Kalashnikov sur le boulevard périphérique palermitain. Les tueurs avaient pour cible principale le détenu, Alfio Ferlito, sous-chef de la famille de Catane, exécuté sur ordre de son chef, le redoutable Nitto Santapaola.

11 AOÛT 1982. – Le docteur Paolo Giaccone, médecin légiste auprès du tribunal de Palerme, est assassiné parce qu'il avait procédé à l'identification de l'empreinte digitale qu'un des tueurs du clan Marchese avait laissée sur les lieux d'un crime.

3 SEPTEMBRE 1982. – Le général Carlo Alberto Dalla Chiesa, préfet anti-Mafia de Palerme, ancien responsable de la lutte antiterroriste en Italie, venait de fêter ses cinquante-cinq jours de lutte anti-Mafia lorsqu'on l'assassina en compagnie de sa femme et de son chauffeur. Au moment de l'attentat,

le général Dalla Chiesa qui se plaignait ouvertement d'être abandonné par Rome, circulait en compagnie de sa femme dans une petite voiture banalisée suivie par son chauffeur-garde du corps qui conduisait la voiture blindée destinée à assurer la sécurité du préfet.

14 NOVEMBRE 1982. – Assassinat de l'agent de police Calogero Zucchetto. Le malheureux policier est tué parce qu'il avait permis l'arrestation de certains hommes d'honneur qu'il connaissait de longue date.

25 JANVIER 1983. – Assassinat du substitut au procureur de la République de Trapani, Giacomo Ciaccio Montalto. Afin d'effacer toutes traces des commanditaires du crime, les cinq hommes employés pour l'opération auraient été exécutés dès leur arrivée aux États-Unis où ils comptaient se réfugier.

13 JUIN 1983. – Le capitaine des carabiniers Mario D'Aleo, commandant de la caserne de Monreale, est assassiné.

28 JUILLET 1983. – Pour avoir la peau du doyen des juges d'instruction du tribunal de Palerme, le *consigliere* Rocco Chinnici, la Cosa Nostra fait exploser une voiture piégée de cinquante kilos de TNT. Bilan : cinq morts, le *consigliere,* ses trois garde du corps et un gardien de l'immeuble.

5 JANVIER 1984. – Catane. Assassinat du journaliste-écrivain Giuseppe Fava. Directeur de la revue *I Siciliani*, l'homme avait consacré sa vie à une véritable croisade anti-Mafia.

26 JUIN 1984. – Turin. Assassinat du substitut au procureur de la République, le *dottore* Bruno Caccia qui enquêtait sur les ramifications de la famille de Catane dans le nord de la Péninsule.

10 JUILLET 1984. – Arrêté au Brésil, Tommaso Buscetta est extradé vers l'Italie. Une dizaine de ses proches viennent d'être massacrés à Palerme. Sans doute pour se venger, Tommaso Buscetta décide de livrer tous les secrets de son organisation à la justice italienne. Commencée le 16 juillet

1984, la confession du mafieux « repenti » durera plus d'un mois et fera vaciller la Cosa Nostra.

7 AOÛT 1984. – Arrestation du substitut au procureur de la République de Trapani, Antonio Costa, pour corruption. Les journaux l'accusent de faire partie de la Mafia. Chez lui, les policiers saisissent plusieurs dizaines de millions de lires en petites coupures ainsi que six armes à feu dont une au numéro de matricule limé et dotée d'un silencieux.

18 SEPTEMBRE 1984. – Bagheria. Assassinat du sénateur Ignazio Mineo, haut fonctionnaire au ministère des Finances. Son secrétaire, Salvatore Prezentano, fonctionnaire de la direction provinciale du Trésor sera tué vingt jours plus tard dans cette même bourgade de Bagheria.

29 SEPTEMBRE 1984. – La police et les juges marquent enfin un point contre la Mafia : rafle monstre à Palerme. Après les confessions de Tommaso Buscetta, trois mille policiers quadrillent la ville dans l'espoir d'arrêter quelque trois cents mafieux. A la fin de la journée, le résultat est plutôt décevant : seuls quelques dizaines d'hommes d'honneur seront expédiés dans les geôles du nord de la Péninsule, mais désormais, les enquêteurs possèdent un organigramme détaillé de la Cosa Nostra et sont capables de reconstituer bien des mystères de Palerme.

3 OCTOBRE 1984. – La plupart des anciens maires de Palerme déposent devant la commission anti-Mafia du Parlement italien.

18 OCTOBRE 1984. – Massacre à Palerme : la police découvre dans une étable de la piazza Scaffa les corps de huit jeunes gens trucidés à coups de fusil. Derrière ce règlement de compte sans précédent, sans doute le chef de la famille de Catane, Nitto Santapaola. Les huit jeunes auraient été exécutés parce qu'ils tentaient de revendre de la viande de cheval sans son autorisation.

3 NOVEMBRE 1984. – Arrestation de l'ancien maire de Palerme, Vito Ciancimino. Dirigeant démocrate-chrétien de premier plan pendant près d'un quart de siècle, Vito

Ciancimino était aussi un redoutable homme d'affaires responsable entre autres du sac immobilier de Palerme par les promoteurs de la Mafia. Son empire s'étendait jusqu'au Canada.

12 NOVEMBRE 1984. – Arrestation à Palerme des cousins Ignazio et Nino Salvo, deux des hommes les plus puissants de la Sicile. Anciens percepteurs, les cousins Salvo touchaient des commissions supérieures à 6 % sur les sommes versées par les contribuables siciliens à l'État italien. Surnommés les Vice-rois, ils faisaient partie de l'establishment politique de l'île. Selon Tommaso Buscetta, les deux cousins faisaient partie de la famille de Salemi.

18 NOVEMBRE 1984. – Palerme. Suicide de Rosario Nicoletti, ancien secrétaire de la Démocratie chrétienne, député régional. Rosario Nicoletti ne supportait pas d'être accusé de collusion avec la Mafia.

23 FÉVRIER 1985. – Palerme. L'industriel Roberto Parisi et son chauffeur sont assassinés par un commando de huit hommes. Président de l'équipe de football locale, vice-président de l'Association des industriels palermitains, Roberto Parisi avait bâti sa fortune sur les adjucations de la commune de Palerme.

28 FÉVRIER 1985. – Pietro Patti, industriel palermitain refusait de payer un demi-milliard de lires « pour sa protection ». Il est assassiné. Sa fille de neuf ans, la petite Gaia, qui se trouvait en sa compagnie au moment de l'attentat, est grièvement blessée.

30 MARS 1985. – Arrestation à Rome du chef de la famille de Porta Nuova, Pippo Calò. A son domicile, la police saisit sept kilos d'héroïne pure et plusieurs charges d'explosif T 4. Pippo Calò possédait onze appartements à Rome, trois à Porta Rotondo, en Sardaigne, ainsi que trois villas. Ambassadeur de la Cosa Nostra à Rome, Pippo Calò avait des liens avec les groupes terroristes d'extrême droite, les bandes de la Camorra napolitaine, la plupart des affairistes romains; son nom fut mentionné dans l'affaire de la mort du banquier Calvi.

2 AVRIL 1985. – Trapani. Une bombe de cinquante kilos de plastic explose au passage de la voiture blindée du substitut au procureur de la République, Carlo Palermo. Le magistrat s'en sort par miracle. Une passante et ses deux jumeaux sont tués par le souffle de l'explosion. Carlo Palermo avait instruit une des plus grosses affaires de trafic d'armes et de drogue alors qu'il était juge à Trente. A peine arrivé à Trapani, il se mettait sur la piste d'un des derniers laboratoires d'héroïne encore opérationnels en Sicile. Sans doute est-ce pour cela que la Mafia tenta de le tuer. Quelques jours après l'attentat, Carlo Palermo signait des mandats d'arrêt contre les plus gros promoteurs immobiliers de Catane.

28 JUILLET 1985. – Assassinat à Porticello du commissaire Giuseppe Montana, chef de la brigade des *catturandi* chargée de localiser et d'arrêter les quelque huit cents mafieux fugitifs qui vivent « clandestinement » en Sicile.

6 AOUT 1985. – Deux cent balles de Kalashnikov mettent fin aux jours du vice-chef de la brigade mobile de Palerme, Antonino Cassarà et à ceux de l'agent chargé de l'escorter. Dans les jours qui suivent, plus de la moitié des agents de la brigade antigang de Palerme demandent, et obtiennent, d'être transférés en dehors de l'île.

2 OCTOBRE 1985. – Incarcéré à Rome, le chef de la famille de Porta Nuova, Pippo Calò, est inculpé pour sa participation à l'attentat contre le train 904 qui avait fait seize morts et plus de deux cents blessés le 23 décembre 1984. Pippo Calò aurait agi avec une bande de néofascistes, des Camorristes et un député du mouvement d'extrême droite MSI.

30 OCTOBRE 1985. – New York. Tommaso Buscetta comparaît à titre de témoin de l'accusation devant la cour fédérale de Manhattan lors du procès, dit de la « Pizza Connection », portant sur le trafic de plusieurs tonnes d'héroïne aux États-Unis. Le principal inculpé, Gaetano Badalamenti, fait mine d'ignorer son ancien ami devenu son principal accusateur. Badalamenti ne pourra s'empêcher d'éclater de rire quand Buscetta répondant à une question du procureur affirmera : « Pour rentrer dans la Mafia, inutile de remplir un formulaire ! » C'est la première fois qu'un homme

d'honneur palermitain de l'importance de Buscetta accepte de témoigner devant un tribunal contre un de ses anciens amis. En échange, il devait recevoir la nationalité américaine et le pardon pour ses crimes passés.

8 NOVEMBRE 1985. – Le pool anti-Mafia des juges d'instruction renvoie devant les tribunaux quatre cent soixante-quinze hommes d'honneur. Le dossier d'instruction compte plus de six cent mille pages et la sentence-ordonnance plus de huit mille. L'enquête s'appuie sur les déclarations de Tommaso Buscetta, Salvatore Contorno et vingt-trois autres mafieux repentis. Un tribunal spécial a été construit afin d'accueillir le procès-fleuve qui doit s'ouvrir au début de l'année 1986. C'est la fin de l'âge d'or de la Cosa Nostra.

RÉFÉRENCES

Sources

La chronique des événements rapportés précédemment s'appuie sur près d'une dizaine d'années de reportages et de repérages effectués en Sicile à titre professionnel aussi bien que personnel. Outre la consultation de plusieurs collections de journaux dont celle du quotidien local *L'Ora*, et les témoignages que j'ai eu l'occasion d'accumuler, le récit s'appuie sur divers documents dont :

– les procès-verbaux des différents interrogatoires de Tommaso Buscetta recueillis par plusieurs juges italiens entre le 16 juillet et le 10 novembre 1984, ainsi que les auditions du même Tommaso Buscetta par la cour fédérale de Manhattan en novembre 1985 (349 pages dactylographiées);

– les procès-verbaux des interrogatoires de Salvatore Contorno du 1er octobre 1984 au 19 juin 1985, y compris les déclarations que ledit Contorno a bien voulu faire aux autorités américaines représentées par l'Attorney at Law Richard Martin, les agents du FBI Carmine Russo et Charles Rooney, et ceux de la DEA Tony Petrucci et Ray Kubyra (249 pages);

– les procès-verbaux des interrogatoires de Vincenzo Sinagra du 12 novembre 1983 au 12 février 1985 (275 pages pour la plupart manuscrites);

– les procès-verbaux des interrogatoires de Stefano Calzetta du 12 mars 1983 au 29 janvier 1985 (236 pages).

Parmi les documents judiciaires consultés, citons en outre :

– le dossier établi par le procureur de la République de Palerme le 27 juin 1985 contre huit cents hommes d'honneur dont Michele Greco (3 127 pages dactylographiées);

– la sentence-ordonnance de renvoi en jugement des hommes d'honneur précédemment cités devant les tribunaux signée d'un « pool » de juges d'instruction palermitains (8 636 pages);

– les sentences des juges d'instruction et du procureur de Palerme concernant le procès de la « famille » Inzerillo-Spatola datant de 1979 (1 056 pages et 361 pages);

– la sentence-ordonnance de renvoi en jugement devant les tribunaux de Gerlando Alberti signée le 28 juillet 1982 par le juge Barille (42 pages);

– le dossier établi par le procureur de la République de Palerme contre la famille Mafara le 2 juillet 1982 (59 pages);

– les trois sentences rédigées par le juge Palermo concernant les trafics d'armes et d'héroïne dans le Bassin méditerranéen (en tout plus de 10 000 pages dactylographiées);

– le rapport dit des 162 rédigé par les différents corps de police palermitains et concernant l'état de la Cosa Nostra à la date du 13 juillet 1982 (170 pages);

– le texte intégral de la relation de la commission parlementaire d'enquête sur le phénomène de la Mafia en trois volumes dans l'édition commercialisée en mai 1973 par la Cooperativa Scrittori.

Ont été également consultés certains des quelque trente volumes de documents recueillis et publiés par la commission d'enquête; ces publications sont une richesse difficilement exploitable principalement en raison de l'absence de tout travail d'édition (index, tables des matières centralisées).

Bibliographie

1. – Essais sur la Mafia

Henner HESSE, *Mafia, Zentrale Herrschaft und lokale Gegenmacht,* JCB Mohr, Tubingen, 1970.

Paradoxalement c'est à un Allemand, professeur de criminologie de surcroît, que l'on doit le meilleur ouvrage de non-fiction publié à ce jour sur la question; la traduction italienne remonte à 1973. Des aspects étymologiques du mot « mafia » à l'étude minutieuse du comportement mafieux et de la structure des différents modèles de regroupements sociaux, tout est parfaitement décrit dans cet ouvrage lumineux dont le ton fait penser aux recherches sur le banditisme de E. J. Hobsbawn.

Pino ARLACHI, *La Mafia imprenditrice*, Il Mulino, Bologne, 1983.

Une étude universitaire du capitalisme mafieux par un sociologue calabrais.

Michele PANTALEONE, *Mafia e Politica*, Einaudi, Turin, 1962.

Une bonne synthèse de ce que l'on pouvait savoir de la Mafia à l'époque.

Mafia e Potere politico, Editori Riuniti, Rome, 1976.

Les rapports présentés par différentes fédérations siciliennes du Parti communiste italien à la commission parlementaire d'enquête sur le phénomène Mafia.

Orazio BARRESE, *I Complici*, Feltrinelli, Milan, 1973.

Une histoire de la commission parlementaire anti-Mafia de 1948 à 1973.

2. – L'AFFAIRE DALLA CHIESA

Nando DALLA CHIESA, *Meurtre imparfait*, Liana Levi, Paris, 1984.

Le témoignage du fils du général Dalla Chiesa. Un document pour comprendre l'isolement de feu le préfet anti-Mafia de Palerme.

Marco NESE, Ettore SERIO, *Il Generale Dalla Chiesa*, ADN Kronos, Rome, 1982.

Ouvrage de circonstance.

Morte di un generale (ouvrage collectif), Arnoldo Mondadori, Milan, 1982.

Recueil d'articles, dont certains fort intéressants, sur l'assassinat du général Dalla Chiesa, la Mafia, la drogue, le pouvoir politique.

3. – MONOGRAPHIES

Lucio GALLUZZO, *Tommaso Buscetta,* Musumeci Editore, Quart (Aoste), 1984.
Ouvrage de circonstance ficelé par un journaliste sérieux.

Marco NESE, *Nel Segno della Mafia,* Rizzoli, Milan, 1975.
La saga de Luciano Leggio racontée par un journaliste.

Arrigo PETACCO, *Joe Petrosino,* Mondadori, Milan, 1972.
L'assassinat d'un policier américain venu pour enquêter à Palerme en 1909.

Arrigo PETACCO, *Il Prefetto di ferro,* Mondadori, Milan, 1975.
L'édifiante histoire de Cesare Mori, le « préfet de fer », dépêché par Mussolini pour lutter contre la Mafia et ce qui s'ensuivit.

4. – DOCUMENTS SUR LA MAFIA ITALO-AMÉRICAINE

Gay TALESE, *Honor Thy Father,* New York, 1971. Réédité en poche chez Dell Publishing, New York.
La saga de la famille Bonanno brillamment narrée par un journaliste de talent.

Joseph BONANNO, *A Man of Honour,* Andre Deutch, Londres, 1983.
L'autobiographie du parrain que l'on appelait Joe Bananas. Décevant.

Rodney CAMPBELL, *The Luciano Project,* New York, 1978. Publié la même année en Italie par Mondadori, Milan.
La collaboration secrète entre la Mafia et la Marine des États-Unis durant la Seconde Guerre mondiale. Passionnant.

Ovid DEMARIS, *The Last Mafioso,* Times Books, New York, 1981.
Les confessions de Jimmy Frattiano, soldat de la Mafia. Édifiant.

Vincente TERESA, *My Life in the Mafia,* Édition anglaise chez Granada en 1974.
Autobiographie.

Francis A. J. IANNI, *A Family Business,* 1972. Édition française dans la collection « Terre Humaine », chez Plon, sous le titre *Des affaires de famille,* en 1973.

Liens de parenté et contrôle social dans le monde du crime organisé new-yorkais. Une étude quasi ethnologique d'une « famille » américaine qui fit couler beaucoup d'encre en son temps.

Antoinette GIANCANA, *Mafia Princess,* George Allen & Unwin, Londres, 1984.

Les souvenirs de la fille d'un parrain. Amusant.

5. – ESSAIS SUR LA MAFIA ET LE MONDE DE LA FINANCE

Luigi DI FONZO, *St. Peter's Banker, Michele Sindona,* Mainstream Publishing, Édimbourg, 1983.

Une enquête passionnante sur celui qui fut surnommé le banquier de la Mafia et du Vatican.

LOMBARD, *Soldi trucati,* Feltrinelli, Milan, 1980.

Les secrets du système Sindona.

Paolo PANERIA, Maurizio DE LUCA, *Il crack,* Mondadori, Milan, 1975.

Sindona, la Démocratie chrétienne, le Vatican et les autres amis.

Richard HAMMER, *The Vatican Connection.* Holt Reinhart & Winston, New York, 1982. Éd. française, *Vatican Connection,* Balland, Paris, 1982.

Comment le Vatican fait appel à la Mafia pour renflouer ses finances.

David YALLOP, *Au nom de Dieu,* Christian Bourgois, Paris, 1984.

Des rapports entre l'Église et la Mafia.

Rupert CORNWELL, *God's Banker,* Gollancz, Londres, 1983.

Vie et mort de Roberto Calvi, successeur de Michele Sindona.

Leo SISTI, Gianfranco MODOLO, *Il Banco paga,* Mondadori, Milan, 1982.

Roberto Calvi et l'aventure de la banque Ambrosiano.

Larry GURWIN, *The Calvi Affair,* Pan Books, Londres, 1983.

La mort d'un banquier.

Gianfranco PIAZZESI, Sandra BONSANTI, *La Storia di Roberto Calvi,* Longanesi, Milan, 1984.

Giorgio PISANO, *L'omicidio Calvi,* Grandi Edizioni Italiani, Milan, 1985.

L'enquête d'un sénateur d'extrême droite membre de la commission parlementaire d'enquête sur la loge P. 2, précédée par les différentes dépositions de la veuve de Roberto Calvi devant le tribunal de Londres. Des documents passionnants et parfois troublants.

6. – ROMANS

Leonardo SCIASCIA, *Le Jour de la chouette*, Flammarion, Paris, 1977. (Paru en Italie en 1961.)

Un des romans les plus lumineux jamais écrits sur le sujet. Une peinture fulgurante de la province sicilienne et de la Mafia.

Leonardo SCIASCIA, *A chacun son dû*, Denoël, Paris, 1967. (Paru en Italie en 1966.)

Dans ce roman policier qui prend parfois les accents d'un conte voltairien Sciascia dépeint avec cruauté la vie d'une bourgade sicilienne.

Leonardo SCIASCIA, *Les Paroisses de Regalpetra*, Denoël, Paris, 1970. (Paru en Italie en 1967.)

Un témoignage bouleversant sur la vie dans une petite bourgade sicilienne au début des années cinquante.

Leonardo SCIASCIA, *Le Contexte*, Denoël, 1972. (Paru en Italie en 1971.)

La lecture de ce roman-fable, dont le style est d'une rare concision, est indispensable pour comprendre les méandres de la politique italienne et la « sicilianisation » qui la menace.

Leonardo SCIASCIA, *La Mer couleur de vin*, Denoël, Paris, 1976. (Paru en Italie en 1973.)

Parmi toutes les nouvelles truculentes que contient ce recueil, on lira avec ravissement celle intitulée *Philologie* où il est question d'un boss, d'un de ses hommes de main et de leur conversation hautement instructive.

Leonardo SCIASCIA, *I Mafiosi*, Einaudi, Turin, 1976.

Une pièce de théâtre pour illustrer l'insertion de la Mafia dans la jeune République italienne à la chute des Bourbons.

Leonardo SCIASCIA, *Noir sur noir*, Lettres Nouvelles-Maurice Nadeau, Paris, 1981. (Paru en Italie en 1979.)

Un journal aigre-doux qui fait penser par moments à celui de Jules Renard.

Pour mieux comprendre la complexité du phénomène sicilien, on se reportera aux ouvrages suivants :

Leonardo SCIASCIA, *Occhio di capra,* Einaudi, Turin, 1984.

Leonardo SCIASCIA, *La Sicile comme métaphore,* Mondadori/Stock, Milan/Paris, 1979.

Leonardo SCIASCIA, *Candide,* Lettres Nouvelles-Maurice Nadeau, Paris, 1978. (Paru en italie la même année.)

Leonardo SCIASCIA, *Les Poignardeurs,* Lettres Nouvelles-Maurice Nadeau, Paris, 1977. (Paru en Italie la même année.)

Vitaliano BRANCATI, *Œuvres complètes.*

Gesualdo BUFFALINO, *Diceria dell'untore,* Sellerio, Palerme, 1981.

Gesualdo BUFFALINO, *Argo il cieco,* Sellerio, 1984.

Vincenzo CONSOLO, *Le Sourire du marin inconnu,* Grasset, Paris, 1980. (Paru en Italie en 1976.)

Matteo COLLURA, *Associazione indigenti,* Einaudi, Turin, 1979.

Giuseppe TOMASI DI LAMPEDUSA, *Le Guépard,* Seuil, Paris, 1959. (Paru en Italie la même année.)

Federico DE ROBERTO, *I Viceré,* Garzanti, Milan, 1956. Paru en français sous le titre *Les Princes de Francalanza,* chez Denoël, en 1979.

Denis MACK SMITH, *A History of Sicily,* Chatto & Windus, Londres, 1968.

Brève Filmographie

Le Parrain, 1972. Réal. : Francis Ford Coppola. Int. : Marlon Brando, Al Pacino, James Caan, Sterling Hayden.

Tiré du best-seller de Mario Puzzo ; sans doute le meilleur film sur le sujet jamais réalisé. Marlon Brando, superbe interprète de Don Vito Corleone, alias Vito Genovese, a reçu pour sa performance un oscar.

Le Parrain II, 1974. Réal. : Francis Ford Coppola. Int. : Al Pacino, Diane Keaton, Robert De Niro, Robert Duval, Lee Strasberg.

La suite du premier. De l'avis général une réussite encore plus grande que *Le Parrain* I.

Lucky Luciano, 1973. Réal. : Francesco Rosi. Int. : Gian Maria Volonte, Rod Steiger.

Une excellente étude d'un des parrains italo-américains les plus célèbres.

La Main noire, 1950. Réal. : Richard Thorpe. Int. : Gene Kelly, J. Carrol Naish, Teresa Celli.

Drame dans les milieux de la Mafia américaine au début du siècle.

Cadavres exquis, 1976. Réal. : Francesco Rosi. Int. : Lino Ventura, Charles Vanel.

Excellente adaptation du roman de Leonardo Sciascia *Le Contexte.*

Prizzi's Honor, 1985. Réal. : John Huston. Int. : Jack Nicholson, William Hickey, Anjelica Huston, Kathleen Turner.

Une comédie baroque et truculente qui a pour cadre une famille de la Mafia de Brooklyn.

L'Année du Dragon, 1985. Réal. : Michael Cimino. Int. : Mickey Rourke, Ariane, Ray Barry, Carline Kava.

Une fantastique fresque de la Mafia chinoise de New York. A voir pour comprendre comment et pourquoi les « familles » italo-américaines cèdent du terrain devant leurs homologues asiatiques.

Iconographie

Les Siciliens, photos de Ferdinando Scianna, Denoël, 1977.

Les Fêtes religieuses en Sicile, photos de Ferdinando Scianna, Éd. Sellerio, Palerme, 1965.

Palermo Liberty, photos F. Scianna, 1971.

La Villa dei mostri, photos F. Scianna, Enaudi Litteratura, Turin, 1977.

Fotografie, photos d'Enzo Sellerio, Éd. Sellerio.

Curiosité

« Mafia » : jeu de société de trois à cinq personnes à partir de 13 ans. Durée : 1 à 2 heures. Distribué en Italie par International Team, en vente dans tous les bons magasins de jouets de la Péninsule depuis 1983. Dans la droite lignée des jeux de stratégie dont il s'inspire, « Mafia » se présente sous forme d'une carte de la Sicile, de pions à l'effigie des représentants et des adversaires de l'État. Le but du jeu est de réussir à contrôler l'île. Les « familles » doivent s'emparer du plus grand nombre possible de cases. L'État doit arrêter un maximum de mafieux. Si l'idée du jeu peut sembler amusante à quelque esprit malin, la complexité de ses règles à de quoi en dissuader plus d'un.

REMERCIEMENTS

Parmi toutes les personnes qui ont bien voulu m'apporter leur aide, je tiens tout particulièrement à rendre hommage au groupe de juges d'instruction du tribunal de Palerme qui a entrepris de mener sous la direction du *dottore* Giovanni Falcone une croisade anti-Mafia d'autant plus remarquable que le dévouement de ces magistrats se fait bien souvent au mépris de leur vie privée ou de leur vie tout court. Qu'il me soit permis de remercier le juge Paolo Borselino pour la patience et l'amabilité avec lesquelles il a bien voulu répondre à mes questions. De longues conversations avec d'autres magistrats italiens m'ont en outre permis de compléter le cadre de mon enquête. De tous les magistrats qu'il m'a été donné de rencontrer dans le cadre de cette enquête, celui qui m'a le plus impressionné par sa compétence, son dévouement, et aussi par sa chaleur humaine, est sans conteste le *consigliere* Rocco Chinnici férocement assassiné de la manière que l'on sait le 29 juillet 1983. Ce livre est dédié à sa mémoire.

Mon enquête n'aurait pu être complète si je n'avais tenté de m'adresser à ceux qui, de près ou de loin, subsistent grâce à la Mafia. Si je n'ai pu rencontrer directement des personnes revendiquant ouvertement leur qualité de mafieux, il m'a été donné de croiser plus d'un membre de la Cosa Nostra lors des différents séjours effectués à Palerme en cinq ans de reportages réalisés pour le compte de la première chaîne de la Télévision française ainsi que pour celui de différentes publications dont *Le Matin de Paris*, *Libération* et *Lui*. De même, différents entretiens avec diverses personnes ayant gravité, ou gravitant encore dans les milieux du trafic international de la drogue et des armes m'ont permis de mieux saisir une réalité pour le moins opaque.

Certains avocats de la Mafia ont bien voulu faciliter mes recherches et il me faut ici remercier entre autres Me Francesco Mussotto, député sicilien, ainsi que Me Farina. Lors de mon enquête, il m'a également été donné de rencontrer à maintes reprises l'avocat Salvatore Chiaracane, arrêté par la suite pour participation à association mafieuse. Indépendamment des jugements qui seront portés sur son innocence ou sa culpabilité, je me dois de remercier Me Chiaracane pour ses explications sur la réalité palermitaine.

De toutes les personnes qui ont bien voulu m'encourager de leur amitié, Emilio Arcuri, conseiller communal communiste à la mairie de Palerme est sans conteste celui qui a le mieux contribué à me dévoiler certains mystères de Palerme. Sa tâche ne fut pas aisée et ma reconnaissance en est d'autant plus vive. Merci aussi à l'architecte Giovanna Tornabene. A Palerme, j'ai pu également compter sur la compréhension du Centre sicilien de documentation Giuseppe-Impastato dont les archives sont plus qu'impressionnantes, et sur l'Istituto Gramsci qui a bien voulu faciliter certaines de mes recherches. Qu'ils en soient remerciés.

Indépendamment de cet ouvrage, de longues conversations avec trois écrivains siciliens, Leonardo Sciascia, Vincenzo Consolo et Matteo Collura ont également contribué à m'éclaircir les idées.

Parmi tous les photographes siciliens, Letizia Battaglia et Ferdinando Scianna sont sans doute ceux qui m'ont le plus aidé à forger le regard que j'ai pu porter sur la vie quotidienne sicilienne, la première grâce à son travail remarquable sur la Mafia, et le second par la vision qu'il offre de la Sicile au travers de son œuvre.

De nombreux journalistes m'ont grandement aidé. Parmi eux, qu'il me soit permis de remercier Giacomo Galante, vice-directeur de *L'Ora,* Enzo Raffaele, journaliste au même quotidien; ainsi que Franco Vernice et Fabrizio Ravelli de la rédaction milanaise de *La Repubblica,* Antonio Carlucci de *Panorama,* Francesco Santini de *La Stampa,* Antonio Ferrarri du *Corriere della Sera,* Nereo Pederzolli de la RAI, Frédéric Laurent et Jean-Pierre Moscardo, alors à

TF1. Merci aussi à Marc Kravetz avec qui j'ai effectué une longue série de reportages à Palerme.

Les conseils, l'aide et les encouragements de mes éditeurs Françoise Cibiel et Jean-Paul Enthoven m'ont été plus que précieux. Tous mes remerciements aussi à S. Z., qui ne sait pas à quel point son aide m'a permis de venir à bout de ce récit.

Enfin, trois fois merci à Chacha, Françoise D., et à Mlle Danaux.

INDEX

TABLES DES MATIÈRES

Cet ouvrage a été réalisé sur
Système Cameron
par la SOCIÉTÉ NOUVELLE FIRMIN-DIDOT
Mesnil-sur-l'Estrée
pour le compte des Éditions Hachette
le 26 février 1986

Imprimé en France
Dépôt légal : février 1986
N° d'édition : 86077/382 – N° d'impression : 4194
ISBN : 2.01.011658.5
ISSN : 0768-0074
23-42-4133-03/7